華志文化

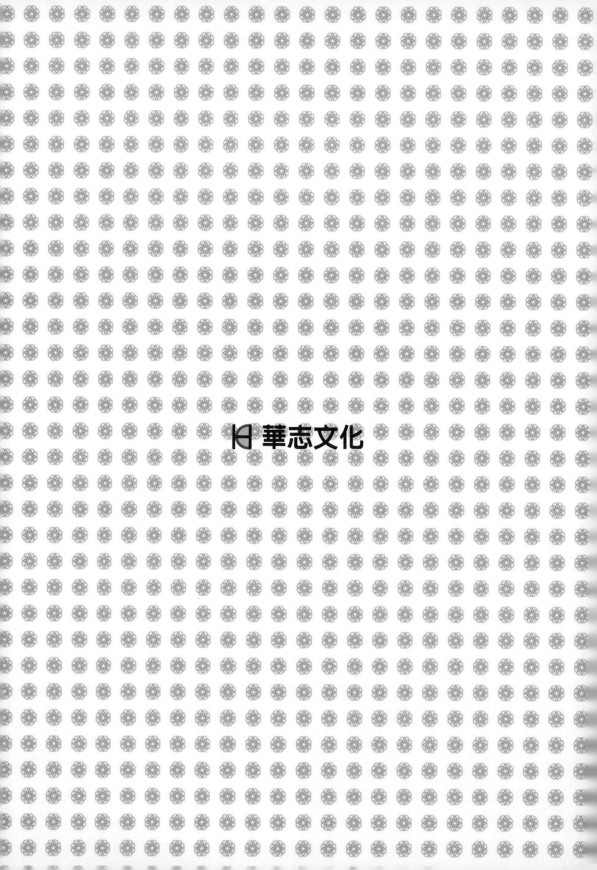

華志文化

引導中國社會二千餘年的禮制大成

# 禮記全書

朱熹將《禮記》中的《大學》、《中庸》，與《論語》、《孟子》合稱「四書」，屬儒家十三經之一。

《周禮》與《儀禮》、《禮記》合稱三一禮，屬儒家經書的經典之作，代表了古代東方文化的精魂，流傳至今蓋兩千餘年，其影響至深至巨。統治者尊奉它們為治國安邦的法寶，士大夫以通經致用作為自己的終身抱負，平民百姓把它們當作修身處世的懿訓。

賈娟娟◎編譯

國學經典
原味呈現

# 卷首

　　談到中國文化與西方文化的最大差異之處，許多人都會想到在西方語言中找不到的一個概念：禮。在近代東西方文化的交流中，西方文化界曾試圖將中國的禮介紹給西方社會，但卻苦於找不到對應的詞語。而這個西方文化中找不到的思想，卻引導了中國社會三千年。早在三千年前的周朝，禮就作為一種政治制度而確立了。記錄這種制度的有三部書，這就是《周禮》、《儀禮》與《禮記》。這三部書作為禮樂文化的理論形態與禮制的大成，確立了中國社會以禮為核心的組織形態，對中國歷史產生了極大影響。《說文》說：「禮，履也。」《釋名》說：「禮，體也，得其事體也。」《禮記‧樂記》說：「禮也者，理之不可易者也。」合而言之，禮就是治身治國治家之主體，是要履而行之之道，是不可更易之理。故《左傳‧隱公十一傳》說：「禮，經國家，定社稷，序民人，利後嗣者也。」《孝經》說：「安上治民，莫善於禮。」今傳的這三部關於周朝禮制的書，最條理的是《周禮》，最古奧的是《儀禮》，而最龐雜的便是《禮記》，對後世影響最大的也是《禮記》。因為它被唐以後的儒者編定在了「五經」序列中。

## 一、禮記的編定

　　先秦時期有「六經」之說，到漢代因《樂經》失傳，故多稱「五經」。「五經」中的《禮》，均指的是《儀禮》。《禮記》是對《儀禮》解釋、說明或補充的文字，一般附於《儀禮》之後，或單獨流傳。非一人一時之作，沒有固定的篇名。據說西漢流傳的關於說禮的文字有二百

多篇。《漢書•藝文志》亦云：「《禮古經》五十六篇，經七十篇，記一百三十一篇，七十子後學所記也。」可見其數量之多。

《禮記》由說解經文的傳文升至為經文，得益於東漢大儒鄭玄的注解。先有西漢禮學家戴德、戴聖叔侄二人，從歷史上流傳下來的禮學遺說中選編了兩個不同的《禮記》本子，後人稱戴德編的為《大戴禮記》，戴聖編的為《小戴禮記》。東漢末大儒鄭玄為《小戴禮記》作注，大大提高了《小戴禮記》的地位。後世《禮記》之名便專屬《小戴禮記》了。到了唐代，孔穎達等人奉敕撰寫《五經正義》，其中之一就有《禮記正義》，《禮記》第一次以朝廷的名義被確立為經典。此後宋元人編《五經》，《禮記》便堂而皇之代替《儀禮》進入了其中。南宋時，朱熹將《禮記》中的《大學》、《中庸》兩篇抽出來，與《論語》、《孟子》合稱「四書」，並為其作注。從此這兩篇便脫離了《禮記》單獨流傳了。宋元以後人注釋的《禮記》，多不包括這兩篇在內。


## 二、禮記的內容分類

《禮記》全書四十九篇，約九萬字，內容極為龐雜，涉及到政治、法律、道德、哲學、歷史、祭祀、文藝、日常生活、曆法、地理等諸多方面，是研究先秦社會的重要資料。其內容分為以下幾個方面。

（一）解釋《儀禮》或與《儀禮》有關的文字，如《冠義》《昏義》《鄉飲酒義》等。有些雖非直接解釋《儀禮》的意義，但仍是圍繞《儀禮》記述的，有點類似「外傳」的性質。如《檀弓》《曾子問》《喪服小記》等，都是關於喪服喪事的。這類文章有十二篇，這可能與儒家重視喪禮有關。

（二）記述各種禮制與禮節的文字，如《王制》《禮器》《祭法》《曲禮》《內則》《少儀》《月令》等。《王制》像一篇完整的施政綱領，《月令》像是古代政令與農事活動的紀錄，《內則》言家庭禮節，《少儀》記相見、適喪、飲酒等種種禮節，可以補《儀禮》之不足。

（三）雜記孔子及其弟子言論的文字，如《坊記》《表記》《緇衣》

《孔子閒居》等。這些當是根據當時傳聞記述的，也不排除假託的可能。

（四）專題論文，如《禮運》《學記》《經解》《樂記》《大學》《中庸》等。這些是一組理論性很強的文章，有些論述相當精彩，可以反映戰國時儒家的理想與理論水準。

在上述的四類內容中，從禮的角度看，最應該注意的是第一類，它是《禮記》的主體部分。其中有些部分是從理論上闡釋禮的，這對於我們認識禮的意義很有幫助。


# 三、重新認識禮的意義


近百年來，中國社會出現了空前的巨變。由於西方價值觀的衝擊，中國傳統禮俗正走向消亡。從物質層面上的西服革履、生日蛋糕、白色婚紗、黑色喪紗，到精神層面上對民主、法治的呼喚，無一不表現著西方文化的霸權。中國社會兩千多年的禮制，被認作是封建的東西遭到了拋棄。從五四時期的反孔，到「文革」時期的批孔，其針對的目標便重在所謂的「封建禮教」。今天反傳統的暴風驟雨已基本過去，經過風雨沖洗的千年傳統，其精粹長期被塵埃蒙蓋。學術界開始了對傳統的再度反思，而禮作為長期維持中國社會秩序的支柱，引起了更多人的關注。

《禮記》記載了周代人的各種行為規則和理論，但就禮的本質而言，不外乎依天道而順人情，即孔子說：「夫禮，先王以承天之道，以治人之情。」（《禮運》）這天道便是道德原則；這人情便是人的好惡之情。情有善惡，善者須揚之，惡者須節之。因此這禮便是對人行為的節制。這種節制便是「修」，人只有「修」行，改掉自己不良的作風，使自己的行為合於道德原則，才能為社會所接納。故《曲禮》說：「行修言道，禮之質也。」這其實是在追求人性與道德的統一。

就禮的基本而言，只有一個字：「敬」，即孔子所說的：「禮者，敬而已矣。」（《孝經·廣要道》）這敬是建立在道德基礎上的一種心理感受和行為表現。「敬」發自於內心，表現於行為，表現為對人、對事、對物的敬畏和慎重。人與人之間只有互相尊重，並且透過一種行為禮節，表示

出尊重之情，禮的本質才能得以展現。《禮器》篇說：「先王之立禮也，有本有文。忠信，禮之本也；義理，禮之文也。無本不立，無文不行。」所謂「忠信」，就是敬——「忠」是內盡於心，「信」是外不欺於物。所謂「義理」，就是「得理合宜」，是合於倫理道德的禮的行事。

就禮的功能而言，也是一個字：「和」。有子說：「禮之用，和為貴。」（《論語•學而》）禮使人有了文明的舉止而與動物區別開來，有了相互間的尊重，建構起了人與人之間的和諧；禮將人的位置、社會秩序規定下來，使相互間親疏尊卑有別，避免了僭越侵淩，建構起了社會關係的和諧；禮將人的欲望限定下來，使之不能有過多貪欲，不能無限度地向人與自然索取，由此建構起了人與自然的和諧。

由此看來，百年來對禮的批判，批的只是禮在歷史長途中所蒙上的厚厚污垢，而不是禮的實質。當代中國，舊傳統解體，新秩序未成，正處在一個需要重新制禮作樂的時代。如何堅持禮的道德原則，把握禮以敬為核心的基本精神，達成禮以「和」為目的的社會效果，這對我們今天來說，無疑是有現實意義的。當然，「三代不同禮，五帝不同法」，禮需要隨著時代的變遷而變化，但禮的本質屬性、基本精神、社會功用，則是永恆的。

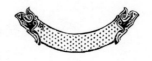

# 前言

　　《禮記》，亦稱《小戴禮記》，傳統認為是由西漢時期的禮學博士戴聖編選成書的。

　　全書四十九篇，約九萬字，是一部儒家關於禮學的論文集，記錄孔子和弟子等的問答，記述修身作人的準則等。實際上，《禮記》由多人撰寫，採自多種古籍遺說，內容極為龐雜，篇目編排也較零亂，涉及到政治、法律、道德、哲學、歷史、祭祀、文藝、日常生活、曆法、地理等諸多方面，幾乎包羅萬象，集中表現了先秦儒家的政治、哲學和倫理思想，是研究先秦社會的重要資料。

　　本書原文以清朝孫希旦的《禮記集解》為底本，注釋和譯文廣泛參閱了近現代各種有影響的研究成果。由於《禮記》內容浩繁駁雜，由業師劉毓慶先生從中節選三十篇，三十篇中有的對整篇內容進行譯注，有的只譯注其中部分內容。

　　譯注內容一般為直譯，實在不宜直譯處稍作變通，但力求做到準確而簡明易懂。南宋理學家朱熹擷取《禮記》中的《大學》、《中庸》兩篇，與《論語》、《孟子》合稱為「四書」，並為其作注，單行已久，因此元明以降，關於《禮記》的注本，多不錄這兩篇，本譯注本也採取此例。

　　編者由於水平所限，不妥之處在所難免，懇請方家指正。

# ◆目錄

# ◎曲禮上

## ◆題解

　　曲，是曲折細微的意思。曲禮，指細小瑣碎的禮儀。即孔穎達《禮記正義》所云：「以其屈曲行事則曰《曲禮》，見於威儀則曰《儀禮》。」《曲禮》記錄了先秦時期人們在日常生活中應遵循的禮儀。本為一篇，因字數較多，分成上、下兩篇。

## ▶原文

　　1.《曲禮》曰：毋不敬①，儼若思②，安定辭③，安民哉。

### 注釋

　　①敬：恭敬。
　　②儼：通「嚴」，莊重。
　　③安：穩妥。　定：規定。　辭：特指王命。

### 譯文

　　《曲禮》說：「做事時不可不嚴肅認真，平時神情要莊嚴，若有所思，說話時態度謙和，言辭穩妥，這樣才能讓人信服。」

## ▶原文

　　2.敖不可長①，欲不可從②，志不可滿，樂不可極。

### 注釋

　　①敖：通「傲」，傲慢。
　　②從：通「縱」，放縱。

### 譯文

　　傲慢之心不能滋長，欲念不能放縱，意志情感不能自滿，享樂的行為

不能做到極限。

## ▌原文

3.賢者狎而敬之[01]，畏而愛之。愛而知其惡，憎而知其善。積而能散，安安而能遷[02]。臨財毋苟得，臨難毋苟免，很毋求勝[03]，分毋求多，疑事毋質[04]，直而勿有[05]。

（注釋）

①狎（ㄒㄧㄚˊ）：親近，接近。
②安安：安於。
③很：違逆，不聽從。
④質：評斷。
⑤直：正義，有理。

【譯文】

對賢能的人要親近而敬重，敬畏而仰慕。對自己喜歡的人要知道他的缺點，對自己憎惡的人要看到他的優點。善於累積財富並且知道如何去分配財富，既能適應安樂的環境，又能適應突然發生改變的環境。對於錢財要有選擇地獲取，遇到艱難困苦不能逃避，對於那些與自己觀點不同的人不能強迫人家去接受自己的觀點。分發東西時，不要貪求多得，對有疑問的事情不要輕易做出評斷，對於有理的事情也不要表現出自以為是的態度來。

## ▌原文

4.若夫坐如屍[01]，立如齊[02]。禮從宜[03]，使從俗。

（注釋）

①屍：古代祭祀時代死者受祭的人。
②齊：通「齋」，古人在祭祀時或舉行其他典禮前清心寡欲，淨身潔食，

以示莊敬。

③宜：適當。

**譯文**

　　如果坐的話，就要像祭祀時代死者受祭的人那樣端莊，站立要像祭祀前齋戒時那樣莊敬。禮的運用要適合當時的情景，出使別國的使者要遵從當地的風俗人情。

**原文**

　　5.夫禮者，所以定親疏，決嫌疑①，別同異，明是非也。禮，不妄說人②，不辭費。禮，不踰節，不侵侮，不好狎③。修身踐言，謂之善行。行修言道，禮之質也。禮，聞取於人④，不聞取人；禮聞來學，不聞往教。

**注釋**

①嫌疑：疑惑難辨的事理。

②説：通「悅」，取悅。

③狎：戲謔。

④取：通「趨」，趨向。

**譯文**

　　禮是用來確定人與人關係親近疏遠，判斷事理，辨別事物的異同，判斷事情正誤的。禮要求不隨便取悅他人，不輕易許諾那些自己做不到的事。不踰越禮節去做事，不欺凌他人，不戲謔他人。自己要修養身心，認真踐行自己說出的話，這可以說是美好的品行了。品行端正，說話符合事理，這是禮的本質。對於禮，只聽說是人主動趨向禮，而沒有聽說是禮趨向人的。只聽說是學禮的人前來主動學習，沒有聽說教禮的人跑到別人那裡去主動傳教。

**原文**

　　6.道德仁義，非禮不成；教訓正俗，非禮不備；分爭辨訟，非禮不決；

君臣上下，父子兄弟，非禮不定；宦學事師[01]，非禮不親；班朝治軍，蒞官行法[02]，非禮威嚴不行；禱祠祭祀[03]，供給鬼神，非禮不誠不莊。是以君子恭敬、撙節、退讓以明禮[04]。鸚鵡能言，不離飛鳥；猩猩能言，不離禽獸。今人而無禮，雖能言，不亦禽獸之心乎？夫唯禽獸無禮，故父子聚麀[05]。是故聖人作，為禮以教人，使人以有禮，知自別於禽獸。

（注釋）

①宦學：指學習做官所需要的各種知識。
②蒞官：到職，居官。
③禱祠：泛指祭祀。
④撙節：抑制、節制。
⑤麀（一ㄡ）：雌鹿。

譯文

　　道德仁義，沒有禮的規範就不能實現；教導訓戒，端正民風，沒有禮就不能完備；是非曲直，沒有禮就不能做出評斷；君臣、父子、兄弟，沒有禮就不能確定相互間的名分關係；外出拜師求學，沒有禮師生間就不能和睦；朝廷官職的排列、軍隊的整治，法令的執行，沒有禮做規範就失去威嚴而無法實施；不管是特別的祭祀還是定期的祭祀，有了禮的約束，才會虔誠莊重。所以君子在日常生活中要態度恭謹、做事要有節制、進退應對等方面都要表現出禮節。鸚鵡即使能學會講話，但始終是禽鳥；猩猩即使能學會講話，但始終是動物。身為人卻沒有禮節，即使能說話，與禽獸的心性又有什麼區別呢？只有禽獸才沒有禮節，所以禽獸中的父子與同一隻雌獸交配。因此，聖人制定禮，並用禮來教育百姓，讓百姓知道禮儀廉恥，知道自己與獸類的本質不同。

▌原文

　　7.大上貴德[01]，其次務施報。禮尚往來，往而不來，非禮也；來而不往，亦非禮也。人有禮則安，無禮則危，故曰，禮者不可不學也。夫禮者，自卑而尊人，雖負販者，必有尊也，而況富貴乎？富貴而知好禮，則不驕不淫；貧賤而知好禮，則志不懾[02]。

**注釋**

①大：通「太」。即三皇五帝時。

②懾：喪氣。

**譯文**

　　上古時期注重人的品德修養，後來才重視施捨和回報。禮崇尚的是人際交往中的有來有往，施加恩惠給人，而受惠的人卻不知道來報答，這是沒有禮的；人前來施加恩惠，而受恩的不前去答謝，這也是沒有禮的。人際交往過程中有禮的存在，社會就會安定和諧，沒有禮的存在社會就會不穩定，所以必須要學習禮。禮，就是要謙卑地看待自己，而尊重他人。即使擔負重物的商販中間也有值得尊敬的，更何況是富貴的人呢？富貴的人知道禮，就能夠不驕奢淫逸；貧窮的人知道禮，就能保持自己遠大的志向而不灰心喪氣。

**原文**

　　8.人生十年曰幼，學。二十曰弱，冠①。三十曰壯，有室。四十曰強，而仕。五十曰艾②，服官政。六十曰耆③，指使。七十曰老，而傳。八十、九十曰耄，七年曰悼④，悼與耄⑤，雖有罪，不加刑焉。百年曰期⑥，頤⑦。

**注釋**

①冠：古代男子到成年則舉行加冠禮，叫作冠。一般在二十歲。

②艾：指年老的人。

③耆（ㄑㄧˊ）：古時指六十歲的老人。

④悼（ㄉㄠˋ）：指年幼的人。

⑤耄（ㄇㄠˋ）：高齡，古時指七十到九十歲的年紀。

⑥期：古時候百歲謂期。

⑦頤：供養。

**譯文**

　　男孩兒長到十歲，稱為幼，從這個時候開始學習。二十歲稱為弱，舉行加冠禮，以示成年。三十歲時稱為壯，可以結婚成家。四十歲稱為強，可以做官了。五十歲時稱為艾，依能力可擔任行政長官。六十歲時稱為

者，有資格來指使別人做事。七十歲時稱為老，可以把家族的事務交給子孫打理了。八十歲、九十歲時稱為耄，七歲小孩叫作悼，悼和耄即使犯了罪，也不能施加刑罰。一百歲的老人可以說是高齡了，要好好地供養。

### ▶原文

9.大夫七十而致事①。若不得謝②，則必賜之几杖③，行役以婦人。適四方，乘安車。自稱曰老夫，於其國則稱名。越國而問焉，必告之以其制。

### 注釋

①大夫：古官職名。　致事：辭官。

②謝：辭職。

③几杖：坐几和手杖，古代孝敬老人的用具。几(ㄐㄧˇ)

### 譯文

大夫到了七十歲的時候就要辭官休息。如果國君不答應大夫辭職，就要賜給他坐几幾和手杖，外出時候要有婦女侍奉左右。到國家各地去辦公，要乘坐安穩的車子。此時，大夫外出到別的國家，要自稱老夫，但在國內仍要稱名。如果有其他國家的人前來請教詢問，一定要把本國的法度告訴來訪者。

### ▶原文

10.謀於長者，必操几杖以從之。長者問，不辭讓而對，非禮也。

### 譯文

向長者請教問題時，一定要拿著坐几和手杖隨從長者。長者如果向小輩提出問題，做小輩的沒有謙讓就回答，是無禮的表現。

## ▶原文

11.凡為人子之禮，冬溫而夏清①，昏定而晨省②。在醜夷不爭③

### 注釋

①清：涼，寒。
②定：古代子女夜晚為父母整理床舖，服侍其安睡。省：探望，問候。
③醜：眾。　夷：同輩。

### 譯文

為人子女依禮應該做到：冬天要讓父母溫暖，夏天要讓父母涼爽，晚上的時候為父母整理床舖並服侍父母安睡，早晨的時候要向父母請安，要詢問父母身體是否不舒服，晚上是否睡得安穩。日常生活中不與同輩的人計較爭鬥。

## ▶原文

12.夫為人子者，三賜不及車馬①。故州閭鄉黨稱其孝也②，兄弟親戚稱其慈也，僚友稱其弟也③，執友稱其仁也④，交遊稱其信也⑤。見父之執，不謂之進不敢進，不謂之退不敢退，不問不敢對，此孝子之行也。

### 注釋

①三賜：三命，三受國君的賞賜。
②州閭鄉黨：古代行政區劃。
③僚友：同事。弟：通「悌」，敬重兄長(上級)。
④執友：至交好友。
⑤交遊：一般朋友。

### 譯文

做兒子的，受到三命之賜只敢接受官位，而不敢接受車馬的賞賜。鄉鄰都會因此而稱讚他孝順，兄弟親戚稱讚他關愛小輩，官場朋友稱讚他尊敬師長，至交好友稱讚他仁慈厚道，普通朋友稱讚他誠實守信。拜見父親的好友時，父親的好友不說讓靠近就不敢靠近，不說讓退下就不敢退下，

不問話時不敢隨便應答，這些都是孝子應有的品行。

## ▶原文

13.夫為人子者，出必告，反必面①，所游必有常，所習必有業，恒言不稱老。年長以倍，則父事之；十年以長，則兄事之；五年以長，則肩隨之②。群居五人，則長者必異席。

### 注釋

①反：通「返」，返回。

②肩隨：古時年幼者事年長者的禮節。並行時斜出其左右而稍後。

### 譯文

為人子女，出門時一定要告訴父母，回來後也要當面告訴父母，出去遊玩一定要有個固定的地方，學習有固定的科目，日常講話時不能說「老」字。比自己年長一倍的人，就當作父輩來侍奉他；比自己大十歲的人，就當作兄長來對待；比自己大五歲的人，並行走路時要稍後一些。五個人坐在一起時，一定要為年長的人另設席位。

## ▶原文

14.為人子者，居不主奧①，坐不中席②，行不中道③，立不中門。食饗不為概④，祭祀不為屍⑤。聽於無聲，視於無形。不登高，不臨深。不苟訾⑥，不苟笑。孝子不服暗，不登危，懼辱親也。父母存，不許友以死，不有私財。

### 注釋

①奧：室內西南隅。古時祭祀設神主或尊長居坐之處。

②中席：指尊者的席位。

③中道：道路的中央。

④食（ㄙˋ）饗：食禮和饗禮，用於聘禮、待賓、祭祀時。　概：量。

⑤屍：古代祭祀時代死者受祭的人。

⑥訾（ㄗˇ）：詆毀，指責。

**譯文**

　　身為兒子，在日常生活中不敢佔據室內西南的位置，不敢坐在席位的中間，走路時不敢走在路中間，站的時候不敢站在門的中間。宴請賓客，施行食饗禮時，用物的多少不能自作主張定量，應由長者來決定。祭祀時不充當屍。即便是沒有聽到父母的聲音，沒有親眼看到父母，但是在父母開口叫自己前就能揣測到父母的心意。不可以攀登高處，不可以靠近深淵。不隨便詆毀他人，不隨便嘲笑他人。孝子不在背後做見不得人的事，不到危險的地方，因為怕做這些事情會讓父母受辱。父母健在時，不承諾為朋友出生入死，不私自儲存錢財。

**原文**

　　15.為人子者，父母存，冠衣不純素①。孤子當室②，冠衣不純采③。

**注釋**

　　①純（ㄓㄨㄣˇ）：鑲邊。
　　②孤子：古代居父母喪者的自稱。
　　③采：通「彩」，彩色。

**譯文**

　　作為兒子，父母健在時，帽子、衣服不鑲白色的邊兒。父母過世後，兒子在掌管家務後，帽子、衣服不鑲彩色的邊。

**原文**

　　16.幼子常視毋誑①。童子不衣裘裳②，立必正方，不傾聽。長者與之提攜③，則兩手奉長者之手。負劍④，辟咡詔之⑤，則掩口而對。

**注釋**

　　①視：通「示」，以事或物示人。
　　②裘（ㄑㄧㄡˊ）：毛皮衣。　裳（ㄕㄤ）：下身穿的衣裙。
　　③提攜：牽扶，攜帶。
　　④負劍：抱小孩時的樣子。

⑤辟（ㄆㄧˋ）咡(ㄦˋ)：指交談時側著頭，不讓呼出的氣觸對方示尊敬。

**譯文**

父母要為孩子做正確的示範，不能說謊騙人。兒童不能穿毛皮衣、裙子，站立的時候要正向一方，不斜著身子去聽人說話。長輩牽著他的手走路時，要雙手捧著長輩的手。長輩背著小孩或者摟在身側，側頭跟小孩說話時，小孩兒要掩口答話。

▶**原文**

17.從於先生，不越路而與人言。遭先生於道①，趨而進，正立拱手②。先生與之言則對，不與之言則趨而退。從長者而上丘陵，則必鄉長者所視③。登城不指，城上不呼。

**注釋**

①遭：遇到。
②正立：端正地站立。　拱手：兩手相合以示敬意。
③鄉：通「向」，朝著。

**譯文**

跟隨先生外出時，不能隔著馬路同別人答話。在路上遇到先生，要快步走到先生跟前，向先生正立拱手。如果先生和自己說話就回答，如果不和自己說話就快步退下。跟隨長者登上高處，要朝著長者眼睛看的地方。登上城牆不能指指點點，不能在城牆上大聲呼喊。

▶**原文**

18.將適舍，求毋固。將上堂，聲必揚。戶外有二屨①，言聞則入，言不聞則不入。將入戶，視必下。入戶奉扃②，視瞻毋回，戶開亦開，戶闔亦闔。有後入者，合而勿遂。毋踐屨，毋踖席③，摳衣趨隅，必慎唯諾。

（注釋）

①屨（ㄐㄩˋ）：鞋。

②扃（ㄐㄩㄥ）：門閂。

③踖（ㄐㄧˊ）：跨越。

【譯文】

　　準備去別人家裡時，言談舉止不能像平常一樣粗鄙無禮。要進入主人家的正廳時，一定要大聲詢問，讓主人知道自己來了。看見室外有兩雙鞋，且能聽到室內的說話聲，才能進入，如果聽不到室內的說話聲，就不能進入。進入室內時，眼睛一定要向下看，雙手要像捧著門閂一樣，不能四處張望，進來時門如果是開著的，進來後就仍然開著，門是關著的，進來後就再關上。如果後面還有進來人，那麼就將門闔上而不能關死。進門後不能踩踏別人的鞋子，不能跨過蓆子就座，就座時要提起自己的衣服快步走到席位的正角，上蓆就座，談話時一定要謹慎，認真地思考應對。

▌原文

　　19.大夫、士出入君門，由闃右<sup>01</sup>，不踐閾<sup>02</sup>。

（注釋）

①闃（ㄋㄧㄝˋ）：古代門中央所豎短木。

②閾（ㄩˋ）：門檻。

【譯文】

　　大夫、士進出國君的大門時，要從門中所豎短木的右方走，不可以踩踏門檻。

▌原文

　　20.凡與客入者，每門讓於客。客至於寢門，則主人請入為席，然後出迎客。客固辭，主人肅客而入<sup>01</sup>。主人入門而右，客入門而左。主人就東階，客就西階。客若降等，則就主人之階。主人固辭，然後客復就西階。

主人與客讓登，主人先登，客從之，拾級聚足<sup>②</sup>，連步以上。上於東階則先右足，上於西階則先左足。

**注釋**

①肅客：迎進客人。

②拾（ㄕˊ）級聚足：逐級登階，每一足，然後再登級。

**譯文**

當主人、客人一起進入時，每過一個門口主人應禮讓客人，讓客人先進。和客人一起到了起居室後，主人應先進入室內鋪好蓆子，再出來迎進客人。客人一再推辭後，主人才引進客人進入室內。主人進入門內朝右走，客人進入門內朝左走。主人走向東階，客人走向西階。如果客人的地位低於主人，那麼客人要隨主人走向東階。主人一再推辭後，客人再返回西階。登階前主人與客人要相互謙讓，最後由主人先登階，客人在主人後登上台階，並逐級登階，每上一台階梯並一次腳，然後再登台階，連步上堂。登東面台階時應該先出右腳，登西面台階時應該先出左腳。

**■原文**

21.帷薄之外不趨，堂上不趨，執玉不趨。堂上接武<sup>①</sup>，堂下布武<sup>②</sup>。室中不翔<sup>③</sup>，並坐不橫肱。授立不跪，授坐不立。

**注釋**

①接武：步履相接，即小步前進。

②布武：足跡分散不重疊，即疾走。

③翔：行走時張開兩臂。

**譯文**

走到帷幕和簾子外時不能小步快走，在廳堂上不能小步快走，手裡拿著玉時不能小步快走。在廳堂行走時要步履相接小步前進，在堂下行走時要足跡分明，快步疾走。室內行走時不能張開兩臂，與人同坐時不能橫伸手臂。將物品交給站著的人時不用跪下，交給坐著的人時不能站著。

## ▶原文

22.凡為長者糞之禮①，必加帚於箕上，以袂拘而退，其塵不及長者，以箕自鄉而扱之②。奉席如橋衡③，請席何鄉，請衽何趾④。席南鄉北鄉，以西方為上；東鄉、西鄉，以南方為上。

### 注釋

①糞：掃除。

②鄉：通「向」，朝著。　扱(ㄒ一)：收斂、收取。

③橋：指桔槹上的衡木，喻指捧席時的樣子。

④衽（ㄖㄣˋ）：臥蓆。

### 譯文

為長輩清掃席前時，應遵循的禮節是：一定要用掃帚遮住簸箕，並且舉起長袖遮住掃帚一邊掃一邊往後退，避免塵土飛向長輩，掃取垃圾時簸箕的口要朝向自己。捧蓆子時要像桔槹上的衡木一樣，為長輩鋪座蓆時要詢問長輩面朝什麼方向，鋪臥蓆時要詢問長輩腳朝什麼方向。南北向的席位，西方是尊位。東西向的席位，南方是尊位。

## ▶原文

23.若非飲食之客，則布席①，席間函丈②。主人跪正席③，客跪撫席而辭。客徹重席，主人固辭。客踐席，乃坐。主人不問，客不先舉。將即席，容毋怍④。兩手摳衣，去齊尺⑤。衣毋撥⑥，足毋蹶⑦

### 注釋

①布席：鋪設座蓆。

②函丈：座蓆之間相距一丈。

③正席：擺正座蓆，使合規定。

④怍（ㄗㄨㄛˋ）：改變容色。

⑤齊（ㄗ）：指長衣下部的緝邊。

⑥撥：分開。

⑦蹶（ㄐㄩㄝˊ）：翹起。

**譯文**

　　如果不是飲食的客人，鋪設座蓆時，蓆與蓆間的距離相距一丈。當主人跪著為客人擺正座蓆時，客人要跪下來按住座蓆推辭不敢勞煩主人。客人動手撤去重疊的蓆子時，主人要一再地請求客人不要除去。等到客人走到蓆子上準備坐下時，主人這時候才能坐下。如果主人不先說話，客人不可以先開口說話。準備坐到蓆子上時，不要拘謹羞澀。兩手提起衣服的下襬，讓下襬離地一尺多高，不能掀起衣服，也不能讓腳蹺起來。

**原文**

　　24.先生書策琴瑟在前，坐而遷之戒勿越。虛坐盡後[01]，食坐盡前。坐必安，執爾顏。長者不及，毋儳言[02]。正爾容，聽必恭。毋勦說[03]，毋雷同[04]。必則古昔，稱先王。

**注釋**

　　①虛坐：非進餐時的坐法。相對於「食坐」而言。
　　②儳（ㄔㄢˋ）言：插話。
　　③勦（ㄐㄧㄠˇ）說：抄襲別人的言論為己說。
　　④雷同：隨聲附和。

**譯文**

　　如果有先生的書本琴瑟放在前面，那麼就要跪下來把東西挪開，切記不可以從上面越過去。吃飯前要盡量的靠後坐，吃飯時要盡量靠前坐。坐下時一定要安靜，表情自然。當長者沒有問話時，不能隨意插話。保持端莊的表情，謙恭地聽長輩講話。說話時不要人云亦云，也不要隨聲附和。講話時要有過去的事實作根據，要引述古代先賢的話。

**原文**

　　25.侍坐於先生，先生問焉，終則對。請業則起，請益則起。父召無諾[01]，先生召無諾，唯而起[02]。侍坐於所尊敬，毋余席。見同等不起[03]。燭至起，食至起，上客起[04]。燭不見跋[05]，尊客之前不叱狗，讓食不唾。

**注釋**

①諾：表示同意、遵命的答應聲。

②唯：應答聲。

③同等：同輩。

④上客：貴客。

⑤跋（ㄅㄚˊ）：燭燃盡殘餘的部分。

**譯文**

陪同老師坐著時，要等到老師問完話後再回答。向老師請教自己的學業時一定要站起來，想要更進一步請教時也要站起來。父親、先生召喚的時候不要高聲地回答「諾」，要恭敬地回答「唯」，並且站起來。陪著自己敬重的人坐著時，一定要緊挨著。見到同輩的人不需站起來。但見端燭的人來，要站起來。見有端飯的來，要站起來，主人有貴客來訪，也要站起來。坐談時看見蠟燭燃盡時，要起身告辭，在尊貴的客人面前不訓斥狗，當主人謙讓食物時，客人不可以吐口水。

**原文**

26.侍坐於君子，君子欠伸，撰杖屨，視目蚤莫①，侍坐者請出矣。侍坐於君子，君子問更端②，則起而對。侍坐於君子，若有告者曰：「少間，願有復也。」則左右屏而待③。毋側聽，毋噭應④，毋淫視，毋怠荒⑤。游毋倨，立毋跛，坐毋箕，寢毋伏。斂髮毋髢⑥，冠毋免，勞毋袒，暑毋褰裳⑦。侍坐於長者，屨不上於堂，解屨不敢當階。就屨，跪而舉之，屏於側。鄉長者而屨，跪而遷屨，俯而納屨。

**注釋**

①蚤莫：朝暮，早晚。蚤，通「早」。莫，通「暮」。

②更端：另一事。

③屏：退避。

④噭（ㄐㄧㄠˋ）：鳴叫、呼號。

⑤怠荒：懶惰。

⑥髢（ㄊㄧˋ）：假髮。

⑦褰（ㄑ一ㄢ）：撩起，用手提起。

## 譯文

　　陪長者坐談時，如果長者伸懶腰打哈欠，拿手杖、提鞋，並且看時間的早晚時，侍坐的人要起身告辭。陪伴長者坐談時，長者詢問起另一件事，要站起來回答。陪伴長者坐談時，如果有人進來說：「想佔用點兒時間，說點事情。」那麼侍坐的人就要主動退避。不要側耳傾聽，不要大聲地應答，不要流轉眼珠斜看，不要懶惰放蕩。走路時不要大搖大擺，站立時不要傾斜，坐時不要叉開雙腿，睡覺時不要趴在床上。束起頭髮不要披頭散髮，帽子不能輕易摘下，工作時不能袒胸露背，夏天即使很熱也不能撩起下衣。陪長者坐談，不能穿著鞋進入廳堂，脫鞋時不能正朝著台階。穿鞋時，應該跪下來拿鞋，並轉到一邊去穿。如果當著長輩的面穿鞋面那麼就要跪下來移開鞋，彎身背著長輩穿鞋。

## ▶原文

　　27.侍食於長者，主人親饋①，則拜而食。主人不親饋，則不拜而食。共食不飽，共飯不澤手②。毋摶飯，毋放飯，毋流歠③，毋吒食④，毋齧骨，毋反魚肉，毋投與狗骨，毋固獲⑤，毋揚飯，飯黍毋以箸，毋嚃羹⑥，毋絮羹，毋刺齒，毋歠醢⑦。客絮羹，主人辭不能亨⑧。客歠醢，主人辭以窶⑨。濡肉齒決，乾肉不齒決。毋嘬炙⑩。卒食，客自前跪，徹飯齊以授相者⑪，主人興辭於客，然後客坐。

## 注釋

①饋：食物。
②澤手：兩手相搓揉。
③歠（ㄔㄨㄛˋ）：通「啜」，一口氣喝下去。
④吒（ㄓㄚˋ）食：進食時口中作聲。
⑤固獲：獨佔和爭取食物。
⑥嚃（ㄊㄚˋ）羹：喝湯時不加咀嚼連菜吞下。
⑦醢（ㄏㄞˇ）：醬。
⑧亨（ㄆㄥ）：通「烹」，烹飪。

⑨窶（ㄐㄩˋ）：指貧窮。

⑩嚕（ㄔㄨㄞˋ）：一口吃下去，吞食。　炙：烤熟的肉食。

⑪齊（ㄐㄧˋ）：指醬菜或醃菜。　相者：助主人傳命或導客的人。

### 譯文

陪同長者一起吃飯，如果主人給客人親自取食物時，客人要起身拜謝後再吃。如果主人沒有這樣做，客人就可以直接吃飯。與他人一起吃飯的時候不要只顧自己吃飽，不能搓揉兩手。不能把飯捏成飯團，不能把吃剩的飯再放回食器中，喝湯時不能一口氣喝個不停，吃食物時嘴裡不能發出聲音，不能啃食骨頭，不能把夾起來的魚肉再放回食器中，不能把啃過的骨頭投給狗吃，不能獨佔或爭吃自己喜歡的食物，不能為了快點兒吃到飯就不停地揚去熱氣，不能用筷子去吃小米飯，喝湯時不能不咀嚼就連菜吞下，不能往湯中加鹽、醋等調味品，不能剔牙，不能喝醬汁。當客人往湯中加調味品時，主人要歉疚地說自己不擅長烹飪。當客人喝醬汁時，要歉疚地說家境貧窮以致招待不周全。煮爛的肉直接用牙齒去咬食，風乾的肉要用手撕開吃，不能直接用牙咬食，不能把烤肉整塊吞食。吃完飯後，客人應跪坐到席前，收拾飯桌上的醬菜食具，並交給旁邊侍候的人，此時主人要趕忙起身，說不敢勞煩客人親自動手，客人然後再坐下。

### 原文

28.侍飲於長者，酒進則起，拜受於尊所。長者辭，少者反席而飲。長者舉未釂①，少者不敢飲。長者賜，少者賤者不敢辭。賜果於君前，其有核者懷其核。禦食於君②，君賜餘，器之溉者不寫③，其餘皆寫。餕餘不祭④。父不祭子，夫不祭妻。禦同於長者，雖貳不辭，偶坐不辭⑤。羹之有菜者用梜⑥，其無菜者不用梜。

### 注釋

①釂（ㄐㄧㄠˋ）：飲盡杯中酒。

②禦食：君長進食時在一旁侍候。

③溉：洗滌。　寫（ㄒㄧㄝˇ）：移置。

④餕（ㄐㄩㄣˋ）餘：餘剩的食物。

⑤偶坐：陪坐，並坐。

⑥梜（ㄐㄧㄚˊ）：筷子。

**譯文**

　　陪同長者喝酒時，看見長者給自己斟酒，要起身走到放酒樽的地方，向長者行拜禮並雙手接酒杯。長者推辭說不必行此大禮，晚輩才捧著酒杯回到座席。在長輩沒有飲完酒前，晚輩不可以先喝酒。對於長輩賞賜的東西，晚輩、地位低下的人不敢推辭。國君賞給大臣果子吃時，如果果子有核，吃完後要把核揣到懷裡。侍奉國君吃飯時，國君將吃剩的食物賞賜給勸食者，如果盛食物的器皿不可以清洗，就要把食物倒進可以洗滌的器皿中再吃，如果器皿可以清洗，那麼就能直接取食。剩下的飯菜食用前不用行祭食禮。父親吃兒子的剩飯時，不用行祭食禮，丈夫吃妻子剩飯時也不用行祭食禮。陪同長者一起受邀用餐，即使主人為自己端上兩份食物，不用推辭，與長者並排坐在一起時，不用推辭。如果湯裡有菜時要用筷子，湯裡沒有菜時不用筷子。

# ◎檀弓上

## ◆題解

　　《檀弓》是《禮記》中第三、四篇的篇名，原為一篇，因字數較多，分為上、下兩篇。所謂「檀弓」，孔穎達引鄭玄《三禮目錄》解釋說：「名曰『檀弓』者，以其記人善於禮，故著其姓名以顯之。姓檀名弓。」篇中多討論喪禮，可與《士喪禮》相互補充。

## ▶原文

1.晉獻公將殺其世子申生[01]，公子重耳謂之曰：「子蓋言子之志於公乎[02]？」世子曰：「不可，君安驪姬，是我傷公之心也。」曰：「然則蓋行乎？」世子曰：「不可，君謂我欲弒君也，天下豈有無父之國哉！吾何行如之？」使人辭於狐突曰[03]：「申生有罪，不念伯氏之言也，以至於死，申生不敢愛其死；雖然，吾君老矣，子少，國家多難，伯氏不出而圖吾君，伯氏苟出而圖吾君，申生受賜而死。」再拜稽首[04]，乃卒。是以為「恭世子」也。

## 注釋

①晉獻公：春秋時晉國國君。　世子：帝王和諸侯的嫡長子。　申生：晉獻公與前夫人齊姜所生，立為太子。

②公子：古代稱諸侯之庶子，以別於世子。　重耳：申生的異母弟，即後來稱霸的晉文公。　蓋：通「盍」，何不。

③狐突：晉國大夫。申生的老師，重耳的外公。

④稽首：古時一種跪拜禮，叩頭至地，是九拜禮中最恭敬者。

## 譯文

晉獻公要殺太子申生，公子重耳對申生說：「你為什麼不向父親說明自己的清白呢？」世子說：「不行，父親有了驪姬才覺得生活安適，如果我向父親如實稟報了驪姬的陰謀詭計，就會因此傷了父親的心。」重耳說：「那你為什麼不出逃呢？」世子說：「不行，父親會以為我要謀殺他才出逃，天下哪裡有不尊國父的國家呢，我背負著謀殺父親的罪名，能投奔到哪裡去呢？」申生派人告訴狐突說：「申生背負著謀殺父親的冤名，就因為當初沒有聽從您的勸告，如今才落到喪命的地步。申生不敢貪生怕死，但是我的父親日漸衰老，未來繼承人的年齡還小，又逢國家多難，而您又不願出來輔佐父親，如果您能出來輔佐父親，申生會感激您的恩德，死而無憾。」申生再一次行跪拜禮，隨後就自殺了。因為申生對父親敬順，所以死後的諡號為「恭世子」。

## ▶原文

2.魯莊公及宋人戰於乘丘⑴。縣賁父御⑵，卜國為右⑶。馬驚敗績，公隊⑷。佐車授綏⑸。公曰：「末之卜也。」縣賁父曰：「他日不敗績⑹，而今敗績，是無勇也。」遂死之。圉人浴馬⑺，有流矢在白肉⑻。公曰：「非其罪也。」遂誄之⑼。士之有誄，自此始也。

### 注釋

①乘（ㄕㄥˋ）丘：魯地地名。

②縣（ㄒㄩㄢˊ）賁（ㄅㄣ）父：人名。　御：駕車馬。

③卜國：人名。　右：即車右。亦名驂乘。古制一車乘三人，尊者居左，御車人居中，驂乘居右，以有勇力的人擔任。

④隊：同「墜」，墜落。

⑤佐車：古代天子諸侯用於征戰、田獵的副車。

⑥他日：以往。

⑦圉（ㄩˇ）人：養馬的人。

⑧白肉：大腿內側的肉。

⑨誄（ㄌㄟˇ）：古代列述死者德行，表示哀悼並以之定諡(多用於上對下)。

### 譯文

魯莊公和宋國人在乘丘作戰。縣賁父駕駛著魯莊公所乘的戰車，卜國擔任車右。拉戰車的馬突然受驚亂竄，把魯莊公從車上摔了出去。當時多虧副車上的人把繩索拋給魯莊公，才將他拉上了車。魯莊公說：「這是我事前沒有透過占卜挑選駕車人的緣故啊。」縣賁父說：「以前的時候沒有出現過這種情況，我駕駛的時候卻出現這種情況，這是我臨戰無勇的緣故啊。」於是就以死謝罪了。養馬的人在洗馬時，在馬的大腿內側發現了一枝飛箭。養馬的人就把這件事告訴了魯莊公，莊公說：「這次的事故不是縣賁父的錯啊。」於是莊公就為縣賁父作誄。士階層死後有「誄」，就是由此開始的。

## ▶原文

3.曾子寢疾,病。樂正子春坐於床下,曾元、曾申坐於足,童子隅坐而執燭①。童子曰:「華而②,大夫之簣與③?」子春曰:「止!」曾子聞之,瞿然曰④:「呼⑤!」曰:「華而睆,大夫之簣與?」曾子曰:「然,斯季孫之賜也,我未之能易也。元,起易簣。」曾元曰:「夫子之病革矣⑥,不可以變,幸而至於旦,請敬易之。」曾子曰:「爾之愛我也不如彼。君子之愛人也以德,細人之愛人也以姑息⑦。吾何求哉?吾得正而斃焉斯已矣。」舉扶而易之。反席未安而沒。

## 注釋

①童子:未成年的僕役。
②睆(ㄏㄨㄢˇ):平整光滑貌。
③簣(ㄗㄜˊ):用竹片蘆葦編成的床墊子。
④瞿(ㄐㄩˋ)然:驚視貌。
⑤呼:通「籲」,表示驚怪的聲音。
⑥革:通「亟」,危急。
⑦細人:見識短淺的人,小人。　姑息:指苟安。

## 譯文

曾子臥病在床,病情很嚴重。樂正子春坐在床下,曾元、曾申坐在曾子的腳旁,一個童僕拿著燭臺坐在角落裡。童僕說:「好華美光華的床墊啊,這是大夫用的墊子嗎?」子春說:「住口!」曾子聽到後,忽然驚醒過來,長長的「籲」了一聲。童僕又說:「好華美光華的床墊啊,這是大夫用的墊子嗎?」曾子說:「這是季孫賞賜給我的,我現在沒有力氣換掉它,元啊,你起來幫我換掉這墊子。」曾元說:「父親,您的病現在已經很嚴重了,不能隨便挪動,希望您能堅持到天亮,再換掉墊子吧。」曾子說:「你愛我的心,還不如那小小的童僕呢。君子愛人就力求成全別人的品德,小人愛人才會苟且求安。現在我還求什麼呢?我只希望能夠合乎禮的要求去死,僅此而已。」於是大家一起抬起曾子,換掉墊子。剛剛更換好墊子,還沒把曾子放平穩,他就死了。

## 原文

4.始死，充充如有窮[01]；既殯[02]，瞿瞿如有求而弗得[03]；既葬，皇皇如有望而弗至[04]。練而慨然[05]；祥而廓然[06]。

## 注釋

①充充：悲戚貌。

②殯：死者入殮後停柩以待葬。

③瞿（ㄐㄩˋ）瞿：眼目轉動求索貌。

④皇皇：通「惶惶」，徬徨不安貌。

⑤練：古祭名。古代父、母喪後周年之祭稱小祥，此時孝子可以穿練過的布帛，故小祥之祭也稱「練」。

慨然：感慨貌。

⑥祥：古祭名，此指大祥，即父母喪後兩周年的祭禮。　廓然：憂悼貌。

## 譯文

親人剛死的時候，孝子的身心都被悲痛填滿，似乎一切都到了盡頭；等到入殮待葬後，孝子目光遊移，四處尋找著什麼，但又遍尋不見；埋葬後，徬徨不安，好像在盼望親人的到來而又久等不見。周年後，孝子穿上白色的練服，慨歎時光飛逝；父母喪後兩周年的祭禮時，仍覺得空虛落寞。

## 原文

5.子路有姊之喪，可以除之矣[01]，而弗除也，孔子曰：「何弗除也？」子路曰：「吾寡兄弟而弗忍也。」孔子曰：「先王制禮，行道之人皆弗忍也。」子路聞之，遂除之。

## 注釋

①除：舊時守孝期滿，去喪服，謂之「除」。

## 譯文

子路為姐姐守孝，守孝期滿可以除去喪服時，子路卻沒有。孔子說：

「為什麼還不除服呢？」子路說：「我兄弟姐妹少，不忍心脫去喪服。」
孔子說：「這是先王制定的禮法啊，要說不忍心，那麼凡是行仁道的人都
不忍心啊。」子路聽了後，脫掉了喪服。

## ▶原文

6.伯魚之母死，期而猶哭①。夫子聞之曰：「誰與哭者？」門人曰：
「鯉也。」夫子曰：「嘻！其甚也。」伯魚聞之，遂除之。

### 注釋

①伯魚：孔子的兒子，名鯉，字伯魚。

### 譯文

伯魚的母親死了，周年後伯魚還在哭。孔子聽見後就問：「是誰在哭
啊？」弟子回稟說：「是孔鯉。」孔子說：「唉！這也太過分了。」伯魚
聽到後，就脫掉喪服不再哭了。

## ▶原文

7.曾子謂子思曰：「汲！吾執親之喪也①，水漿不入於口者七日。」子
思曰：「先王之制禮也，過之者俯而就之，不至焉者，跂而及之②。故君子
之執親之喪也，水漿不入於口者三日，杖而後能起。」

### 注釋

①執：守。
②跂（ㄑㄧˋ）：踮起腳跟。

### 譯文

曾子對子思說：「孔汲！我在為父親守喪時，連著七天沒吃一粒米，
沒喝一口水。」子思說：「先王制定禮法，就是讓那些感情過重的人克制
自己的情感，遷就禮的規定，讓那些感情淡漠的人踮起腳跟，努力達到禮
的規定。所以君子在為父母守喪時，依照禮的要求應這樣做，即三天內不
喝一口水、不吃一粒米，扶著喪杖才能站起來。」

## ▶原文

8.伯高死於衛，赴於孔子[01]，孔子曰：「吾惡乎哭諸[02]？兄弟，吾哭諸廟；父之友，吾哭諸廟門之外；師，吾哭諸寢；朋友，吾哭諸寢門之外；所知[03]，吾哭諸野。於野，則已疏；於寢，則已重。夫由賜也見我[04]，吾哭諸賜氏。」遂命子貢為之主，曰：「為爾哭也來者，拜之；知伯高而來者，勿拜也。」

### 注釋

①赴：通「訃」，報喪。

②惡（×）：哪裡。

③所知：相識的人。

④賜：孔子的學生子貢，姓端木，名賜。

### 譯文

伯高死在衛國，他的親人前來向孔子報喪，孔子說：「我要到哪裡去哭他呢？本家兄弟死了，到祖廟裡去哭；父親的朋友，在祖廟的門外去哭；老師，在寢室裡哭；至交好友，在寢室門外哭；若只是泛泛之交，到野外去哭；對於伯高，如果我在野外哭，就顯得疏遠了；在寢室內哭，於禮又太重了。伯高因為端木賜的引見而認識了我，我還是到端木賜的家裡去哭他吧。」於是就讓子貢做主人，說：「如果是因為你的關係而前來弔唁伯高的，你就要拜謝；因為認識伯高而前來弔唁的，你就不用拜謝了。」

## ▶原文

9.子夏喪其子而喪其明。曾子弔之曰：「吾聞之也，朋友喪明則哭之。」曾子哭，子夏亦哭，曰：「天乎！予之無罪也。」曾子怒曰：「商，女何無罪也[01]？吾與女事夫子於洙泗之間[02]，退而老於西河之上，使西河之民疑女於夫子[03]，爾罪一也；喪爾親，使民未有聞焉，爾罪二也；喪爾子，喪爾明，爾罪三也。而曰女何無罪與？」子夏投其杖而拜曰：「吾過矣！吾過矣！吾離群而索居，亦已久矣。」

（注釋）

①女：通「汝」，你。

②洙（ㄓㄨ）泗（ㄙˋ）：洙水和泗水，春秋時屬魯國地。孔子在洙泗之間聚徒講學。

③疑：通「擬」，比擬。

【譯文】

　　子夏的兒子死了，傷心過度哭瞎了眼睛。曾子前去慰問子夏說：「我聽說朋友雙目失明，就前來為他傷心哭泣。」曾子一哭，子夏也開始哭了，說：「天啊，我什麼罪過也沒有啊。」曾子憤怒的說：「商，你怎麼能說自己什麼罪過也沒有呢？我和你在洙水和泗水間共同侍奉老師，你歲數大，就回到了西河。到了西河後，你沒有推尊老師，讓西河的百姓認為你比得上老師，這是你的第一個罪過；早先你為父母守喪時，並沒有讓當地的百姓知道你有什麼符合禮法的孝行，這是你的第二個罪過；你痛失愛子，又因此而哭瞎了眼睛，這是你的第三個罪過。你怎麼能說自己什麼罪過也沒有呢？」子夏趕緊扔掉了手杖，向曾子彎身下拜說：「我離開老師、朋友，一個人獨處的時間太久了。」

▌原文

　　10.衰[01]，與其不當物也[02]，寧無衰。齊衰不以邊坐[03]，大功不以服勤[04]。

（注釋）

①衰（ㄘㄨㄟ）：古代喪服。用粗麻布製成，披在胸前。

②與其：連詞。在比較兩件事或兩種情況的利害得失而表示有所取捨時，「與其」用在捨棄的一面。

③齊（ㄗ）衰：喪服五服之一。用粗麻布製成，以其緝邊縫齊，故稱「齊衰」。

④大功：喪服五服之一，服期九月。用熟麻布做成，較齊衰稍細，較小功為粗，故稱大功。

**譯文**

　　披麻戴孝的時候，如果言行舉止與身上的喪服不相稱的時候，那麼就不要穿喪服。穿著粗布麻衣守孝時，不可側坐；穿著熟布麻衣守孝時，不要出去做事。

**原文**

　　11.孔子之衛，遇舊館人之喪，入而哭之哀。出，使子貢說驂而賻之⑩。子貢曰：「於門人之喪，未有所說驂，說驂於舊館，無乃已重乎？」夫子曰：「予鄉者入而哭之⑫，遇於一哀而出涕。予惡夫涕之無從也⑬。小子行之⑭。」

**注釋**

　　①說：通「脫」。　驂（ㄘㄢ）：駕車時位於兩邊的馬。　賻（ㄈㄨ、）：贈送財物助人治喪。

　　②鄉(ㄒㄧㄤ、)：不久以前。

　　③惡：討厭。

　　④小子：用為老師對學生的稱呼。

**譯文**

　　孔子到衛國，恰巧碰到以前館舍主人的喪事，進去弔唁時，哭得很傷心。弔唁出來後，孔子讓子貢解下邊上的一匹馬送給喪家，以資助他們辦理喪事。子貢說：「對於門人的喪事，老師你從來沒有這樣做過啊，現在反倒要解下馬送給以前的館舍主人，這樣做是不是太過了？」孔子說：「我剛才進去弔唁的時候，正好觸動了我內心的悲傷而流下眼淚。我不想只流淚而沒有任何表示，你還是照我的意思去辦吧。」

**原文**

　　12.孔子蚤作⑩，負手曳杖，消搖於門⑫，歌曰：「泰山其頹乎⑬？梁木其壞乎？哲人其萎乎⑭？」既歌而入，當戶而坐。子貢聞之曰：「泰山其頹，則吾將安仰？梁木其壞、哲人其萎，則吾將安放？夫子殆將病也。」

遂趨而入。夫子曰：「賜！爾來何遲也？夏后氏殯於東階之上，則猶在阼也<sup>05</sup>；殷人殯於兩楹之間，則與賓主夾之也；周人殯於西階之上，則猶賓之也。而丘也殷人也。予疇昔之夜<sup>06</sup>，夢坐奠於兩楹之間。夫明王不興，而天下其孰能宗予？予殆將死也。」蓋寢疾七日而沒。

### 注釋

①蚤：通「早」，早晨。

②消搖：通「逍遙」，悠閒自得貌。

③頹：崩潰，坍塌。

④萎：指人的死亡。

⑤阼（ㄗㄨㄛˋ）：大堂前東面的台階。天子、諸侯、大夫、士皆以阼為主人之位。臨朝覲、揖賓客、承祭祀，升降皆由此。

⑥疇昔：往日，從前。

### 譯文

　　孔子早晨起來後，背著手，拄著枴杖，悠閒自得地在門外散步，大聲唱道：「泰山要坍塌了吧？支撐房屋的大樑要壞了吧？有智慧的人要死了吧？」唱完後，就回到屋裡，對著門坐下。子貢聽到歌聲後說：「泰山要是坍塌了，那還有什麼讓我們去仰望的呢？樑木壞了、有智慧的人死了，那還有什麼榜樣值得我們去效仿呢？老師大概是要生病了吧？」於是快步走進屋內。孔子見了子貢說：「賜！你怎麼來得這麼遲呢？夏朝將靈柩停放在東階上，但還停放在主位上；殷人將靈柩停放在東西兩楹間，這還處在主位和賓位之間；周人將靈柩停放在西階上，就已經把靈柩當成賓客了。我是殷人啊。前天晚上我夢見自己坐在東西兩楹間。現在沒有聖明的賢主，天下又會有誰能尊崇我坐在東西兩楹間的尊位呢？我大概快要死了。」孔子說完後，病了大約七天就死了。

### ▶原文

　　13.子路曰：「吾聞諸夫子：『喪禮，與其哀不足而禮有餘也，不若禮不足而哀有餘也。祭禮，與其敬不足而禮有餘也，不若禮不足而敬有餘也。』」

**譯文**

　　子路說：「我聽老師說過：『舉行喪禮時，與其內心的悲傷不足而外在的禮法周全，還不如外在的禮法不周全而內心充滿悲傷。舉行祭禮時，與其內心敬意不夠而外在的禮法周全，還不如外在的禮法不周全而內心充滿敬意。』」

**原文**

　　14.弁人有其母死而孺子泣者①，孔子曰：「哀則哀矣，而難為繼也。夫禮，為可傳也，為可繼也，故哭踴有節②。」

**注釋**

　　①弁（ㄅㄧㄢˋ）：地名。
　　②踴：向上跳；跳躍。

**譯文**

　　弁地有個人母親死了，他就像小孩兒一樣沒有節制地號啕大哭。孔子說：「悲痛是夠悲痛的，但是這種作法很難推廣延續。作為禮來講，是為了能夠得到廣泛傳播，能夠讓大眾接受延續，所以喪禮中的哭泣、跳腳是有節度的。」

**原文**

　　15.喪服①，兄弟之子猶子也，蓋引而進之也；嫂叔之無服也，蓋推而遠之也；姑姊妹之薄也，蓋有受我而厚之者也。

**注釋**

　　①喪服：指服喪或服喪的期限。

**譯文**

　　服喪時，兄弟的兒子和自己的兒子一樣，目的是為了拉近伯侄、叔侄間的關係；嫂子和小叔子相互之間不服喪，目的是為了疏遠二者間的關係以盡到避嫌的作用；為已經出嫁的姑姑、姐姐、妹妹服喪時，喪服就會減

輕，理由是她們已經嫁為人妻，有人為她們加重了喪服。

## 原文

16.孔子曰：「之死而致死之，不仁而不可為也；之死而致生之，不知而不可為也⑩。是故竹不成用，瓦不成味⑫，木不成斫⑬，琴瑟張而不平，竽笙備而不和⑭，有鐘磬而無簨虡⑤。其曰明器⑥，神明之也。」

### 注釋

①知：通「智」，聰明。

②味（ㄇㄟˋ）：光澤。

③斫（ㄓㄨㄛˊ）：用刀斧等砍或削。

④竽（ㄩˊ）笙：管樂器名。

⑤簨（ㄙㄨㄣˇ）虡（ㄐㄩˋ）：古代懸掛鐘磬鼓的木架。橫杆叫簨，直柱叫虡。

⑥明器：即冥器，為隨葬而製作的器物。

### 譯文

孔子說：「送走死去的人而就認定死者沒有任何知覺，這是不仁義的，不可以這樣做。送走死去的人而就認定死去的人還能感知，這是不聰明的，不可以這樣做。所以，死者隨葬的竹器不編滕緣，瓦器不加光澤，木器不進行雕琢，琴瑟雖然上了弦，但不調平，不能彈奏，竽笙雖然外形具備了，但不調和音色，不能吹奏，有鐘有磬卻沒有放置鐘磬的架子，不能敲。這些器物的名字叫作『明器』，實質上是把死者當作神靈來侍奉。」

## 原文

17.有子問於曾子曰：「問喪於夫子乎⑩？」曰：「聞之矣：『喪欲速貧，死欲速朽。』」有子曰：「是非君子之言也。」曾子曰：「參也聞諸夫子也。」有子又曰：「是非君子之言也。」曾子曰：「參也與子游聞之。」有子曰：「然，然則夫子有為言之也。」曾子以斯言告於子游。子

游曰：「甚哉，有子之言似夫子也。昔者夫子居於宋，見桓司馬自為石椁[02]，三年而不成。夫子曰：『若是其靡也[03]，死不如速朽之愈也。』死之欲速朽，為桓司馬言之也。南宮敬叔反[04]，必載寶而朝。夫子曰：『若是其貨也[05]，喪不如速貧之愈也。』喪之欲速貧，為敬叔言之也。」曾子以子游之言告於有子，有子曰：「然，吾固曰：非夫子之言也。」曾子曰：「子何以知之？」有子曰：「夫子制於中都，四寸之棺，五寸之椁，以斯知不欲速朽也。昔者夫子失魯司寇，將之荊，蓋先之以子夏，又申之以冉有，以斯知不欲速貧也。」

## 注釋

①喪：喪失；失去。
②石椁（ㄍㄨㄛˇ）：石製的外棺。
③靡：奢侈。
④反：通「返」。
⑤貨：賄賂，買通。

## 譯文

　　有子問曾子說：「你問過老師關於失去祿位後該如何自處的問題嗎？」曾子說：「我聽老師這樣說過：『失去官位後，就快點兒貧窮吧；死了之後就趕緊腐朽吧。』」有子說：「這不像老師說的話啊。」曾子說：「這是我親耳聽老師這樣說的。」有子又說：「這不像老師說的話。」曾子說：「這是我和子游一起聽老師這樣說的。」有子說：「是的，不過老師說這話，肯定是針對特定的事情來說的。」曾子把有子的話告訴給子游。子游說：「真是太厲害了，有子說話的語氣很像老師啊。以前老師住在宋國時，看見桓司馬為自己製造石製的外棺，用了三年的時間都沒有做成。夫子說：『如果是這樣奢侈的話，死了以後腐朽得越快越好。』死了以後快速地腐朽，是針對桓司馬而說的。南宮敬丟了官職後，每次回朝時，總會帶很多的寶物，用來上下打點。夫子說：『像這樣不正當的賄賂行為，丟了官職後，還不如快點兒貧窮的好。丟了官職後，快點貧窮，是針對南宮敬說的。』」曾子把子游所說的話告訴給有子，有子說：「對了，我原本就一直說：『這不像老師說的話。』」曾子說：「你是怎麼知道的？」有子說：「老師在中都時曾經規定，內棺四寸厚，外棺

五寸厚，我就是憑這點知道，老師不贊同人在死後快點兒腐朽。以前老師在魯國失去司寇的職位時，準備到荊地時，先是讓子夏去安排，後來又叫冉有去安排，由此看來，老師不贊同在失去官職後，就快點貧窮。」

▶**原文**

18.仲憲言於曾子曰：「夏后氏用明器，示民無知也；殷人用祭器，示民有知也；周人兼用之，示民疑也。」曾子曰：「其不然乎！其不然乎！夫明器，鬼器也；祭器，人器也；夫古之人，胡為而死其親乎？」

**譯文**

仲憲言對曾子說：「夏朝時的隨葬物品都是不能使用的明器，是為了告訴百姓，人死了後是沒有知覺的；殷人時的隨葬物品都是能使用的祭器，是為了告訴百姓，人死了後是有知覺能感知的；到了周朝時，明器和祭器二者兼用，這就讓百姓疑惑不解了。」曾子說：「不是這樣的！不是這樣的！所謂的明器，是專門用來祭祀鬼魂的器具；所謂的祭器，是祭祀先人和神靈用的器具；二者都是用來盡孝心的。怎麼能隨便認定古人覺得死去的親人沒有知覺呢？」

▶**原文**

19.子游問喪具，夫子曰：「稱家之有亡①。」子游曰：「有亡惡乎齊②？」夫子曰：「有，毋過禮；苟亡矣，斂首足形③，還葬④，縣棺而封⑤，人豈有非之者哉！」

**注釋**

①稱：相當；符合。　亡：通「無」。
②惡：疑問代詞，怎麼。　齊：通「劑」，分量。
③斂首足：用衣棺收殮遺體。
④還：通「旋」，迅速。
⑤縣（ㄒㄩㄢˊ）：拴繫。　封（ㄈㄥ）：棺木下葬。

**譯文**

　　子游向孔子請教應該如何置辦喪事，孔子說：「與置喪者家裡財力的大小相符合就行了。」子游說：「依照財力的大小，置辦喪事的標準是怎樣的？」孔子說：「財力大的話，置辦喪事不要逾禮就行了；財力小，親人死了後，用衣棺收殮遺體，只要形體不露就行了，並且趕緊下葬，用手拉著繩子將棺木下葬就可以了，這樣做哪裡還會有人指責他失禮呢！」

**原文**

　　20.宋襄公葬其夫人，醢醢百甕①。曾子曰：「既曰明器矣，而又實之？」

**注釋**

　　①醢（ㄒㄧ）醢（ㄏㄞˇ）：用魚肉等製成的醬。因調製肉醬必用鹽醋等作料，故稱醢醢。

**譯文**

　　宋襄公下葬他夫人的時候，隨葬了一百罈肉醬。曾子說：「陪葬的器皿既然都是不能用的明器，為什麼又要裝滿實物呢？」

**原文**

　　21.孔子之喪，有自燕來觀者①，舍於子夏氏。子夏曰：「聖人之葬人與？人之葬聖人也。子何觀焉？昔者夫子言之曰：『吾見封之若堂者矣②，見若坊者矣③，見若覆夏屋者矣，見若斧者矣，從若斧者焉。』馬鬣封之謂也。今一日而三斬板，而已封，尚行夫子之志乎哉！」

**注釋**

　　①燕：古國名。
　　②封：積土為墳。
　　③坊：通「防」。堤防，防水或禦敵的狹長建築物。

## 譯文

在給孔子辦喪事的時候，有個人從燕國來觀看孔子的喪事，並住在子夏家。子夏說：「這是聖人在為別人操辦喪事嗎？只不過是普通人在為聖人操辦喪事罷了。您何必大老遠跑來觀看呢？以前老師在世的時候曾說：『我看見的墳頭有像堂屋的，有像狹長的堤防的，有像夏代屋頂樣子的，有像斧頭樣子的，我贊同把我的墳頭修成斧頭狀的。』這種像斧頭樣兒的墳頭叫作馬鬣（ㄌㄧㄝˋ）封。現在為老師築這種樣式的墳，一天內三次設板築土，現在已經築成了，這也算是實現老師的遺願了吧！」

# ◎檀弓下

## ◆題解

本篇的性質與上一篇相同，也是討論喪禮的，因為字數較多，分為上、下兩篇。

## ▶原文

1.晉獻公之喪[01]，秦穆公使人弔公子重耳，且曰：「寡人聞之，亡國恒於斯，得國恒於斯。雖吾子儼然在憂服之中[02]，喪亦不可久也，時亦不可失也。孺子其圖之。」以告舅犯[03]，舅犯曰：「孺子其辭焉；喪人無寶，仁親以為寶。父死之謂何？又因以為利，而天下其孰能說之[04]？孺子其辭焉。」公子重耳對客曰：「君惠弔亡臣重耳，身喪父死，不得與於哭泣之哀，以為君憂。父死之謂何？或敢有他志，以辱君義。」稽顙而不拜[05]，哭而起，起而不私[06]。子顯以致命於穆公[07]。穆公曰：「仁夫公子重耳！夫稽顙而不拜，則未為後也，故不成拜；哭而起，則愛父也；起而不私，則遠利也。」

**注釋**

①喪：人死。

②儼然：嚴肅莊重的樣子。

③舅犯：重耳的舅舅，姓狐，名偃，字子犯。

④説：解釋；説明。

⑤稽（ㄐㄧ）顙（ㄙㄤˇ）：古代一種跪拜禮，屈膝下拜，以額觸地，表示極度的虔誠。

⑥私：私自，單獨地。

⑦致命：傳達言辭、使命。

**譯文**

晉獻公死了以後，秦穆公派使者前去慰問逃亡在外的公子重耳，使者向重耳傳達了穆公的話說：「我聽說一個國家的滅亡常常是在這個時候，而且得到一個國家也往往在這個時候。雖然你現在處在失去父親的極度悲傷中，但是傷痛的時間也不能太久了，你一定要抓住這個好的時機。小子你好好的考慮一下吧。」重耳把這件事情告訴給了自己的舅舅子犯，子犯說：「孩子你辭謝他們的好意吧；逃亡在外的人沒有什麼寶貴的，只有敬愛自己的父親才是最為寶貴的。父親死了是多麼大的禍事啊？怎麼能在這種時候為自己謀利，以後天下又有誰能解釋清呢？孩子，你還是推辭穆公的美意吧。」公子重耳對使者說：「貴國國君施恩派使者來慰問逃亡在外的臣子重耳，可重耳逃亡在外，父親現在死了，我卻不能到靈前守喪哭泣，使得貴國國君因此而擔憂。父親死了是多麼大的禍事啊？我怎麼敢在這個時候懷有其他想法，而侮辱貴國的國君。」說完後屈膝下拜、以額觸地，哭號著站起來，起來後就不再同使者說話。使者子顯回到秦國後，向穆公傳達了重耳的意思。穆公聽了之後說：「好仁義的公子重耳啊！他只叩頭觸地，卻不拜謝，已經表明了他不以父親的繼承人來自居，所以他沒有也不敢拜謝；哭號著站起來，表明了他對父親無限的愛意；起來後不再同使者說話，表明他沒有藉父親的喪事來為自己謀利的想法。」

**原文**

2.喪禮，哀戚之至也。節哀，順變也。君子念始之者也。復①，盡愛之

道也，有禱祠之心焉⑫。望反諸幽，求諸鬼神之道也。北面，求諸幽之義也。拜稽顙，哀戚之至隱也。稽顙，隱之甚也。飯用米貝⑬，弗忍虛也。不以食道⑭，用美焉爾。銘，明旌也⑮，以死者為不可別已，故以其旗識之。愛之，斯錄之矣；敬之，斯盡其道焉耳。重⑯，主道也⑰。殷主綴重焉，周主重徹焉。奠以素器⑱，以生者有哀素之心也⑲。唯祭祀之禮，主人自盡焉爾。豈知神之所饗，亦以主人有齊敬之心也。辟踊⑳，哀之至也，有算，為之節文也。

## 注釋

①復：古喪禮稱召喚始死者的靈魂。

②禱祠：指祭祀。

③飯：指飯含。古喪禮，以玉、珠、米、貝等物納於死者之口。

④食道：活人飯食之道。指古喪禮中，死屍口中不用熟飯而用生米及貝填充。

⑤明旌：喪具。舊時豎在靈柩前或敷在棺上，標誌死者官銜和姓名的長幡。

⑥重（ㄔㄨㄥˊ）：古代喪禮，在木主未及雕製之前代以受祭的木。

⑦主道：古代在喪禮中為死者立神主的道理。

⑧素器：沒有油漆雕飾的白木器皿。

⑨哀素：猶言哀痛無飾。

⑩辟踊：捶胸頓足，形容哀痛至極。

## 譯文

　　置辦喪禮時，孝子的心是多麼地痛苦難受。但喪禮也要求節制悲哀，慢慢適應父母已經不在人世的這種事實；君子內心充滿悲戚是因為對自己的先人念念不忘。招魂，是孝子向死去的親人表達思念之情的方式，在祭祀時懷著虔誠的心向鬼神祈求，希望親人能夠復生；招魂時看著幽暗處，這是祈求鬼神的方法；招魂時面朝著北方，這是面向幽暗處尋求親人靈魂的意思。對前來弔唁的賓客下拜和叩頭，是孝子悲痛哀傷的表現，而叩頭所表現的哀痛最重。讓死者口含米、貝，是不忍心親人死後口中沒有吃的。死去的人口中不含熟食，是因為自然天成的米、貝更為美好。棺上敷著標誌死者官銜和姓名的長幡，因為人死了之後，就沒辦法識別了，

所以要用長幡來識別。因為孝子愛死去的親人，所以把死者的名字寫在長幡上；因為孝子敬重死去的親人，所以長幡的大小嚴格按照禮的規定來製作。重，喪禮中木主沒有雕刻成之前代以受祭的木，和死者葬後立個神主的道理是一樣的。殷人做了神主，還和重連接在一起。周人做了神主後，就將重取消了。下葬前用的器皿是沒有油漆雕飾的白木，以此來表示生者悲戚哀傷的心情。只有在葬後行祭祀禮的時候，主人為了表達對神靈的敬重，才加以文飾。哪裡知道神靈是否會享用祭祀時所呈上的食物，只是表達祭祀者虔誠的心罷了。孝子捶胸頓足，是哀痛至極的表現，但捶胸頓足的方式方法也是有禮法規定的。

## ▶原文

　　3.袒、括髮①，變也。慍，哀之變也。去飾，去美也；袒、括髮，去飾之甚也。有所袒、有所襲，哀之節也。弁経葛而葬②，與神交之道也，有敬心焉。周人弁而葬，殷人冔而葬③。歠主人、主婦、室老④，為其病也，君命食之也⑤。反哭升堂⑥，反諸其所作也，主婦入於室，反諸其所養也。反哭之弔也，哀之至也。反而亡焉，失之矣，於是為甚。殷既封而弔⑦，周反哭而弔。孔子曰：「殷已慤⑧，吾從周。」

### 注釋

　　①袒（ㄊㄢˇ）：古代行禮時脫去上衣的左袖，露出裼衣。
　　②弁（ㄅㄧㄢˋ）経（ㄉㄧㄝˊ）：古代貴族弔喪時所戴加麻的素冠。
　　③冔（ㄒㄩˇ）：殷代冠名。
　　④歠（ㄔㄨㄛˋ）：飲，喝。　室長：家臣之長。
　　⑤食（ㄙˋ）：拿東西給人吃。
　　⑥升堂：登上廳堂。
　　⑦封（ㄈㄥ）：棺木下葬。
　　⑧慤（ㄑㄩㄝˋ）：恭謹，樸實。

### 譯文

　　裸露左臂，用麻束起頭髮，是孝子為守喪在服飾上作的改變。裸露左臂，是因為內心哀傷，去掉頭髮上的裝飾，是除去華美。裸露左臂、用麻

束髮，是為守孝去掉服飾的極端表現。有時候要裸露左臂，有時候要穿好衣服，表明即使哀傷也要有節制。貴族戴著用葛布做的帽子舉行葬禮，這是與神明交流的方式，表明孝子懷著一顆虔誠的心。周人戴著弁送葬，殷人戴著冔送葬。大夫死後三天，就要給主人、主婦和年長的家臣煮粥喝，怕他們哀傷過度傷了身體，所以國君命令拿東西給他們吃，來保養他們的身體。送葬回家後，主人到廳堂上哭，因為這是死者生前辦事的地方。主婦到寢室去哭，因為這是主婦曾經侍奉死者的地方。送葬回來，孝子痛哭時，親朋好友這個時候要前來慰問，因為這是孝子們最為哀痛的時候。回來後，睹物思念逝去的親人，內心的悲痛難以言說。殷人在死者下葬後就去弔唁，而周朝是在孝子送葬返回家後，再去弔唁。孔子說：「殷人的作法太樸實了，我贊同周朝人的作法。」

## ▶原文

　　4.葬於北方北首[01]，三代之達禮也[02]，之幽之故也。既封，主人贈[03]，而祝宿虞屍[04]。既反哭，主人與有司視虞牲，有司以几筵舍奠於墓左，反，日中而虞。葬日虞，弗忍一日離也。是月也，以虞易奠。卒哭日：「成事[05]」。是日也，以吉祭易喪祭[06]，明日祔於祖父[07]。其變而之吉祭也，比至於祔，必於是日也接，不忍一日末有所歸也。殷練而祔[08]，周卒哭而祔，孔子善殷。

### 注釋

①北首：古代喪禮，人死入葬，屍體頭朝北。

②三代：指夏、商、周。

③贈：古代指以殉葬用品送葬。

④祝：祭祀時司禮儀的人。　宿：預先。　虞：古代一種祭祀名。既葬而祭叫虞，有安神之意。　屍：古代祭祀時代死者受祭的人。

⑤卒哭：古代喪禮，百日祭後，由天天哭，變為朝夕哭，名為卒哭。

⑥吉祭：古喪禮，虞祭後，卒哭而祭，叫作吉祭。

⑦祔（ㄈㄨˋ）：祭名。將後死者神位附於先祖旁而祭祀。

⑧練：練祭，古代親喪一週年的祭禮。

**譯文**

　　人死後，葬在都城的北面並且下葬時頭朝北，這是夏、商、周三代通用的喪葬方式，因為北方人死後靈魂都要去幽暗的地方。棺木下葬到墓穴，沒有填土前，主人將一段絲織品放入墓穴中時，主持祭祀的司儀這時提前回到家裡邀請虞祭時代死者受祭的人。下葬前，主人回來哭過後，同主持祭祀的司儀一起去檢查虞祭時用的祭品。與此同時，另一名祭祀的司儀在墓的左邊安放儿和席，並且放置敬神的祭品。下葬完畢所有的家人都回來後，在正午時進行安神的虞祭。下葬當天舉行虞祭，因為孝子想時刻與死者的神靈在一起。這個月，用虞祭代替下葬前的奠祭。滿百天后，在行卒哭禮的時候，孝子哭著說：「喪祭已經完成了」。從這一天起，用吉祭代替原來的喪祭，吉祭後的第二天，把死者的神位放在先祖的旁邊。從喪祭變成吉祭，直到把死者的神位放到先祖旁邊。從喪祭到吉祭再到祔祭，一個個祭禮緊密相連，是因為想讓親人的亡靈時刻都有歸宿。殷人在親人死後一年舉行完練祭後，才進行祔祭，周人在卒哭祭後，才進行祔祭，孔子贊同殷人的作法。

**原文**

　　5.君臨臣喪，以巫祝桃茢執戈[01]，惡之也，所以異於生也。喪有死之道焉。先王之所難言也。喪之朝也[02]，順死者之孝心也，其哀離其室也，故至於祖考之廟而後行[03]。殷朝而殯於祖[04]，周朝而遂葬。孔子謂為明器者知喪道矣，備物而不可用也。哀哉！死者而用生者之器也。不殆於用殉乎哉。其曰明器，神明之也。塗車芻靈[05]，自古有之，明器之道也。孔子謂為芻靈者善，謂為俑者不仁[06]，殆於用人乎哉！

**注釋**

　　①巫祝：古代把專門事鬼神的人叫巫，祭主贊詞的人叫祝，連用指主持占卜祭祀的人。　桃茢：桃杖與掃帚，古代用以辟邪除穢。

　　②朝：祭拜。

　　③祖考：祖先。

　　③殯：死者入殮後停柩以待葬。

　　⑤塗車：用泥做的車。　芻(ㄔㄨˊ)靈：用茅草紮成的人馬，為古人送葬之

物。

　　⑥俑：古代用以殉葬的偶人。

## 譯文

　　國君親自弔唁死去的臣子時，巫祝拿著桃杖、掃帚以及金屬的兵器在前邊為國君辟邪除穢，因為活著的人害怕沾染到死者的邪穢之氣，所以禮數不同於死者生前，喪禮時對死者有專門的禮數，這是先王不便明說的，因為怕說了後失去對死者的敬意。在喪禮中，喪葬前的朝廟禮是順從死者的孝心，因為死者也不願意離開自己的故居，所以下葬前先到供奉祖先的廟裡去向祖先拜別。殷人在朝廟禮後，會在祖廟裡停柩一段時間才出殯，周朝在朝廟禮結束後就背道立馬下葬。孔子認為用明器隨葬的人明白喪葬的禮節，雖然置辦了種種物品，卻都不能用。假如用生人使用的物品來隨葬，就相當於用有生命的東西來為死者殉葬了。把隨葬的物品稱作明器，其實就是把死者當作神明。像泥做的車子、用茅草紮成的人馬，是古人給死者陪葬的物品，這就是製作明器所應遵循的方法。孔子認為用茅草紮人、馬的人內心善良，認為製作殉葬偶人的人內心太殘忍，接近於用活著的人來殉葬了！

## 原文

　　6.有子與子游立，見孺子慕者①，有子謂子游曰：「予壹不知夫喪之踊也②，予欲去之久矣。情在於斯，其是也夫？」子游曰：「禮，有微情者③，有以故興物者；有直情而徑行者，戎狄之道也。禮道則不然，人喜則斯陶④，陶斯詠，詠斯猶⑤，猶斯舞，舞斯慍，慍斯戚，戚斯歎，歎斯辟⑥，辟斯踊矣。品節斯，斯之謂禮。人死，斯惡之矣，無能也，斯倍之矣。是故製絞衾、設蔞翣⑦，為使人勿惡也。始死，脯醢之奠⑧，將行，遣而行之⑨，既葬而食之⑩，未有見其饗之者也。自上世以來，未之有舍也，為使人勿倍也。故子之所刺於禮者，亦非禮之訾也⑪。」

## 注釋

　　①慕：指小孩子思念父母時的啼哭聲。

　　②壹：專一。　踊：跳躍。

③微：節制。

④陶：喜悅，快樂。

⑤猶：通「搖」，搖動。

⑥辟：通「擗」，捶胸。

⑦絞（ㄐㄧㄠˇ）衾：入斂時裹束屍體的束帶和衾被。

蔞（ㄌㄡˊ）翣（ㄕㄚˋ）：古代棺飾，棺上覆蓋的彩帛或畫的彩繪。

⑧脯醢（ㄏㄞˇ）：佐酒的菜肴。

⑨遣：古代下葬前的祭奠。

⑩食（ㄙˋ）：特指使鬼神享受祭獻的供品。

⑪訾（ㄗ）：過失。

## 譯文

　　有子和子游站在一起時，看見一個小孩子因為找不見父母而號啕大哭。於是有子對子游說：「我唯獨不明白喪禮中跳腳的禮節，很早前我就想去掉這種不好的禮節。孝子失去父母哀傷悲痛的心情，就同這找不見父母的小孩子一樣，孝子們像這小孩子一樣號啕大哭不就行了嗎？何必要有跳腳的禮節呢？」子游說：「所謂的禮，有的是用來節制情感，免得人過於悲痛而傷了身體，有的是借用外物來激起內心的情感；有的將內心的情感赤裸裸地表現在行為上，這是野蠻民族表達情感的方式。但依照禮法的規定卻與此不同，人遇到高興的事情就很快樂，快樂的時候就想大聲歌唱，大聲歌唱的時候就會搖動身體，搖動身體還不能表達自己的歡樂之情時，就會舞蹈起來。舞蹈後，就會覺得內心空虛而不高興，就會樂極生悲。心中悲傷就會長籲短歎，如果這樣不能發洩心中悲傷的情感，就會捶胸，實在不行時就要頓足跳躍了。將人的這種不同的情感進行分類，並加以節制，這就是我們所說的禮。人死了，本來就惹人厭煩，人死後再也沒有什麼價值了，就更加惹人厭煩，難免會遭人背棄。所以給死者製作入斂時裹束屍體的束帶和衾被以及棺上的一些覆蓋物，是為了不讓活著的人討厭死者。剛死的時候用好的菜肴祭奠死者，出殯前有遣禮，下葬後還有多種祭獻的供品，但卻從來沒有見過鬼神來食用。從古到今，卻沒有人廢棄這個禮節，目的是為了不讓生者拋棄死者。所以你對禮的指責，並不是禮本身的過失。」

## ▲原文

7.知悼子卒，未葬。平公飲酒，師曠、李調侍，鼓鐘。杜蕢自外來，聞鐘聲，曰：「安在？」曰：「在寢。」杜蕢入寢，歷階而升，酌，曰：「曠飲斯。」又酌，曰：「調飲斯。」又酌，堂上北面坐飲之。降，趨而出。平公呼而進之曰：「蕢，曩者爾心或開予[01]，是以不與爾言。爾飲曠何也？」曰：「子卯不樂[02]。知悼子在堂，斯其為子卯也大矣。曠也大師也[03]，不以詔，是以飲之也。」「爾飲調何也？」曰：「調也君之褻臣也[04]，為一飲一食，忘君之疾，是以飲之也。」「爾飲何也？」曰：「蕢也宰夫也[05]，非刀匕是共，又敢與知防，是以飲之也。」平公曰：「寡人亦有過焉，酌而飲寡人。」杜蕢洗而揚觶[06]。公謂侍者曰：「如我死，則必無廢斯爵也。」至於今，既畢獻，斯揚觶，謂之杜舉。

### 注釋

①曩（ㄋㄤˇ）：先時；以前。

②子卯：甲子和乙卯，古以為忌日。

③大（ㄊㄞˋ）師：古代掌管音樂的人。

④褻(ㄒㄧㄝˋ)：指親近。

⑤宰夫：古代掌管膳食的小吏，即廚師。

⑥觶（ㄓˋ）：古代的飲酒器。

### 譯文

大臣知悼子死了，還沒有下葬。平公卻在這個時候喝起酒來，臣子師曠、李調陪同，並且敲鐘奏樂。杜蕢從外面進來後，聽到了鐘聲，問守衛說：「國君在哪裡？」守衛說：「在寢宮裡。」杜蕢一步跨兩個台階進入寢宮，倒了一杯酒，說：「師曠喝了這杯酒。」又倒了一杯酒，說：「李調喝了這杯酒。」接著又倒了一杯酒，在廳堂裡面朝北坐下，自己喝了這杯酒。然後走下台階，快步向門外走去。平公大聲叫住並命令他進來，說：「杜蕢，先前我覺得你是有意要啟發我，所以沒有與你說話，你為什麼要讓師曠喝酒呢？」杜蕢說：「像甲子和乙卯這樣的忌日時，是不奏樂的。現在臣子知悼子還停柩在廳堂裡，大臣還沒有下葬，這比子卯這樣的忌日還要重要。師曠是掌管國家音樂的官吏，卻不把這樣的道理說給您聽，這是我罰他喝酒的原因。」國君接著問：「那你為什麼要讓李調

喝酒呢？」杜簀說：「李調是您最為親近的臣子了，但為了吃喝，就忘記了您的過錯，這是我罰他喝酒的原因。」國君又問：「那你為什麼還要自己喝一杯酒呢？」杜簀說：「我本來是主管膳食的廚師，我做好自己的本職工作就好，現在卻越權諫諍，所以我也自罰一杯。」平公說：「我也有過錯，請為我也倒一杯酒吧。」杜簀洗了杯子，並且把酒杯高高的舉起。平公對身旁的侍者說：「這個酒杯即使我死了，也不要扔掉。」一直到今天，獻完酒後，高高舉起酒杯的動作，被叫作杜舉。

## ▶原文

8.石駘仲卒，無適子①，有庶子六人，卜所以為後者。曰：「沐浴、佩玉則兆②。」五人者皆沐浴、佩玉，石祁子曰：「孰有執親之喪而沐浴、佩玉者手？」不沐浴、佩玉，石祁子兆。衛人以龜為有知也。

### 注釋

①適：通「嫡」。正妻所生之子稱「嫡子」。
②兆：古人占卜時燒灼甲骨所呈現的預示吉凶的裂紋。

### 譯文

石駘仲死了後，正妻沒有孩子，小妾生了六個孩子，只能用占卜的方式來決定誰是未來的繼承人。占卜的人說：「你們得去沐浴洗澡並且佩戴玉珮，這樣占卜時龜甲才能呈現準確的裂痕。」其中五個人都洗澡、佩戴玉珮去了，只剩下石祁子一個人說：「現在正在為我的父親守喪，怎麼可以洗澡、玉珮呢？」於是只有石祁子一個人沒有洗澡、佩玉，但是占卜的結果卻是由石祁子來擔任繼承人。所以衛人認為占卜的龜甲非常靈驗。

## ▶原文

9.子路曰：「傷哉貧也！生無以為養，死無以為禮也。」孔子曰：「啜菽飲水盡其歡①，斯之謂孝。斂首足形，還葬而無槨②，稱其財，斯之謂禮。」

（注釋）

①啜（彳ㄨㄛˋ）菽（ㄕㄨˊ）飲水：吃豆類，喝清水。指生活清苦。

②還（ㄒㄩㄢˊ）：通「旋」，迅速。　椁：古代套於棺外的大棺。

（譯文）

　　子路說：「家庭貧困是多麼地讓人傷心啊！父母在世的時候不能好好地贍養他們，死了以後也不能依照禮法好好地給他們置辦喪事。」孔子說：「父母在世時因家庭貧困而只能吃豆類，喝清水，但是他們精神愉悅，為人子女也算是盡孝道了。父母死後，入斂時只要衣衾足以掩藏形體就足夠了，入斂完畢就可以迅速下葬，即便是沒有外棺，置辦喪禮只要同自家的財力相當就可以了，這也就符合禮的規定了。」

**■原文**

　　10.戰於郎，公叔禺人遇負杖入保者息[01]，曰：「使之雖病也[02]，任之雖重也[03]，君子不能為謀也，士弗能死也。不可！我則既言矣。」與其鄰童汪踦[04]往，皆死焉。魯人欲勿殤童汪踦[05]，問於仲尼。仲尼曰：「能執干戈以衛社稷，雖欲勿殤也，不亦可乎！」

（注釋）

①保：通「堡」，小城。

②使：役使。

③任：賦稅。

④踦（ㄐㄧˇ）：腿、腳脛。

⑤殤：未至成年而死。

（譯文）

　　戰爭已經在郎地開始了，公叔禺人碰到了拄著枴杖逃到城內避戰的人，說：「雖然繁重的徭役讓百姓很疲憊，苛捐雜稅讓百負擔很重，但是國君在戰爭時卻不能為百姓出謀劃策，武士也沒有為國為民獻身的勇氣。不能再這樣下去了，既然說了這樣的話，我就要付出實際行動。」於是就和鄰居家的少年一同前往戰場，結果雙雙都戰死。魯國人不想依照小孩禮

數來給汪踦置辦喪禮，於是就前去向孔子請教。孔子說：「都已經拿著兵器上戰場保衛國家了，即使不用小孩子的禮數來置辦喪事，也是可行的。」

## ▲原文

11.工尹商陽與陳棄疾追吳師，及之。陳棄疾謂工尹商陽曰：「王事也[01]，子手弓而可。」手弓。「子射諸。」射之，斃一人，韔弓[02]。又及，謂之，又斃二人。每斃一人，掩其目。止其御曰：「朝不坐，燕不與[03]，殺三人，亦足以反命矣。」孔子曰：「殺人之中，又有禮焉。」

### 注釋

①王事：王命差遣的公事。
②韔（ㄔㄤˋ）弓：鬆弛弓弦將弓放入弓袋。
③燕：通「宴」，宴會。

### 譯文

工尹商陽和陳棄疾一起追趕吳國軍隊，趕上吳國的人馬後，陳棄疾對工尹商陽說：「這是王命差遣的公事，你可以拿出弓箭射殺敵人了」於是工尹商陽拿出弓箭。陳棄疾說：「射殺敵人吧。」工尹商陽這才用弓箭射殺敵人，射殺完了，就把弓放入弓袋。等到又一次追上敵人後，陳棄說了與上次同樣的話，工尹商陽才拿出弓箭射殺敵人，連著殺了兩個敵人。工商尹陽每殺一個人，就會用手遮住自己的眼睛。工商尹陽讓駕車馬的人把車停下說：「我朝見國君的時候沒有座位，宴會時從來沒有被邀請，現在我已經殺了三個人，足夠回去交差了。」孔子說：「由此看來，在殺人的時候，也是有禮數的。」

## ▲原文

12.孔子過泰山側，有婦人哭於墓者而哀，夫子式而聽之[01]。使子貢問之曰：「子之哭也，壹似重有憂者。」而曰：「然，昔者吾舅死於虎[02]，吾夫又死焉，今吾子又死焉。」夫子曰：「何為不去也？」曰：「無苛

政。」夫子曰：「小子識之，苛政猛於虎也。」

**注釋**

①式：通「軾」，以手撫軾，古人表示敬意的一種禮節。
②舅：古時對公公的稱呼。

**譯文**

　　孔子乘車經過泰山旁邊的時候，看見有個婦人在墓旁哭得很傷心，這時孔子用手撫著車軾聽婦人哭。孔子派弟子子貢前去問婦人說：「聽見您的哭聲，內心似乎很傷心。」婦人哭著說：「是啊，以前的時候我的公公被老虎咬死了，後來我的丈夫被老虎咬死了，現在連我的兒子也被老虎咬死了。」孔子聽完後說：「那你們為什麼不離開這個地方呢？」婦人回答說：「因為這個地方沒有苛捐雜稅啊。」孔子對著子貢說：「知道了吧，對百姓來說，繁重的苛捐雜稅比老虎還要厲害啊？選」

**原文**

　　13.魯人有周豐也者，哀公執摯請見之①，而曰不可。公曰：「我其已夫！」使人問焉，曰：「有虞氏未施信於民而民信之，夏后氏未施敬於民而民敬之，何施而得斯於民也？」對曰：「墟墓之間②，未施哀於民而民哀。社稷宗廟之中③，未施敬於民而民敬。殷人作誓而民始畔④，周人作會而民始疑⑤。苟無禮義忠信誠愨之心以蒞之，雖固結之，民其不解乎？」

**注釋**

①摯：求見人時所持的禮物。
②墟墓：墓地。
③社稷：古代帝王及諸侯祭拜的土神和穀神。　宗廟：祖廟。
④畔：通「叛」，背叛。
⑤愨（ㄑㄩㄝˋ）：恭謹。　蒞：治理。

**譯文**

　　魯國有個叫周豐的人，哀公拿著禮物去拜見他，魯豐說這禮數太重了不敢當。哀公說：「那我就不親自去了。」於是就派人前去向周豐請教，

說：「有虞氏沒有教育百姓要去信任他，但是百姓卻對他很信任，夏后氏沒有教育百姓去敬仰他，但是百姓卻對他非常敬仰，那要採取什麼措施，才能讓百姓信任、敬仰我呢？」周豐回答說：「在墓地的時候，沒有教育百姓去哀傷，但是百姓卻表現出了哀傷之情。在神社和宗廟裡，並沒有教育百姓要恭敬，但是百姓卻都表現出了恭敬之情。自從殷人開始起誓，在百姓中間才有了背叛，從周人有了會盟，百姓才起了疑心。如果一個國君沒有用禮義、忠誠、信任、誠實、恭謹的心來對待百姓，即便採取了種種團結人民的外在措施，難道百姓的心就不動搖了嗎？」

## ▮原文

14.齊大饑，黔敖為食於路，以待餓者而食之。有餓者蒙袂輯屨①，貿貿然來②。黔敖左奉食，右執飲，曰：「嗟！來食。」揚其目而視之，曰：「予唯不食嗟來之食，以至於斯也。」從而謝焉③，終不食而死。曾子聞之曰：「微與？其嗟也可去，其謝也可食。」

### 注釋

①蒙袂：用袖子蒙住臉。謂不願見人。　輯：收斂。
②貿貿：目眩貌。
③謝：道歉。

### 譯文

齊國發生了很大的饑荒，黔敖專門在路邊煮飯，以便饑民能吃到飯。有一個饑民用袖子蒙著臉，拖著鞋子，一副快要暈倒的樣子。黔敖左手端著飯，右手拿著喝的，說：「喂，過來吃飯吧。」這個饑民瞪著眼睛看了一下黔敖，說：「我就是因為不吃這種別人說『喂，過來吃』的飯，才落到今天這個樣子。」黔敖聽後，趕緊道歉，但是饑民直到餓死也沒有吃飯。曾子聽說了這件事後說：「不應該這樣做吧？當別人語氣不好時可以拒絕吃飯，但是當人家道歉後，就可以去吃了。」

## ▶原文

15.晉獻文子成室①，晉大夫發焉②。張老曰：「美哉輪焉③！美哉奐焉
④！歌於斯，哭於斯，聚國族於斯。」文子曰：「武也得歌於斯，哭於斯，
聚國族於斯，是全要領以從先大夫於九京也⑤。」北面再拜稽首。君子謂之
善頌善禱。

### 注釋

①晉獻文子：文子晉國的貴族趙武，獻文是其諡號。

②發：猶致，送達。

③輪：高大貌。

④奐：眾多，盛大。

⑤要：「腰」的古字。　領：脖子。　九京：即九原，春秋時晉國卿大夫的墓
地。

### 譯文

晉國獻文子的新家建成後，晉國的大夫都前來賀喜。張老看著新房子
說：「房子多麼的高大！多麼的美麗啊！以後就要在這裡奏樂歌唱，在這
裡舉行喪禮，和親朋好友在這裡聚會。」獻文子說：「我能在這裡奏樂歌
唱，在這裡舉行喪禮，和親朋好友在這裡聚會，這說明我將免受刑罰，保
全性命，死後和先祖同葬在九原。」說完後就朝著北方叩頭跪拜。知禮的
人都說他們擅長讚美、擅長祝福。

## ▶原文

16.仲尼之畜狗死，使子貢埋之，曰：「吾聞之也，敝帷不棄，為埋馬
也。敝蓋不棄，為埋狗也。丘也貧，無蓋。於其封也①，亦予之席，毋使其
首陷焉。」路馬死，埋之以帷。

### 注釋

①封（ㄅㄧㄢˋ）：通「窆」，埋葬。

**譯文**

　　孔子養的狗死了，就讓學生子貢去埋了它，說：「我聽說，破舊的床帳不能用的時候不要扔掉，可以在埋馬的時候，用來遮蓋。破舊的傘蓋也不要丟掉，可以用它來埋狗。現在我很貧窮，連個破舊的傘蓋也沒有。但是在埋狗的時候，也要用張蓆子裹住，而且在埋的時候不能讓狗的頭直接埋進土裡。國君的馬死了，要用帷布裹好再埋。

**原文**

　　17.季孫之母死，哀公弔焉，曾子與子貢弔焉，闇人為君在[01]，弗內也。曾子與子貢入於其廄而修容焉[02]。子貢先入，闇人曰：「鄉者已告矣[03]。」曾子後入，闇人辟之。涉內霤[04]，卿大夫皆辟位，公降一等而揖之。君子言之曰：「盡飾之道，斯其行者遠矣。」

**注釋**

　　①闇（ㄏㄨㄣ）人：守門人。
　　②修容：修飾儀表。
　　③鄉：不久前，以往。
　　④霤（ㄌㄧㄡˋ）：屋簷上流下的水。

**譯文**

　　季孫的母親死了，哀公前去弔唁，曾子和子貢也一同來弔唁，守門的人因為國君在屋內，不敢讓曾子和子貢進去。曾子和子貢就到季孫家的馬廄裡修整儀容。整理完畢後，子貢就先進去了，守門的人說：「剛才已經通報過了。」曾子隨後進入，守門的人主動給曾子讓路。曾子走到內室屋簷下的時候，公卿大臣都站起來給他讓座，國君也走下一級台階向曾子作揖。國君說道：「盡心去修飾自己的儀表，是可以行之久遠的啦！」

**原文**

　　18.陽門之介夫死[01]，司城子罕入而哭之哀[02]。晉人之覘宋者[03]，反報於晉侯曰：「陽門之介夫死，而子罕哭之哀，而民說[04]，殆不可伐也。」孔子

聞之曰：「善哉覘國乎！《詩》云：『凡民有喪，扶服救之⑤』。雖微晉而已，天下其孰能當之。」

（注釋）

①陽門：宋國國都的城門名。　介夫：披甲的衛士。
②司城：官名，即司空。
③覘（ㄓㄢ）：窺視，偵察。
④説：通「悦」。
⑤扶服：伏地爬行。形容急遽，竭力。

**譯文**

　　宋國陽門一位守城的衛士死了，司城子罕前去弔唁，哭得很傷心。潛藏在宋國的晉國探子看到後，回國把這件事情告訴給了晉候說：「宋國陽門的衛士死了，可是子罕前去弔唁哭得很傷心，讓百姓們很感動，現在不是討伐宋國的好時機。」孔子聽說了這件事後說：「晉國的這個探子真是太聰明了！《詩經》上曾說：『但凡鄰里遇到了喪事，我們都要竭盡全力去幫助他。』現在不單單是晉國，就是其他的國家也沒有一個敢與團結一致的宋國做對。」

**原文**

　　19.孔子之故人曰原壞，其母死，夫子助之沐槨①。原壞登木曰②：「久矣予之不托於音也。」歌曰：「狸首之斑然③，執女④手之卷然⑤。」夫子為弗聞也者而過之，從者曰：「子未可以已乎？」夫子曰：「丘聞之，親者毋失其為親也，故者毋失其為故也。」

（注釋）

①沐槨：整治棺材。
②登木：敲打棺木。
③斑然：文彩貌
④女：通「汝」，你的。
⑤卷然：柔弱貌

**譯文**

　　孔子的老朋友原壤的母親死了,孔子就前去幫助原壤一起修整棺木。原壤敲打著棺木說:「我好久沒有寄情於歌聲了。」於是就大聲唱道:「這棺材的紋理就像狸的頭一樣啊,我想握著你那柔軟的手啊」。孔子像是沒有聽到一樣從原壤的身旁走過,隨從的人看到這樣的情形,對孔子說:「你為什麼不與他斷交呢?」孔子說:「我聽說,是親人就不要喪失了親情,是老朋友就不要丟掉老朋友的情誼。」

**原文**

　　20.趙文子與叔譽觀乎九原。文子曰:「死者如可作也①,吾誰與歸?」叔譽曰:「其陽處父乎?」文子曰:「行並植於晉國②,不沒其身③,其知不足稱也④。」「其舅犯乎?」文子曰:「見利不顧其君,其仁不足稱也。我則隨武子乎,利其君不忘其身,謀其身不遺其友。」晉人謂文子知人。文子其中退然如不勝衣⑤,其言呐呐然如不出諸其口⑥,所舉於晉國管庫之士七十有餘家,生不交利,死不屬其子焉⑦。

**注釋**

　　①作:借指死而復活。
　　②植:剛強。
　　③沒(ㄇㄛˋ):善終。
　　④知:通「智」,智慧。
　　⑤中:指身體。 退然:柔弱。
　　⑥呐呐:形容說話遲鈍。
　　⑦屬(ㄓㄨˇ):委託。

**譯文**

　　趙文子和叔譽一同去觀看晉國卿大夫的墓地。文子說:「如果這墓地裡的人都死而復生的話,那我應該歸順誰呢?」叔譽說:「陽處父怎麼樣呢?」文子說:「陽處父剛直,但獨斷專行,最後不得善終。他的智謀不值得稱道。」叔譽說:「那舅犯呢?」文子說:「有了好處就忘記了自己的國君,他的仁義是不值得稱道的。如果他們能活過來的話,我會跟隨武

子，他在為國君辦事的時候能夠保全自己，在為自己謀好處的時候不會忘了自己的朋友。」晉國的人因此說文子能識人。文子的身體柔弱得好像架不起身上的衣服，說話遲鈍，好像話從來嘴裡說不出來一樣，但是他為晉國推薦了七十多個有才能的人來管理倉庫，在生前卻與這些人沒有利益上的往來，到死都沒有把自己的兒子託付給他們。

## ◎王　制

### ◆題解

　　本篇主要記載了古代君主頒授爵位、祿田、委任官職、巡守、朝聘、教育、養老、祭祀、喪葬、刑罰等方面的規章制度。

### ▍原文

　　王者之制祿爵①，公侯伯子男，凡五等。諸侯之上大夫卿②，下大夫，上士中士下士，凡五等。天子之田方千里，公侯田方百里，伯七十里，子男五十里。不能五十里者，不合於天子，附於諸侯曰附庸③。天子之三公之田視公侯④，天子之卿視伯，天子之大夫視子男，天子之元士視附庸⑤。

### 注釋

　　①祿爵：俸給和爵位。
　　②上大夫：古代的官階之一。周王室及各諸侯國的官階分為卿、大夫、士三等，每等中又各分為上、中、下三級。
　　③附庸：指附屬於諸侯大國的小國。
　　④三公：古代中央三種最高官銜的合稱，周乙太師、太傅、太保為三公。
　　⑤元士：周代稱天子之士為元士。

## 譯文

　　天子制定了俸給和爵位的等級，在爵位方面，分為公、侯、伯、子、男，共五個等級。諸侯的上大夫卿、下大夫、上士、中士、下士，共五個等級。在俸給方面，天子的土地方圓一千里，公、侯的土地方圓一百里，伯的土地方圓七十里，子的土地方圓五十里。土地方圓不足五十里的小諸侯，不直接受天子的管轄，而直接附屬於與其相挨的大諸侯。天子的三公即太師、太傅、太保，他們的俸給可與公爵、伯爵的相比照，卿的俸給比照伯爵，大夫比照子爵、男爵，天子的士比照附庸。

## 原文

　　2.制農田百畝。百畝之分，上農夫食九人<sup>①</sup>，其次食八人，其次食七人，其次食六人，下農夫食五人。庶人在官者，其祿以是為差也。

### 注釋

　　①食（ㄙˋ）：供養。下同

## 譯文

　　天子規定農田以一百畝為一個單位，並按照土地的品質分為五個等級，上等田的農夫能夠養活九個人，二等農田能夠養活八個人，三等農田能夠養活七個人，四等農田能夠養活六個人，五等農田養活五個人。平民在官府中工作，他們的俸祿也依照這五個等級來實行分發。

## 原文

　　3.諸侯之下士視上農夫，祿足以代其耕也。中上倍下士，上士倍中士，下大夫倍上士；卿，四大夫祿；君，十卿祿。次國之卿，三大夫祿；君，十卿祿。小國之卿，倍大夫祿，君十卿祿。

## 譯文

　　諸侯的下士應該要像上等田的農夫一樣，拿到的俸祿要能夠養活九個人。中士的俸祿要比下士多一倍，上士的俸祿比中士多一倍，下大夫的俸

祿比上士多一倍；卿的俸祿是大夫的四倍；國君的俸祿是卿的十倍。等級低一等的諸侯國，卿的俸祿是大夫的三倍；國君的俸祿十倍於卿。小國家卿的俸祿，是大夫的一倍，國君的俸祿是卿的十倍。

## ▶原文

4.次國之上卿，位當大國之中，中當其下，下當其上大夫。小國之上卿，位當大國之下卿，中當其上大夫，下當其下大夫。其有中士、下士者，數各居其上之三分。

## 譯文

次國的上卿，地位相當於大國的中卿，次國的中卿，地位相當大國的下卿，次國的下卿，地位相當於大國的大夫。小國的上卿，地位相當於大國的下卿，小國的中卿，地位相當於大國的上大夫，小國的下卿，地位相當於大國的下大夫。如果次國、小國有中士、下士的話，那麼他們的數量只占其上級國家的三分之一。

## ▶原文

5.凡四海之內九州<sup>①</sup>，州方千里。州，建百里之國三十，七十里之國六十，五十里之國百有二十，凡二百一十國；名山大澤不以封，其餘以為附庸間田<sup>②</sup>。八州，州二百一十國。天子之縣內，方百里之國九，七十里之國二十有一，五十里之國六十有三，凡九十三國；名山大澤不以封<sup>③</sup>，其餘以祿士，以為間田。凡九州，千七百七十三國。天子之元士、諸侯之附庸不與。

## 注釋

①四海：指天下，古時中國四境有海環繞，按方位為「東海」、「南海」、「西海」和「北海」，但因時而異，說法不一。

②間（ㄐㄧㄢ）田：古代指未被封賜的土地。

③封：通「頒」。賞賜；分賞。

## 譯文

　　四海之內一共有九個大州，每個州方圓千里。其中的八個州，每個州上建造方圓百里的國家三十個，方圓七十里的國家六十個，方圓五十里的國家二十個，一共有二百一十個國家；其中名山大川不分配給諸侯，分配完的其他土地作為諸侯的附庸小國和間田。這樣的八個州，每個州都有二百一十個國家。剩下的一個州作為天子王國的所在地，這裡一百平方裡的國家有九個，七十平方裡的國家有二十一個，五十平方裡的國家有六十三個，總計九十三個國家；其中名山大川不分封給臣子，剩下的就可以作為士人俸祿的間田。九州上所有的國家合起來，有一千七百七十三國，其中天子的元士、諸侯附屬小國不包括在內。

## 原文

　　6.天子百里之內以共官①，千里之內以為御②。千里之外，設方伯③。五國以為屬，屬有長。十國以為連，連有帥。三十國以為卒，卒有正。二百一十國以為州，州有伯。八州八伯，五十六正，百六十八帥，三百三十六長。八伯各以其屬，屬於天子之老二人④，分天下以為左右，曰二伯⑤。千里之內曰甸⑥，千里之外，曰採、曰流⑦。

### 注釋

　　①共：通「供」，供給。
　　②御：對帝王所作所為及所用物的敬稱。
　　③方伯：殷周時代掌管一方的諸侯。
　　④老：古代臣子的稱謂，此處是指上卿。
　　⑤二伯：指周初分別主管東方和西方諸侯的兩位重臣周公和召公。
　　⑥甸：古代京城郊外的地方。
　　⑦採（ㄘㄞˇ）：古代的九畿之一。　流：古代指邊遠地區。

## 譯文

　　天子都城周圍一百里以內的土地上的收入全部用來供給官府的開支，千里以內的土地用來供給天子日常的生活所需。方圓千里之外的土地，設立的最高長官叫作「方伯」。五個國家組成一個「屬」，每一個屬都設有

「屬長」。十個國家級成一個「連」，每個連都設有「連帥」。三十個國家組成一個「卒」，每個卒設有「卒正」。每二百一十個國家組成一個「州」，每個州設有「方伯」。八個州有八個方伯，五十六個卒正，一百六十八個連帥，三百三十六個屬長。八個方伯管轄的地方分管於天子身邊的二老。即天下分為左右兩塊，這二老便是左右二伯。天子都城外方圓千里的土地叫作甸，方圓千里之外的地方叫作採、流。

## ▲原文

7.天子：三公，九卿，二十七大夫，八十一元士。大國：三卿；皆命於天子；下大夫五人，上士二十七人。次國：三卿，二卿命於天子，一卿命於其君；下大夫五人，上士二十七人。小國：二卿，皆命於其君；下大夫五人，上士二十七人。天子使其大夫為三監，監於方伯之國，國三人。天子之縣內諸侯，祿也；外諸侯，嗣也。

## 譯文

天子手下的官員主要有：三公、九卿、二十七大夫、八十一元士。其他八個州的官員情況，大國：有三卿，全部由天子直接任命；下大夫有五個人，上士有二十七個人。次國：有三卿，其中兩卿由天子直接任命，剩下的一個卿由其國君任命；下大夫有五個人，上士有二十七個人。小國：只有兩卿，都由其國君來任命；下大夫有五個人，上士有二十七個人。天子派他的大夫作為三監，來監察方伯管理的國家，每個州派三個人。天子直轄地方諸侯所擁有的土地，只是他們在京畿之地做官時的俸祿；天子直轄地方之外諸侯的土地，可由其子孫來繼承。

## ▲原文

8.制：三公，一命卷⑴。若有加，則賜也。不過九命。次國之君，不過七命。小國之君，不過五命。大國之卿，不過三命。下卿再命，小國之卿與下大夫一命。

**注釋**

①一命：周時官階從一命到九命，一命為最低的官階。 卷：通「袞」(ㄍㄨㄣˇ)，君王或上公的禮服。

**譯文**

制度規定：位居三公時，已經是官階等級九命中的第八命了，再加一命的話，就可以穿袞服了。如果再加封賞的話，就叫作賜了。三公的官階不超過九命。次國的國君最多七命，小國的國君最多五命。

**原文**

9.凡官民材，必先論之。論辨然後使之，任事然後爵之，位定然後祿之。爵人於朝，與士共之。刑人於市，與眾棄之。是故公家不畜刑人，大夫弗養，士遇之塗弗與言也①。屏之四方②，唯其所之，不及以政，亦弗故生也。

**注釋**

①塗：通「途」，道路。
②屏：放逐。

**譯文**

凡是要任人做官的時候，事先要對他的才智品德進行考察。考察完了，才可以讓他做事，做事之後才授予相應的爵位，有了爵位後才能給他俸祿。加官進爵的時候一定要在朝廷裡當著士的面舉行。處決犯人要在集市上進行，表明同大家一起拋棄犯人。所以公家不畜養受過刑罰的人，大夫家裡也不能畜養。士如果在路上碰到受過刑的人不能同他說話。把受過刑的人放逐到偏遠的地方，任其放逐，並且剝奪他們的政治權力，也表明不讓他們活在這個世界上。

**原文**

10.諸侯之於天子也，比年一小聘①，三年一大聘②，五年一朝。天子五

年一巡守③，歲二月，東巡守至於岱宗④，柴而望祀山川⑤。覲諸侯，問百年者就見之。命大師陳詩以觀民風⑥，命市納賈以觀民之所好惡⑦，志淫好辟⑧。命典禮考時月，定日，同律⑨，禮樂制度衣服正之。山川神祇，有不舉者，為不敬，不敬者，君削以地。宗廟，有不順者為不孝，不孝者，君絀以爵。變禮易樂者，為不從，不從者，君流。革制度衣服者，為畔⑩，畔者，君討。有功德於民者，加地進律？⑪。五月，南巡守至於南嶽，如東巡守之禮。八月，西巡守至於西嶽，如南巡守之禮。十有一月，北巡守至於北嶽，如西巡守之禮。歸，假於祖禰⑫，用特⑬。

## 注釋

①比年：每年。　小聘：諸侯每年派大夫聘問於天子。
②大聘：諸侯每隔三年派卿向天子行聘問之禮。
③巡守：天子出行，視察邦國州郡。
④岱宗：即泰山。
⑤柴：燒柴祭天。　望：古代的祭名，遠望而祭。
⑥大師：古代掌管音樂的人。　大，通「太」。
⑦賈：通「價」，價格。
⑧辟：通「僻」，邪僻，不誠實。
⑨同律：即律呂。古代校正樂律的器具。
⑩畔：通「叛」，背叛，叛變。
⑪律：爵位的等級。
⑫假（ㄐㄧㄚˇ）：至，到。　禰（ㄋㄧˇ）：親廟，父廟。
⑬特：公牛，亦泛指牛。

## 譯文

　　各個諸侯對於天子，每年派大夫向天子行聘問之禮，叫作小聘，每隔三年派卿向天子行聘問之禮，叫作大聘，每隔五年各諸侯進京親自朝見天子。天子每隔五年出行視察邦國州郡，在這一年的二月，天子向東出巡到泰山，舉行柴祭禮，祭祀名山大川。招見當地諸侯時，詢問百歲的老者，然後天子親自去看望老者。命令太師呈頌當地的詩歌，從中觀察當地的風俗民情，命令掌管集市的官員報上物價，瞭解當地百姓的喜好，看他們對物質的需求是不是過於奢華或者愛好過於邪僻。命令掌管典禮的官員考察

當地的時月，用律呂來校正樂律，並且對禮樂制度、衣服的樣式等等不於規定的加以糾正。對於當地的山川神靈要依禮進行祭拜，如果當地的國君沒有祭拜的話，就視做對天子的不敬，對天子不敬的諸侯，天子就可以罷免他的爵位。如果對禮樂的制度隨意地改動，就是不服從天子，對天子不服從的諸侯，天子就可以把他流放到偏遠的地方。如果改動制度、衣服的話，就可以看作是叛變，如果這樣的話，那麼天子就可以對叛變者進行討伐。對百姓有功德的諸侯，天子就對他封地進爵。到了五月的時候，天子向南出行到南嶽，舉行東巡時的所有禮節。到了八月的時候，向西出行到西嶽，舉行南巡時的所有禮節。十一月的時候巡視北嶽，舉行西巡時的所有禮節。巡視完畢，回到京城後，殺一頭牛，要到祖廟裡去祭拜祖先，祭告祖先巡守完畢，順利回來。

## 原文

11天子將出，類乎上帝[01]，宜乎社[02]，造乎禰[03]。諸侯將出，宜乎社，造乎禰。天子無事與諸侯相見曰朝[04]，考禮正刑一德，以尊於天子。天子賜諸侯樂，則以柷將之[05]，賜伯、子、男樂，則以鞀將之[06]。

## 注釋

①類：古代祭名。以特別事故祭告天神。

②宜：古代祀典的一種。　社：古代土地神。

③造：祭祀名。

④事：指天子、諸侯的國家大事，如祭祀、盟會、兵戎等。

⑤柷（ㄔㄨˋ）：古樂器名。

⑥鞀（ㄊㄠˊ）：鼓名，俗稱撥浪鼓。

## 譯文

天子將要出行的時候，要舉行類祭禮祭告天神，並且舉行宜禮來祭告土地神，在祖廟裡舉行造祭禮告知祖先。諸侯出行的時候，舉行類祭禮祭告天神，在祖廟裡舉行造祭禮告知祖先。天子不因祭祀、盟會、兵戎等國家大事同諸侯見面時叫作朝見，省察禮儀、正定刑律、永恆其德，使得每個諸侯都遵從天子。天子賞賜給諸侯樂器，並且讓使者拿著柷奏樂送給諸

侯，把樂器賞賜給伯、子、男的時候，就讓使者拿著韶奏樂送給他們。

## ▶原文

12.諸侯，賜弓矢然後征，賜鈇鉞然後殺[01]，賜圭瓚然後為鬯[02]。未賜圭瓚，則資鬯於天子。天子命之教然後為學。小學在公宮南之左，大學在郊。天子曰辟雍[03]，諸侯曰頖宮[04]。

（注釋）

①鈇（ㄈㄨ）鉞（ㄩㄝˋ）：指帝王賜予的專征專殺的權力。

②圭（ㄍㄨㄟ）瓚（ㄗㄢˋ）：古代的一種玉製酒器，形狀如勺，以圭為柄，用於祭祀。　鬯（ㄔㄤˋ）：古代宗廟祭祀用的香酒。

③辟雍(ㄅㄧˋㄩㄥ)：周天子所設大學。

④頖(ㄆㄢˋ)宮：即泮宮，西周諸侯所設大學。

（譯文）

諸侯只有在天子賜給弓箭後，才能夠出兵討伐敵人，只有在天子賜給鈇鉞後，才有生殺大權。只有在天子賞賜了圭瓚這種玉製的酒器後，才能製作祭祀用的香酒鬯。如果天子沒有賜給圭瓚，那麼就只能乞求天子賞賜祭祀用的香酒鬯。天子命令諸侯開辦教育，諸侯才能夠辦理學校。小學建在天子宮殿的南邊的左側，大學建在都城的郊外。天子的大學叫作辟雍，諸侯的大學叫作泮宮。

## ▶原文

13.天子將出征，類乎上帝，宜乎社，造乎禰，禡於所征之地[01]。受命於祖[02]，受成於學[03]。出征，執有罪。反[04]，釋奠於學[05]，以訊[06]馘告[07]。

（注釋）

①禡（ㄇㄚˋ）：古代在軍隊駐地舉行的祭禮。

②受命：受天之命，古帝王自稱受命於天以鞏固統治。

③受成：接受已定的謀略。

④反：通「返」。

⑤釋奠：古代在學校設置酒食以奠祭先聖先師的一種典禮。

⑥訊：指被俘的敵囚。

⑦馘（ㄍㄨㄛˊ）：古代戰爭中割取所殺敵人或俘虜的左耳以計數獻功。

## 譯文

　　天子將要出去作戰的時候，須舉行類祭禮祭告天神，舉行宜禮來祭告土地神，在祖廟裡舉行造祭禮告知祖先，在征伐的地方舉行祭禮。出征前到祖廟裡祭祀請命出征，並在大學裡進行軍事謀劃。出兵征伐時捉拿有罪的人，征伐回來後，在大學裡舉行釋奠禮，並且報告俘虜和殺敵的情況。

## 原文

　　14.天子、諸侯無事，則歲三田①。一為乾豆②，二為賓客，三為充君之庖。無事而不田，曰不敬，田不以禮，曰暴天物。天子不合圍，諸侯不掩群。天子殺則下大綏③，諸侯殺則下小綏，大夫殺則止佐車④。佐車止，則百姓田獵。獺祭魚⑤，然後虞人入澤梁。豺祭獸⑥，然後田獵。鳩化為鷹，然後設罻羅⑦。草木零落，然後入山林。昆蟲未蟄，不以火田，不麛⑧，不卵，不殺胎，不殀夭⑨，不覆巢。

## 注釋

　　①三田：古時天子、諸侯每年三次田獵，稱為三田。

　　②乾豆：指風乾的獵物盛於豆中用於祭祀。

　　③綏（ㄙㄨㄟ）：古代旌旗的一種。

　　④佐車：古代天子諸侯用於征戰、田獵的副車。

　　⑤獺祭魚：初春，河水解凍，獺開始大肆捕殺魚類。獺只吃一條魚少許，便將殘魚擺放河岸。古人因以附會其為捕獵前的祭祀，並且以此作為人類魚獵季節的開始。

　　⑥豺祭獸：深秋，鳥獸長成，豺大量殺獸以備冬。古人因以附會其為捕獵前的祭祀，並且以此作為人類魚獵季節的開始。

　　⑦罻（ㄨㄟˋ）羅：捕鳥的網。

　　⑧麛（ㄇㄧˊ）：幼鹿，泛指幼獸。

　　⑨殀（ㄧㄠˇ）：殺死。　夭（ㄧㄠ）：動植物之初生者。

## 譯文

　　天子、諸侯沒有祭祀、盟會、兵戎等國家大事時，每年要狩獵三次。第一次是為了宗廟祭祀，第二次是為了宴請賓客，第三次是為了供國君享用。國家沒有什麼大事卻不去狩獵的話，就是不敬，打獵的時候不依禮節，就是暴殄天物。國君在打獵的時候不可以從四面包抄獵物，要留個出口，讓部分獵物逃脫。諸侯不可以獵殺整群獵物。天子在殺死獵物後，就放下大的旌旗，諸侯在殺死獵物後，就放下小的旌旗，大夫在殺死獵物後，就停下打獵的副車。副車停下後，百姓就開始打獵。初春，獺祭後，百姓就可以進入湖泊河流捕魚。深秋，豺祭獸後，百姓就可以捕獵了。當鳩變成鷹的時候，就可以張網捕鳥了。當草木凋零的時候，就可以到山林裡砍伐樹木。當昆蟲還沒有潛伏冬眠時，不能焚燒草木來肥田，不能捕殺幼獸，不能拿鳥卵，不能殺死懷胎的母獸，不能殺死初生的動物，不傾毀鳥巢。

## 原文

　　15.冢宰制國用①，必於歲之杪②，五穀皆入然後制國用。用地小大，視年之豐耗。以三十年之通制國用，量入以為出。祭用數之仂③，喪，三年不祭，唯祭天地社稷為越紼而行事④。喪用三年之仂。喪祭，用不足曰暴，有餘曰浩。祭，豐年不奢，凶年不儉。國無九年之蓄曰不足，無六年之蓄曰急，無三年之蓄曰國非其國也。三年耕，必有一年之食，九年耕，必有三年之食。以三十年之通，雖有凶旱水溢，民無菜色⑤，然後天子食，日舉以樂。

## 注釋

　　①冢宰：周官名，為六卿之首，亦稱太宰。
　　②杪（ㄇㄧㄠˇ）：盡頭，多指年月或季節的末尾。
　　③仂（ㄌㄜˋ）：餘數，零數，十分之一。
　　④越紼：不受私喪限制，在喪期參加祭天地社稷的典禮。　紼，下葬時引柩入穴的繩索。
　　⑤菜色：指饑民營養不良的臉色。

**譯文**

　　冢宰制定國家的財政預算，一定要在每年的年末進行，也就是在所有的糧食收到糧倉後才進行第二年的財政預算。國家的預算，要根據土地的大小、年成的好壞來制定。以三十年國家預算的平均數作為標準，並依據歲末的收入制定來年的支出。祭祀的費用佔全年收入的十分之一。遇到父母喪事的時候，三年內受私喪限制，除了能參加祭天地社稷的典禮外，其他的祭祀活動一概不能參加。置辦喪事的費用佔三年收入的十分之一。喪事和祭祀的事情，如果按照預算還不夠的話，就叫作「暴」，如果連預算也沒有用完的話，就叫作「浩」。祭祀用的費用，原則就是年成好的時候不過於奢侈我，年成不好的時候不過於吝嗇。一個國家如果沒有供九年食用的糧食儲備的話，就叫作不足，如果沒有六年食用糧食儲備的話，那國家的情況就危急了，如果連三年食用糧食的儲備都沒有的話，那這個國家就不能稱之為國家了。連著三年耕種，才能積攢下供一年食用的餘糧，連著九年耕種，才能積攢下供三年食用的餘糧。按照三十年的平均收入來看，即使有旱澇災害，百姓也不用挨餓。也只有這樣，天子才可以安心用膳，每天聽樂。

**原文**

　　16.天子七日而殯①，七月而葬。諸侯五日而殯，五月而葬。大夫、士、庶人，三日而殯，三月而葬。三年之喪，自天子達。庶人縣封②，葬不為雨止，不封不樹，喪不貳事，自天子達於庶人。喪從死者，祭從生者。支子不祭③。

**注釋**

　　①殯：死者入殮後停柩以待葬。
　　②縣（ㄒㄩㄢˊ）：拴繫。　封（ㄈㄥ）：棺木下葬。
　　③支子：古代宗法制度以嫡長子及繼承先祖嫡系之子為宗子，嫡妻的次子以下及妾子都為支子。

**譯文**

　　國君死後停屍七天，然後才裝殮入棺，並停柩在堂上，七個月後下

葬。諸侯死後停屍五天，然後才裝殮入棺，停柩在堂上，五個月後下葬。大夫、士、平民百姓，死後停屍三天，然後才裝殮入棺，並停柩在堂上，三個月後下葬。父母死後，孝子要守孝三年，從天子到平民百姓都是一樣的。平民百姓下葬時，不因為下雨而停止下葬，葬後積土起墳，也不種樹，孝子在守喪期間不做其他的事情，從天子到平民百姓都是一樣的。喪事的禮節要適合死者的身分地位，祭祀的禮節要適合生者的身分地位。不是嫡系長子不能主持祭祀。

## ▶原文

17.天子七廟，三昭三穆①，與太祖之廟而七。諸侯五廟，二昭二穆，與太祖之廟而五。大夫三廟，一昭一穆，與太祖之廟而三。士一廟。庶人祭於寢。

### 注釋

①昭、穆：古代宗廟排列的次序，始祖居廟中，父子後代依序為昭穆。左為昭，右為穆。

### 譯文

天子有七座宗廟，其中有三所昭廟、三所穆廟，和太祖的廟合起來共七所。諸侯的宗廟一共有五所，其中有兩所昭廟、兩所穆廟，和太祖的廟合起來共五所。大夫的宗廟有三所，其中昭廟、穆廟各一所，和太祖的廟合起來共三所。士的宗廟只有一所。平民百姓沒有宗廟，相關的祭祀活動就在家中進行。

## ▶原文

18.天子、諸侯宗廟之祭：春曰礿①，夏曰禘，秋曰嘗，冬曰烝。天子祭天地，諸侯祭社稷，大夫祭五祀②。天子祭天下名山大川：五嶽視三公③，四瀆視諸侯。諸侯祭名山大川之在其地者。天子諸侯祭因國之在其地而無主後者。天子犆礿④，祫禘⑤，祫嘗，祫烝。諸侯礿則不禘，禘則不嘗，嘗則不烝，烝則不礿。諸侯礿犆，禘一犆一祫，嘗祫烝祫。

### 注釋

①礿（ㄩㄝˋ）：古代宗廟時祭名。下文中的禘(ㄉㄧˋ)、嘗、烝(ㄓㄥ)也是宗廟裡的祭名。

②五祀：古代祭祀的五種神祇。

③五嶽：我國五大名山的總稱。　三公：古代中央三種最高官銜的合稱。

④犆：通「特」，單一；單獨。

⑤祫（ㄒㄧㄚˊ）：古代天子諸侯宗廟祭禮之一，集合遠近祖先的神主於太祖廟大合祭。

### 譯文

天子、諸侯在宗廟裡一年舉行四次祭祀活動：春天祭祀叫礿，夏天的祭祀叫作禘，秋天的祭叫嘗，冬天的祭祀叫作烝。天子祭天地，諸侯祭社稷，大夫祭五祀。天子祭祀天下的名山大川：用祭拜三公的禮節來祭拜五嶽，用祭拜諸侯的禮節來祭拜四瀆。諸侯只能在自己的封地內祭拜名山大川。天子、諸侯應該祭拜那些原來居住在國家境內而現在絕後的先王先公。天子春天時舉行的礿祭是一個特祭，即對宗廟裡的各位神主單獨進行祭祀。而夏天、秋天、冬天的禘祭、嘗祭、烝祭都是合祭，即集合遠近祖先的神主於太祖廟大合祭。一年中，諸侯進行了礿祭，就不舉行禘祭，舉行禘祭就不舉行嘗祭，舉行嘗祭就不舉行烝祭，舉行烝祭就不舉行礿祭。諸侯春天的礿祭是特祭，夏天的禘祭則一年特祭一年合祭，秋天、冬天的嘗祭、烝祭都是合祭。

### 原文

19.天子社稷皆大牢[01]，諸侯社稷皆少牢[02]。大夫、士宗廟之祭，有田則祭，無田則薦[03]。庶人春薦韭，夏薦麥，秋薦黍，冬薦稻。韭以卵，麥以魚，黍以豚，稻以雁。祭天地之牛，角繭栗。宗廟之牛，角握[04]。賓客之牛，角尺。諸侯無故不殺牛，大夫無故不殺羊，士無故不殺犬豕，庶人無故不食珍[05]。庶羞不逾牲[06]，燕衣不逾祭服[07]，寢不逾廟。

### 注釋

①大牢：即太牢，古代祭祀牛羊豬三牲具備叫太牢。

②少牢：古代祭祀只用羊、豬二牲叫少牢。

③薦：以時鮮的食品祭獻。

④握：量詞，指一手所能執持的量或一拳的長度。

⑤珍：精美的食物。

⑥庶羞：多種美味。

⑦燕衣：閒居時穿的衣服。

## 譯文

　　天子用牛、羊、豬祭祀社神、谷神，諸侯用羊、豬祭祀社神、穀神。大夫、士的宗廟祭祀，有田地的就舉行祭祀禮，沒有田地的就舉行薦禮。平民百姓春天祭獻新鮮的韭菜，夏天祭獻新鮮的小麥，秋天祭獻新鮮的小米，冬天祭獻新鮮的大米。祭獻韭菜時搭配蛋，祭獻祭獻小麥搭配魚，祭獻小米時搭配豬肉，祭獻大米時搭配雁。祭祀天、地時，要選用角像蠶繭或角像栗子的新生牛犢。宗廟祭祀時，要選用牛角能一把抓住的小牛。宴請賓客時要選用角長一尺的大牛。諸侯不祭天地時不殺牛，大夫不祭宗廟時不殺牛，士不祭宗廟時不殺狗和豬，平民百姓不行薦禮時不吃精美的食物。所以，日常飲食不能超過祭祀進用的祭品，日常穿的衣服不能超過祭祀時穿的衣服，日常起居的房子不能超過供奉祖先靈位的殿堂。

## 原文

　　20.古者公田藉而不稅①，市廛而不稅②，關譏而不征③。林麓川澤以時入而不禁，夫圭田無徵④，用民之力，歲不過三日。田裡不粥⑤，墓地不請。

## 注釋

①藉：通「借」，借助。

②廛（彳ㄢˊ）：特指公家所建供商人存儲貨物的房屋。

③譏：稽查，盤問。

④圭田：古代卿、大夫、士供祭祀用的田地。

⑤粥：通「鬻」，賣。

**譯文**

　　古時候，借助民力來耕種公家田地時，被借助者不用繳納私人的田稅，商人借助公家所建的房屋來儲存貨物，公家只徵收房稅，不徵收所存貨物的稅，大小關口，官兵只負責檢查過往人員及貨物，而不徵稅，要按照規定進入山林伐木或者河流湖泊捕魚，百姓耕種卿、大夫、士們的圭田時，不再徵收田稅。公家徵用民力，一年內不可以超過三天。公家分給農民使用的公田，不能私下買賣，人死後葬在公家規定的墓區，私人不能請求另外的墓地。

**▶原文**

　　21.司空執度，度地居民[01]，山川沮澤、時四時、量地遠近、興事任力[02]。凡使民，任老者之事，食壯者之食。凡居民材，必因天地寒暖燥濕，廣穀大川異制。民生其間者異俗，剛柔、輕重、遲速異齊，五味異和，器械異製，衣服異宜。修其教不易其俗，齊其政不易其宜[03]。中國戎夷五方之民[04]，皆有其性也，不可推移。東方曰夷，被髮文身[05]，有不火食者矣。南方曰蠻，雕題交趾[06]，有不火食者矣。西方曰戎，被髮衣皮，有不粒食者矣[07]。北方曰狄，衣羽毛穴居，有不粒食者矣。中國、夷、蠻、戎、狄，皆有安居、和味、宜服、利用、備器[08]。五方之民，言語不通，嗜欲不同，達其志，通其欲，東方曰寄，南方曰象，西方曰狄鞮[09]，北方曰譯。

**注釋**

　　①司空：周為六卿之一，即冬官大司空，掌管工程。
　　②沮（ㄐㄩˋ）澤：水草叢生的沼澤地帶。　任力：任用民力。
　　③齊（ㄐㄧˋ）：分量。
　　④戎夷：泛指少數民族。　五方：東、南、西、北和中央，泛指各方。
　　⑤被髮文身：被，通「披」。文，通「紋」。古代吳越一帶和某些南方民族的風俗。頭髮披散，身刺花紋。
　　⑥雕題：在額上刺花紋。古代南方少數民族的習俗。
　　⑦粒食：以穀物為食。
　　⑧利用：利器，有效的工具。
　　⑨鞮（ㄉㄧ）：翻譯的古稱。

## 譯文

　　掌管工程的大冬官的職責是用丈尺測量土地，綜合考慮山川的地形、水源的大小、四季氣候的冷暖、相鄰居民點間的距離、完成工程動用勞力的多少等等因素，來安置適合百姓居住的地方。凡是使用民力的時候，要按照老年人的體力來安排工作，在飲食上要按照年輕人的標準來供給。凡是建造百姓居住房屋時，必須依據當地氣候的寒暖燥濕，以及是谷地還是大川等不同的氣候、地理條件來確定建造房屋所用的材料。不同的地理、氣候條件決定了各地區間不同的風俗習慣，比如剛強、溫柔、靈巧、笨拙、遲鈍、敏捷等等不同的性格特點，以及不同的口味，生產、生活中的器具也各不相同，服飾的樣式也各不相同。國家對各個地區進行禮儀教育，但是不改變各地百姓的風俗習慣，統一政令刑法，但是不改變各地百姓適於當地風土人情習俗。中原和各方少數民族，都有自己的民族特色，不能夠隨易更改。東方的少數民族叫作「夷」，他們頭髮披散、身刺花紋，食物不用火煮或烤，直接生食。南方的少數民族叫作「蠻」，在額上刺花紋，他們平日盤腿而坐，食物也不用火煮或烤，直接生食。西方的少數民族叫作「戎」，他們頭髮披散，身上穿著獸皮，他們不吃五穀。北方的少數民族叫作「狄」，穿著動物的皮毛做成的衣服，他們不吃五穀。中原、夷、蠻、戎、狄，都有適合自己居住的住所、食物、衣服、工具。這五個地方的百姓，相互之間言語不通，愛好不同，各自間為了相互交流，交換物品，於是就出現了溝通語言的翻譯人員，東方的叫作「寄」，南方的叫作「象」，西方的叫作「狄鞮」，北方叫作「譯」。

## ▌原文

　　22.凡居民，量地以制邑，度地以居民。地、邑、民、居，必參相得也。無曠土，無遊民[01]，食節事時，民咸安其居，樂事勸功，尊君親上，然後興學。

### 注釋

　　①遊民：古代指無田可耕，流離失所的人。

**譯文**

　　凡是在安置百姓的時候，事先要測量好土地，並依據地形的廣狹來建造城市，依據建造城市的大小來安置百姓的數量。綜合考慮地形的廣狹、城市的大小、居民的數量這三個方面，使得三者間配合得當。沒有一塊荒廢的土地，沒有無田可耕、流離失所的人，百姓都省吃儉用，按時從事農業生產，這樣百姓就能夠安居樂業，認真地從事農業生產相互激勵，尊敬國君孝敬長者，這樣以後就可以興辦學校施行教育了。

**原文**

　　23.司徒修六禮以節民性①，明七教以興民德②，齊八政以防淫③，一道德以同俗，養耆老以致孝④，恤孤獨以逮不足⑤，上賢以崇德，簡不肖以絀惡。

**注釋**

　　①司徒：周時為六卿之一，即地官大司徒，掌管國家的土地和人民的教化。　六禮：謂古代的冠禮、婚禮、喪禮、祭禮、鄉飲酒和鄉射禮、相見禮。
　　②七教：古指父子、兄弟、夫婦、君臣、長幼、朋友、賓客互相間各自應當遵從的倫理規範。
　　③八政：古代國家施政的八個方面。具體內容不一。
　　④耆老：老年人。
　　⑤逮：及至。

**譯文**

　　掌管國家土地和人民教化的地官大司徒的職責是修習六禮來節制百姓的性情，宣揚七教提高百姓的倫理道德水準，統一諧調八政防止制度無節制，規範道德形成好的社會風氣，贍養老年人以促進百姓的孝行，撫恤鰥寡孤獨、殘疾的人，促使百姓去幫助那些貧困的人，尊重賢能的人，提高社會道德水準，檢舉壞人，摒棄社會上的歪風邪氣。

## ▶原文

24.命鄉簡不帥教者以告，耆老皆朝於庠，元日習射上功①，習鄉上齒②。大司徒帥國之俊士與執事焉③。不變，命國之右鄉簡不帥教者移之左。命國之左鄉，簡不帥教者移之右，如初禮。不變，移之郊，如初禮。不變，移之遂④，如初禮。不變，屏之遠方，終生不齒⑤。

### 注釋

①元日：吉日。　上功：最高的功績。
②上齒：敬老。　上，通「尚」。
③俊士：周代稱選取入太學者。
④遂：古代在遠郊設立的行政區劃。
⑤齒：錄用；收納。

### 譯文

　　命令各鄉官檢舉那些不遵循禮儀教化的人並報告給司徒，挑選一個好日子，把鄉里的老年人集聚到學校，學習鄉飲酒和鄉射禮，學習鄉射禮則以成績的高低為準，學習鄉飲酒禮，則以年齡的大小、輩分的高低為準。大司徒率領國家有才能的人參加鄉射禮和鄉飲酒禮。假如那些不遵循禮儀教化的人沒有因此受到教化，那麼大司徒就命令右鄉檢舉那些不遵循禮儀教化的人，並把他們遷到左鄉。命令左鄉檢舉那些不遵循禮儀教化的人，並把他們遷到右鄉，遷到新的地方後也像原來一樣用禮儀來教化他們。假如這樣還不遵循禮儀教化，就把他們遷到郊外，用原來的禮儀來教化他們。這樣之後，還不遵循禮儀教化，就把他們遷到遠郊，用原來的禮儀來教化他們。假如這樣還不遵禮儀教化，就把他們驅逐到偏遠的地方，並且終生都不再收納他們。

## ▶原文

25.命鄉論秀士①，升之司徒②，曰選士。司徒論選士之秀者而升之學，曰俊士。升於司徒者，不征於鄉，升於學者，不征於司徒，曰造士③。樂正崇四術，立四教，順先王《詩》《書》《禮》《樂》以造士④。春、秋教以《禮》《樂》，冬、夏教以《詩》《書》。王大子、王子、群後之大子、

卿大夫元士之適子、國之俊選⑤，皆造焉。凡入學以齒，將出學，小胥、大胥、小樂正簡不帥教者以告於大樂正。大樂正以告於王。王命三公、九卿、大夫、元士皆入學。不變，王親視學。不變，王三日不舉⑥，屏之遠方。西方曰棘，東方曰寄，終生不齒。

## 注釋

①秀士：德行才藝出眾的人。

②升：向上舉薦。

③造士：學業有成就的士子。

④造士：造就學業有成就的士子。

⑤大子：即太子。

⑥舉：演奏。

## 譯文

　　命令鄉官推舉德行才藝出眾的人，並且舉薦給司徒，叫作選士。司徒在選士中評選出更優秀的人才進入國學深造，叫作俊士。舉薦到司徒那裡的選士，鄉里不能征派他們服徭役，由司徒舉薦到大學的俊士，司徒不征派他們服徭役，這些人叫作造士。樂正崇尚詩、書、禮、樂四門學術，就把四門學術設立為四門課程，用的是先王流傳下來的《詩》、《書》、《禮》、《樂》來造就學業有成就的士子。在春、秋兩季教《禮》、《樂》，在冬、秋兩季教《詩》、《書》。國君的太子、諸王子、各個諸侯國的太子、卿大夫元士們的世子以及舉薦的俊士，都去學習這四門課程。在學校裡沒有身分地位的高低，只有年齡的大小，科目學完後，透過考試評論學習的好壞，小胥、大胥、小樂正把不好好學習的人告訴給大樂正。大樂正告訴給國君。於是，國君就命令三公、九卿、大夫、元士進入學校去督促這些不好好學習的子弟。如果不好好學習的風氣還沒有變化的話，國君就親自去督促子弟學習。如果這樣還是沒有改變的話，國君就三天不奏樂，並把不好好學習的子弟驅逐到偏遠的地方。驅逐到西方叫作「棘」，驅逐到東方叫作「寄」，並且終生都不收納他們。

### ▶原文

26.大樂正論造士之秀者以告於王，而升諸司馬①，曰進士。司馬辨論官材②，論進士之賢者以告於王，而定其論。論定然後官之，任官然後爵之，位定然後祿之。

### 注釋

①司馬：周時六卿之一，即夏官大司馬，掌軍旅之事。
②官材：按照才能授予官職。

### 譯文

大樂正把有才能的造士舉薦給國君，並且推舉給司馬的優秀造士，叫作「進士」。大司馬按照才能授予官職，並且把進士中有才能的人推舉給國君，並由國君來評定。國君評定後，才能委任官職，擔任官職後才能授予爵位，有了爵位後才能拿到俸祿。

### ▶原文

27.大夫廢其事①，終生不仕，死以士禮葬之。有發，則命大司徒教士以車甲。凡執技論力，適四方，裸股肱②，決射禦。凡執技以事上者，祝史、射禦、醫卜及百工。凡執技以事上者，不貳事，不移官，出鄉不與士齒。仕於家者，出鄉不與士齒。

### 注釋

①廢：曠廢，懈怠。
②股肱：大腿和胳膊。

### 譯文

大夫如果對自己的職責懈怠，那麼就終生不再任用他做官，死了後用士禮來埋葬他。如果有軍事行動時，就命令大司徒把乘戰車、穿鎧甲的方法教給進士。凡是靠著技藝為生的人就要考量他們的力量和技術，到國家的各個地方，裸露大腿和胳膊，用射箭、駕車等方法來考察自己的實力。凡是靠技術來為主人服務，如祝史、射禦、醫卜以及各種工匠。凡是靠技

術為主人服務的人，不能兼職，不能更改自己的職業，出了鄉，不可與士按年齡大小排位列次。即使是在卿大夫家中工作，出了鄉，也不可與士按年齡大小排位列次。

## ▶原文

28.司寇正刑明辟以聽獄訟①，必三刺②。有旨無簡不聽。附從輕，赦從重。凡制五刑③，必即天論，郵罰麗於事④。凡聽五刑之訟，必原父子之親，立君臣之義以權之。意論輕重之序，慎測淺深之量以別之。悉其聰明，致其忠愛以盡之。疑獄，泛與眾共之，眾疑，赦之。必察小大之比以成之。

### 注釋

①司寇：周為六卿之一，即秋官大司寇。掌管刑獄、糾察等事。　正刑：正定刑律。　明辟：嚴明法律。

②三刺：周代治理重案，必依次與群臣、群吏和百姓三等人反覆計議，然後定罪判決，以示審慎。

③五刑：五種輕重不等的刑法。

④郵：通「尤」，罪過。　麗：依法、按事實施加刑罰。

### 譯文

司寇負責正定刑律，嚴明法律，並以此來審理案件，對於重案，要再三審議。對於有做案動機但沒有做案事實的案件則不予授理。對於隨從做案的則從輕判刑，對於曾經赦免過但又再次犯法的人則加重判刑。凡要決斷犯人應該要用五刑中的哪一種刑法時，一定要遵從天理，根據客觀事實來決斷。凡是在審理應受五刑的案件時，要考慮權衡父子間的親情，君臣間的關係，考慮是否因為忠孝而犯法。分析犯罪情節的輕重，謹慎地分析罪行深淺，對於案件不可一概而論。要充分發揮自己的聰明才智，竭盡自己的忠愛之心對案件進行判斷。對於有疑問並且無法決斷的案件，則公開與眾人共同審理這個案件，如果眾人對於案件依然是有疑問而沒有辦法決斷時，就只好赦免嫌疑人了。凡是罪無可疑的，要查明案情的輕重，並依據相關的法律條文來定刑。

## ▶原文

29.成獄辭，史以獄成告於正⁰¹，正聽之。正以獄成告於大司寇，大司寇聽之棘木之下。大司寇以獄之成告於王，王命三公參聽之。三公以獄之成告於王，王三又⁰²，然後制刑。凡作刑罰，輕無赦。刑者侀也⁰³，侀者成也，一成而不可變，故君子盡心焉。

### 注釋

①正：泛指官長。
②三又：即「三宥」，指古代對犯罪者可從輕處理的三種情況。
③侀：定型的物體。

### 譯文

判決書擬定好以後，把判決書呈送給正，正審閱後，把判決書呈送給大司寇，大司寇在種有酸棗樹的外朝審閱。大司寇把判決書再呈送給國君，國君又召集三公共同審閱。隨後，三公把審閱完的判決書再次呈送給國君看，國君給以三宥，再次商議減輕其刑罰，這樣以後才制定刑罰。凡是觸犯刑法的，即使罪行再輕，也不可赦免。所謂「刑」的意思就是定型的物體，定型後就無法再變動，所以君子在定刑前，一定要盡心盡力的去審審閱案件。

## ▶原文

30.析言破律⁰¹，亂名改作，執左道以亂政⁰²，殺。作淫聲、異服、奇技、奇器以疑眾，殺。行偽而堅，言偽而辯，學非而博，順非而澤，以疑眾，殺。假於鬼神、時日、卜筮以疑眾，殺。此四誅者，不以聽。凡執禁以齊眾，不赦過。

### 注釋

①析言：分言。　破律：徇私枉法。
②左道：邪門旁道，多指非正統的巫蠱、方術等。

**譯文**

　　凡是割裂文字、曲解法律，更改法律制度，用歪門邪道的方法來擾亂國政的人，殺。製作靡靡之音、奇裝異服、奇特技藝、奇巧器物而讓百姓疑惑，民心動搖的人，殺。行為虛偽卻讓人深信不疑，說話虛偽但卻讓百姓信以為真，旁門左道的學識卻讓人覺得知識淵博，順從錯誤並加以粉飾，疑惑百姓的人，殺。凡假託鬼神、時日、占卜來疑惑百姓的人，殺。對於因為這四類而判死刑的案件，不需要反覆審閱。凡是執行禁令，目的在於統一民心，即使小小的過錯，也不能赦免。

**原文**

　　31有圭璧金璋，不粥於市㉑。命服命車㉒，不粥於市。宗廟之器，不粥於市。犧牲不粥於市㉓，戎器不粥於市。用器不中度㉔，不粥於市。兵車不中度，不粥於市。布帛精粗不中數，幅廣狹不中量，不粥於市。奸色亂正色，不粥於市。錦文珠玉成器，不粥於市。衣服飲食，不粥於市。五穀不時，果實未熟，不粥於市。木不中伐，不粥於市。禽獸魚鱉不中殺，不粥於市。關執禁以譏㉕，禁異服，識異言。

**注釋**

　　①粥：通「鬻」，賣。
　　②命服：指周代天子賜予元士至上公九種不同命爵的衣服。　命車：天子所賜的車。
　　③犧牲：供祭祀用的牲畜。
　　④用器：日常生活中用的弓矢、耒耜、農器等器物。
　　⑤譏：稽查；盤問。

**譯文**

　　凡是圭、璧、金、璋等貴重的物品，不可以在集市上出售。命服、命車等因公而受天子賞賜的物品不可以在集市上出售。宗廟裡祭祀用的器具，不可以在集市上出售。祭祀用的牲畜不可以在集市上出售，兵器、不合規格的生活用品以及作戰的兵車不可以在集市上出售。布帛面料紋理的粗細、長寬如果不合規格，不可以在集市上出售。布帛的顏色不符合規格

的不可以在集市上出售。錦緞、珠玉等珍貴物品不可以在集市上出售。華美的服裝、美味的食物不可以在集市上出售。沒有到時令的五穀、沒有成熟的果實、沒有成材的樹木不可以在集市上出售。還沒有長成的禽獸、魚鱉不可以捕殺在集市上出售。在各個關口檢查的官吏對於過往的人員、車輛進行嚴密的稽查，禁止奇裝異服，辨別不同的語言。

### ▶原文

32.大史典禮①，執簡記②，奉諱惡③。天子齊戒受諫④。司會以歲之成⑤，質於天子⑥，冢宰齊戒受質。大樂正、大司寇、市⑦，三官以其成，從質於天子。大司徒、大司馬、大司空齊戒受質，百官各以其成，質於三官。大司徒、大司馬、大司空以百官之成，質於天子。百官齊戒受質。然後，休老勞農，成歲事，制國用。

### 注釋

①大史：即太史。

②簡記：文書簿冊。

③諱：先王之名。　惡：忌日，一說國家之大凶大災。

④齊戒：齊通「齋」，古人在祭祀前沐浴更衣、整潔身心，以示虔誠。

⑤司會（ㄎㄨㄞ丶）：職官名，輔助冢宰掌官天下，考核邦國、各官府的治績，是會計官的總長官。

⑥質：評量；評斷。

⑦市：官名。即司市，掌管市場的治教政刑、量度禁令等。

### 譯文

太史公掌管禮儀制度，負責起草文書、掌管國家典籍，並且記載應當避諱的事情，比如先王的名字、忌日以及國家大凶大災的日子，並且在需要的時候稟報給國君。國君在齊戒後認真地接受群臣的勸諫。司會把各邦國、各官府的政績報告給國君，並由國君來評量，冢宰也要進行齋戒並協同國君來評量各邦國、各官府的政績。大樂正、大司寇、司市三位官員把各自的政績報告給國君，並且由天子對他們各自的政績進行評量。大司徒、大司馬、大司空共同進行齋戒並且對他們管理的文武百官的工作時行

評量。這三位高官又把自己管理的文武百官的工作情況呈送給國君，並由國君進行評量，然後百官齋戒並接受國君的考問評量。然後百官回到各自執政的地方，休養老人、慰問農民。此時，一年的政府工作任務就完成了，就可以制定第二年的政府工作規劃及財政預算。

# ◎文王世子

## ◆題解

　　孫希旦《禮記集解》云：「此篇合眾篇而成。首言文王、武王為世子及周公教成王之事；次言大學教士之法；次言三王教世子之法；次言庶子正公族之法；次言養老之事；末引世子之記以終之。」

## ▌原文

　　1凡學世子及學士①，必時。春夏學干戈②，秋冬學羽龠③，皆於東序④。小樂正學幹，大胥贊之⑤。龠師學戈，龠師丞贊之。胥鼓南。春誦夏弦，大師詔之⑥。瞽宗秋學禮⑦，執禮者詔之。冬讀書，典書者詔之。禮在瞽宗，書在上庠⑧。

### 注釋

　　①學（ㄒㄩㄝˋ）：教導。　世子：太子，帝王和諸侯的嫡長子。　學士：古代在國學讀書的學生。

　　②干戈：古代武舞。

　　③羽龠(ㄩㄝˋ)：羽，指雉羽。龠，一種編組多管樂器。古代祭祀或宴饗時舞者所持的舞具和樂器。

　　④東序：相傳為夏代的大學。

　　⑤大胥：古代官名，樂官之屬。　贊：說明。

⑥大師：即太師，掌理音律，樂工之長。

⑦瞽（ㄍㄨˇ）宗：殷學校名。後借指最高學府。

⑧上庠：古代的大學。

## 譯文

　　凡是在教導世子和學士時，必須要按照季節來安排學習的內容。春夏時節學習武舞，秋冬時節學習羽籥，學習的地方都在東序。小樂這個時候正在忙著教給學生干舞，大胥應在此時協助小樂進行教學。籥師教給學生戈舞，籥師丞應在此時協助籥師進行教學。大胥擊鼓作為節奏來教授南樂。春天時讓學生誦讀樂詩，夏天則用弦樂伴奏，這些都由太師來教導。秋天在瞽宗學習禮節，由掌管禮節的老師來教導。冬天的時候讀書，由典書來教導。在瞽宗學習禮節，在上庠讀書。

## ▶原文

　　2.凡祭與養老乞言合語之禮①，皆小樂正詔之於東序。大樂正學舞干戚②，語說③，命乞言，皆大樂正授數，大司成論說在東序④。凡侍坐於大司成者，遠近間三席，可以問，終則負牆，列事未盡⑤，不問。

## 注釋

　　①養（一ㄤˋ）老乞言：古代帝王及其嫡長子對年高德德重者按時奉以酒食，並向他們求教。　合語：在射禮、燕飲、作樂之後，有互相談古說義之禮，謂之合語。⑫

　　②干戚：古代兩種兵器盾與斧，也是武舞時拿的舞具。

　　③語說：即合語，指旅酬時互相談論義理。

　　④論說：議論評說。

　　⑤列：陳述。

## 譯文

　　凡是學校舉行祭祀、養老乞言、合語禮節時，都由小樂正在東序進行教導。大樂正負責教授如何拿著盾與斧進行武舞，合語和乞言禮，都由大樂正授給學習的篇目，並由大司成在東序中進行議論評說。凡是陪侍大司成一起坐的時候，座席間的距離要有三席的距離，有不懂的地方可以站起

來詢問，問完後，不敢立即就座，要背牆站立，聽從老師的解答，如果老師陳述沒有完，中間不能再提問。

## ▶原文

3.凡學，春官釋奠於其先師[01]，秋冬亦如之。凡始立學者，必釋奠於先聖先師，及行事，必以幣[02]。凡釋奠者，必有合也[03]，有國故則否[04]。凡大合樂，必遂養老[05]。凡語於郊者[06]，必取賢斂才焉。或以德進，或以事舉，或以言揚。曲藝皆誓之[07]，以待又語。三而一有焉，乃進其等，以其序，謂之郊人，遠之於成均[08]，以及取爵於上尊也[09]。始立學者，既興器用幣，然後釋菜不舞不授器[10]，乃退。儐於東序[11]，一獻，無介語可也。《教世子》。

### 注釋

①釋典：古代在學校設置酒食以奠祭先聖先師的一種典禮。

②幣：繒帛。

③合：即合樂，指諸樂合奏。

④國故：國家所遭受的凶、喪、戰爭等重大變故。

⑤養老：此處指養老禮，古代對年高德劭的老者按時餉以酒食而敬禮之的禮節。

⑥郊：此處指郊學，即周代設在遠郊百里之內的小學。

⑦誓：謹慎。　曲藝：小技能，古多指醫卜以至書畫之類的技能。

⑧成均：古之大學。

⑨上尊：泛指堂上的酒杯。

⑩釋菜：古代入學時祭祀先聖先師的一種典禮，輕於釋典禮。

⑪儐：導引賓客或以禮迎賓。

⑫介：傳賓主之言的人。古時主有儐相迎賓，賓有隨從通傳叫介。

### 譯文

凡是在開學後，由春官主持在學校設置酒食舉行奠祭先聖先師的典禮，秋天和冬天開學後也要這麼做。凡是開始創建學校時，一定要在學校設置酒食舉行奠祭先聖先師的典禮，在行禮時必須要用繒帛。凡是舉行釋

典禮時，要諸樂合奏，但是當國家正遭受凶、喪、戰爭等重大變故時，就不演奏合樂。凡是舉行大合樂時，必須同時舉行養老禮。凡是在遠郊選取鄉學士時，一定要選取那些有才並且賢能的人。有的人因為良好的品德被推選，有的人因為卓越的辦事能力而受到薦舉，有的人因為好的政治主張而受到上級的賞識推薦。對於懷有技能的人，要認真地練習自己的技能，等待再一次進行人才選取。在德行、政事、技藝三項中只要有一項出眾，就可以按照名次升學，這些人被稱為「郊人」，之所以被稱為「郊人」，這是因為他們的能力遠高於在郊學中學習的人，但是能力又遠不及因賢能而選入大學的俊士，也不同於鄉中選出的德才兼備的處士，這些處士可以在鄉飲酒禮中充當賓、介，在飲酒禮中可以喝堂上酒杯中的酒，回敬作為主人的鄉大夫。開始創建學校的人，一定要在學校設置酒食舉行奠祭先聖先師的典禮，在行禮時必須要用繒帛，然後再舉行釋菜禮，不進行舞蹈表演，也不授予舞蹈表演時的器具。禮畢後退下。在東序用一獻禮來迎接賓客，不用儐及合語。上述內容出自《教世子》篇。

## ▌原文

4.凡三王教世子必以禮樂<sup>01</sup>。樂，所以修內也；禮，所以修外也。禮樂交錯於中，發形於外，是故其成也懌、恭敬而溫文<sup>02</sup>。立大傅、少傅以養之<sup>03</sup>，欲其知父子、君臣之道也。大傅審父子、君臣之道以示之；少傅奉世子，以觀大傅之德行而審喻之。大傅在前，少傅在後，入則有保<sup>04</sup>，出則有師，是以教喻而德成也<sup>05</sup>。師也者，教之以事而喻諸德者也；保也者，慎其身以輔翼之而歸諸道者也。《記》曰：「虞、夏、商、周，有師保，有疑丞<sup>06</sup>。設四輔及三公。不必備，唯其人。」語使能也。君子曰德，德成而教尊，教尊而官正，官正而國治，君之謂也。仲尼曰：「昔者周公攝政，踐阼而治<sup>07</sup>，抗世子法於伯禽<sup>08</sup>，所以善成王也。聞之曰：『為人臣者，殺其身有益於君則為之，況於其身以善其君乎？周公優為之！』」是故知為人子，然後可以為人父；知為人臣，然後可以為人君；知事人，然後能使人。成王幼，不能蒞阼，以為世子，則無為也，是故抗世子法於伯禽，使之與成王居，欲令成王之知父子、君臣、長幼之義也。君之於世子也，親則父也，尊則君也。有父之親，有君之尊，然後兼天下而有之。是故，養世子不可不慎也。行一物而三善皆得者<sup>09</sup>，唯世子而已。其齒於學之謂也。

故世子齒於學，國人觀之曰：「將君我而與我齒讓何也？」曰：「有父在則禮然，然而眾知父子之道矣。」其二曰：「將君我而與我齒讓何也？」曰：「有君在則禮然，然而眾著於君臣之義也。」其三曰：「將君我而與我齒讓何也？」曰：「長長也，然而眾知長幼之節矣。」故父在斯為子，君在斯謂之臣，居子與臣之節，所以尊君親親也。故學之為父子焉，學之為君臣焉，學之為長幼焉，父子、君臣、長幼之道得，而國治。語曰⑩：「樂正司業，父師司成⑪，一有元良⑫，萬國以貞。」世子之謂也。周公踐阼。

### 注釋

①三王：指夏、商、周三代之君。

②懌：喜悦；快樂。

③大（ㄊㄞˋ）傅：輔導太子的官。

④保：即保傅，古代保育、教導太子等貴族子弟及未成年帝王、諸侯的男女官員，統稱為保傅。

⑤教喻：教導。

⑥疑：古官名，天子「四輔」之一。

⑦踐阼：即位，登基。

⑧抗：呈上。

⑨1一物：猶一事。　三善：指臣事君，子事父，幼事長的三種道德規範。

⑩語：俗話、諺語或古書中的話。

⑪父師：即大司成。太子的師傅，掌國學之教。　司成：謂主管世子品德教育。

⑫元良：太子的代稱。

### 譯文

夏、商、週三代用禮樂來教導世子。樂，用來修養品性陶冶情操；禮，用來指導規範外在行為。禮和樂相互融合作用於內心，並透過外在的行為表現出來，於是他們就形成了愉悅、恭敬、溫和而有禮貌的品性。設立太傅、少傅來教導太子，目的是為了讓太子知道父子、君臣間的道理。太傅的職責就是把父子、君臣間的道理詳細地講給太子；少傅侍俸太子，一要觀察太傅的品行，二要把太傅所講的內容再詳細地說給太子。太傅

在前，少傅在後，回到宮中有保傅，在宮外則有老師，人們都是用來教育太子形成好的品德的。所謂的老師，就是列舉具體的事情來說明各種品德；所謂的保傅，就是謹慎地護衛太子，輔導幫助讓他的人生步入正軌。《記》說：「虞、夏、商、周，有師、保、疑、丞四大輔臣，太子的四輔臣、三公，不一定都要設立，是要看有沒有合適的人選。」也就是說要選用真正有才能的人來輔佐太子。君子最重要的是要修養德行，德行修養好了，教導人方能受到尊敬，教化受到尊敬，才能端正官風，官風端正了國家才能得到好的治理，這些也是針對國君說的。孔子說：「以前周公代理國君處理國政時，處在君主的位子來治理國家，把做太子的法則呈給伯禽，使得成王形成好的品性。我聽說：『為人臣子，如果犧牲自己對國君有好處，那麼即使失去生命也要去做，何況現在是用自己的言傳身教而讓國君明白善道呢？周公在這一方面做得非常好！』」所以只有在明白了為人子的道理，才能知道怎樣去為人父；只有在明白了為人臣的道理，才能知道怎樣去為人君；知道怎樣去侍奉別人，才能明白如何去差使別人。成王因為年齡太小，不能夠登上王位，讓他作為太子，父親武王早逝，沒有人來作引導，所以周公把做太子的法則呈給伯禽，讓他與成王住在一起，想要讓成王從伯禽身上學到父子、君臣、長幼的道理。國君對於世子來講，論親是父親，論尊是國君。身為國君，只有有了做父親的慈愛，做君主的尊貴，這樣才能統率天下為自己所有。所以，培養太子一定要謹慎。做一件事情而能表現臣事君，子事父，幼事長的三種道德規範的，也只有太子能做到了。所以太子在學校裡按照年齡的大小來與別人排定長幼尊卑，有人就會問：「他將來要做我們的國君，為什麼還要依據年齡跟我們一起論資排輩呢？」知禮的人就會說：「他的父親尚在人世，依照禮節就應該如此，這樣人們就知道了父子之道了。」不明白的人會問：「他將來要做我們的國君，為什麼還要依據年齡跟我們一起論資排輩呢？」知禮的人就會說：「有國君在，依照禮節就應該如此，這樣人們就知道了君臣之道了。」還不明白的人又會接著問：「他將來要做我們的國君，為什麼還要依據年齡跟我們一起論資排輩呢？」知禮的人回答說：「有比他年長的人，依照禮就應該這樣，這樣人們就知道了長幼有序的道理了。」作為太子來說，父親在上，他就是兒子。國君在上，他就是臣子。太子處在兒子和臣子間，所以要尊敬國君、孝敬父親。所以教育太子父子、君臣、長幼的道理，太子明白了父子、君臣、長幼的道理後，國家就能夠長治久安。

所以俗話說：「樂正掌管學業，大司成主管世子品德教育，太子的品行端正了，那麼天下就穩固安定了。」這些話都說給太子的。上述內容出自《周公踐阼》篇。

## ▌原文

5.庶子之正於公族者①，教之以孝弟、睦友、子愛②，明父子之義、長幼之序。其朝於公，內朝則東面北上③，臣有貴者，以齒。其在外朝④，則以官，司士為之⑤。其在宗廟之中，則如外朝之位。宗人授事⑥，以爵以官。其登餕獻受爵⑦，則以上嗣⑧。庶子治之，雖有三命⑨，不逾父兄。其公大事，則以其喪服之精粗為序。雖於公族之喪亦如之，以次主人。若公與族燕⑩，則異姓為賓，膳宰為主⑪，公與父兄齒。族食⑫，世降一等。其在軍，則守於公禰⑬。公若有出疆之政，庶子以公族之無事者守於公宮，正室守大廟，諸父守貴宮貴室⑭，諸子諸孫守下宮下室⑮。五廟之孫，祖廟未毀，雖為庶人，冠，取妻，必告；死，必赴⑯；練祥則告⑰。族之相為也，宜吊不吊，宜免不免⑱，有司罰之。至於贈賻承含⑲，皆有正焉。

## 注釋

①庶子：周代司馬的屬官。掌諸侯、卿大夫之庶子的教養等事。　正：通「政」，政事。　公族：諸侯或君王的同族。

②孝弟：即「孝悌」，孝順父母，敬愛兄長。

③內朝：古代天子、諸侯處理政事和休息的場所。

④外朝：周制天子、諸侯處理朝政的場所。

⑤司士：職官名，掌理群臣各冊、升降、徵召及正朝儀之位等職。

⑥宗人：古代官名。掌宗廟、譜牒、祭祀等。

⑦餕(ㄐㄩㄣˋ)：即餕餘，吃別人剩下的食物。

⑧上嗣：君主的嫡長子。後指太子。

⑨三命：天子的上士，諸侯之卿大夫為三命。

⑩燕：即燕禮，古代天子諸侯與群臣宴飲之禮。

⑪膳宰：古官名。猶膳夫。掌宰割牲畜以及膳食之事。

⑫族食：與族人宴飲。

⑬禰：隨軍的神主。

⑭貴宮、貴室：天子、諸侯處理政事的宮室。

⑮下宮：親廟。　下室：內宮。

⑯赴：後多作「訃」，訃告，報喪。

⑰練祥：小祥與大祥。均古代祭禮。

⑱免（ㄨㄣˋ）：古代喪服。通「絻」

⑲賵（ㄈㄥˋ）賻(ㄈㄨˋ)：因助辦喪事而以財物相贈。　承：通「贈」，饋贈。　含：古代放在死者口中的珠、玉、米、貝等物。

### 譯文

　　庶子掌管君王同族的政事，教給他們孝順父母、敬愛兄長、和睦友愛、慈愛的道理，並且讓他們明白父子間長幼有序的道理。公族的人拜見國君，如果是在內朝拜見，那就朝東站立，以北面作為上位，公族臣子即使有地位尊貴的人，也要按年齡大小來排列。如果在外朝拜見國君，就按官位高低來排列，並由司士進行排列。如果在宗廟中，那麼就如同在外朝一樣進行排列。由宗人來安排祭祀中的職務，依據爵位的大小，官階的高低來安排。至於登堂吃祭祀拜過的食物，向尸獻酒等禮節時，這些都由太子來做。庶子在安排內朝的位次時，即使是有三命的諸侯、卿、大夫，也要按照年齡來排列，不能超過父兄的位次。如果遇到了國君的喪事，那麼就按照喪服的精粗來排列次序。即使是公族的喪事也是如此，次序要列於操辦喪事的主人後面。當國君與公族舉行燕禮時，異姓的人就作為賓客，膳宰作為主人，國君與族中的父兄按年齡大小來排位次。國君與族人宴飲聚餐，則要看族人與國君的親疏關係，每世遞減一等。公族的人在軍營中，則要守護隨軍的神主。如果遇到國君因政事出國的時候，庶子就讓公族中沒事的人守護王宮，讓嫡長子守護太廟，族中的各位父輩守護宮室，族中的兒孫輩守護親廟及內宮。五世的子孫，如果祖廟沒有毀壞，即使是平民百姓，成年舉行冠禮、娶妻時一定要互相告知；人死了，要給國君報喪；舉行小祥、大祥祭禮，也要到互相告知。公族中相互間行禮，應該弔唁的而不弔唁，應該戴孝卻不戴孝的人，有司就要對其進行處罰。因助辦喪事贈送的財物，也有一定的準則。

### ▶原文

　　6.公族其有死罪，則磬於甸人⑴。其刑罪，則纖剸⑵，亦告於甸人。公

族無宮刑。獄成，有司讞於公㊂。其死罪，則曰「某之罪在大辟㊃」。其刑罪，則曰「某之罪在小辟㊄」。公曰：「宥之㊅。」有司又曰：「在辟。」公又曰：「宥之。」有司又曰：「在辟。」及三宥，不對，走出，致刑於甸人。公又使人追之曰：「雖然，必赦之。」有司對曰：「無及也！」反命於公，公素服不舉㊆，為之變，如其倫之喪。無服，親哭之。

### 注釋

①磬：古死刑之一。懸而縊殺。　甸（ㄉ一ㄢˋ）人：古官名。掌田野之事及公族死刑。

②纖（ㄒ一ㄢ）：刺。　剸（ㄊㄨㄢˊ）：割，截斷。

③讞（一ㄢˋ）：將案情上報，請示。

④大辟：古五刑之一，指死刑。

⑤小辟：死刑以外的刑罰。

⑥宥（一ㄡˋ）：寬恕；赦免。

⑦舉：演奏。

### 譯文

公族中如果有人獲了死罪，就由甸人執行絞刑。如果論罪應當受刑，或刺或割，都要交給甸人進行處治。公族人犯罪不用宮刑。罪刑定了後，有司要把案情上報給國君。如果是死罪，有司就要對國君說：「某人的罪在大辟」。如果是觸犯刑法罪行，有司就要對國君說：「某人的罪在小辟」。國君說：「再審查一下，看是否可以寬恕赦免他。」有司審查完又說：「應該用大辟。」國君又說：「再審查一下，看是否可以寬恕赦免他。」有司審查完後又說：「應該用大辟。」如此三次後，有司就不再回答了，走出宮殿，把犯人押到甸人那裡去行刑。這時國君又派人追來說：「雖然罪有應得，是不是可以寬恕他。」有司對來人說：「不可以！」用刑完畢後，有司回到宮中告訴給國君，國君為死者穿上白色的衣服，並且不演奏音樂，為死者改變自己正常的生活，就像自己的親人死去一樣。不親自前去為死者弔喪，所以不穿弔喪服，但是會到異姓的宗廟裡去為死者哭泣。

## ▌原文

7.公族朝於內朝，內親也。雖有貴者以齒，明父子也。外朝以官，體異姓也。宗廟之中，以爵為位，崇德也。宗人授事以官，尊賢也。登餕受爵以上嗣，尊祖之道也。喪紀以服之輕重為序，不奪人親也。公與族燕則以齒，而孝弟之道達矣。其族食世降一等，親親之殺也。戰則守於公禰，孝愛之深也。正室守大廟，尊宗室，而君臣之道著矣。諸父諸兄守貴室，子弟守下室，而讓道達矣。五廟之孫，祖廟未毀，雖及庶人，冠，取妻必告，死必赴，不忘親也。親未絕而列於庶人，賤無能也。敬弔臨賻賵(ㄈㄥ　ㄟ)，睦友之道也。古者，庶子之官治，而邦國有倫，邦國有倫，而眾鄉方矣。公族之罪，雖親不以犯有司，正術也，所以體百姓也。刑於隱者，不與國人慮兄弟也。弗弔，弗為服，哭於異姓之廟，為忝祖遠之也。素服居外，不聽樂，私喪之也，骨肉之親無絕也。公族無宮刑，不翦其類也。

## 譯文

公族在內朝朝見國君，說明國君把公族當作內親。即使有地位高貴的人，也要按照年齡大小來排列位次，這是為了表明父子道理。在外朝據官職的大小來排列位次，這是表現異姓官員，讓他們感覺到自己並沒有被疏遠。在宗廟中，依據爵位的大小來排列位次，這是為了說明尊崇有德行的人。同族的人根據事情來授以官職，表現了尊重賢能的道理。太子根據爵位的大小來按排登堂吃祭祀時拜過的食物，向屍獻酒時的順序，表現尊重祖先的道理。辦喪事要按照喪服的精粗來排列次序，表明不能剝奪親者守孝。國君與公族舉行燕禮時，國君與族中的父兄按年齡大小來排位次，這樣做就讓孝悌的道理得到廣泛的流傳。國君與族人宴飲聚餐，則要看族人與國君的親疏關係，每世遞減一等，這樣做反映了親情間的差別。公族的人陪同作戰時，要守護隨軍的神主，這表現了公族對祖先的孝愛。如果遇到國君因政事出國的時候，公族中的嫡長子守護太廟，這表現了君臣之道。族中的各位父輩守護宮室，族中的兒孫輩守護親廟及內宮，這表現了謙讓。五世子孫，如果祖廟沒有毀壞，即使是平民百姓，成年舉行冠禮、娶妻時一定要相互告知，死後一定要給國君報喪，說明不忘祖先。同國君的血統關係還在五服之內，卻已被列為平民，這表明對無能者的鄙視。族人有喪事時，一定要親自前去哭弔並贈財物以助辦喪事，這表現了睦友的道理。古時候，庶子很好地治理公族，讓國家有了倫理規矩，國家有了倫

理規矩，百姓就能依規矩成方圓了。公族的人犯了罪，即使有血脈關係，也不能去擾亂司法公正，這是正確的方法，表現了民眾的利益。公族的人施刑時，要在隱蔽的地方進行，是為了不讓老百姓想到這種作法是在殘害手足。公族中有人處以死刑後，國君不去弔唁，不穿喪服，只是到異姓的宗廟裡去為死者哭泣，這是因為犯了重罪，給祖宗丟了臉面，所以在哭祭禮上表現了對他的疏遠。國君還是為死者穿素服，並且不在宮內居住、不聽音樂，以表示自己內心的哀痛，畢竟他也是自己血脈相連的親人。公族犯了罪，不用宮刑，目的是為了延綿子嗣。

## ▌原文

　　8.天子視學，大昕鼓征[01]，所以警眾也。眾至，然後天子至。乃命有司行事。興秩節[02]，祭先師先聖焉。有司卒事，反命。始之養也，適東序，釋奠於先老[03]，遂設三老五更群老之席位焉[04]。適饌省醴，養老之珍具[05]，遂發詠焉，退，修之以孝養也。反，登歌《清廟》[06]，既歌而語，以成之也。言父子、君臣、長幼之道，合德音之致，禮之大者也。下管《象》[07]，舞《大武》。大合眾以事，達有神，興有德也，正君臣之位、貴賤之等焉，而上下之義行矣[08]。有司告以樂闋，王乃命公侯伯子男及群吏曰：「反，養老幼於東序。」終之以仁也。是故聖人之記事也，慮之以大，愛之以敬，行之以禮，修之以孝養，紀之以義，終之以仁。是故古之人一舉事而眾皆知其德之備也。古之君子，舉大事，必慎其終始，而眾安得不喻焉？《兌命》曰：「念終始典於學。」

## 注釋

　　①大昕：黎明。

　　②秩：常。　節：禮節。

　　③釋奠：古代在學校設置酒食以奠祭先聖先師的一種典禮。　先老：指先世長老。

　　④三老：指國三老，多以致仕三公任之。　五更：古代鄉官名，用以安置年老致仕的官員。

　　⑤珍具：珍美的器物。

　　⑥登歌：升堂奏歌，古代舉行祭典、大朝會時，樂師登堂而歌。

⑦下管：古代舉行大祭等儀式，奏管樂者在堂下，故稱管樂器為「下管」。

⑧上下：指位分的高低，猶言君臣、尊卑、長幼。

**譯文**

　　天子視察學校時，黎明時候就敲鼓集合師生，讓大家提前做好準備。師生集合好後，天子來臨。天子命令有司開始行事。有司按照常禮行事，先祭拜先師、先聖。有司行事完畢後，返回告訴天子。接著開始實行養老禮，大家都到東序，舉行釋奠禮祭拜先世長老，隨後設立三老、五更和群老的席位。天子親自查看為舉辦養老禮而準備的酒菜、器物，然後奏樂歡迎三老、五更、群老入席，天子退下去捧著酒獻給三老、五更和群老，並開始舉行養老禮。獻酒完了，天子返回，升堂奏唱《清廟》，奏唱完畢後老人們互相談論義理，達成天子乞求善言的心願。談論父子、君臣、長幼的道理，與奏唱的《清廟》相配合，這是養老禮中最重要的部分。奏管樂者在堂下吹奏《象》，跳《大武》舞。集合師生共同跳舞，透過樂舞，體會神明的意思，推廣有德行的人，端正君臣間的地位關係、明確貴賤的等級關係，讓君臣、尊卑、長幼間的關係準則得到推行。有司告訴天子應該停止奏樂了，隨後天子就對公、侯、伯、子、男以及群臣下令說：「回去以後，你們都要在東序舉行這樣的養老禮。」這樣天子對老年人的尊重仁愛得到推廣。所以聖人處理事情時，會從大處著眼，愛而尊敬老人，依照禮的要求辦事，用孝養的禮節來修養自己品行，使得自己的言行都以義理為準，最終能實行仁義。所以古人在辦完一件事，百姓就可以知道他德行兼備。古代的君子做事情一定要善始善終，民眾怎麼不會從君子的行事中瞭解他的好品德呢？《兌命》說：「要記住至始至終都應重視學校教育。」

**原文**

　　9.《世子》之《記》曰：朝夕至於大寢之門外，問於內豎曰①：「今日安否何如？」內豎曰：「今日安。」世子乃有喜色。其有不安節，則內豎以告世子，世子色憂不滿容。內豎言「復初」，然後亦復初。朝夕之食上，世子必在，視寒暖之節。食下，問所膳羞②。必知所進，以命膳宰，

然後退。若內豎言「疾」，則世子親齊玄而養[03]。膳宰之饌，必敬視之。疾之藥，必親嘗之。嘗饌善，則世子亦能食。嘗饌寡，世子亦不能飽，以至於復初，然後亦復初。

## 注釋

①內豎：宮內小臣。
②膳羞：美味的食品。
③齊：通「齋」。

## 譯文

《世子之記》上記載說：太子每天早晚到父王宮室的門外，詢問小臣說：「今天父親的身體還好吧？」小臣說：「今天還好。」太子就非常高興。如果小臣告訴太子說父親的身體不好時，太子就會內心擔憂面露愁容。小臣說「國君的身體康復了」，然後太子內心的擔憂都會消除恢復平靜。國君早晚吃飯的時候，太子都會陪伴在左右，親自嘗試飯食的冷暖。國君吃完飯，飯食撒下來，一定要問侍奉者父親都吃了什麼。知道父親最近喜歡吃什麼，然後命令膳宰去做，這樣以後，才退下。如果小臣說：「國君近來身體有病」，那麼世子就穿著齋戒時玄色的衣服去侍奉國君。對膳宰呈上來的飲食，一定要親自查看。治病的湯藥，也要親自品嘗。如果國君吃飯比以前多了，太子因為高興吃飯也就多了。如果國君吃飯比以前少了，太子因為內心擔憂吃飯也少，直到國君身體康復，太子才能恢復原來正常的生活。

◎禮　運

## ◆題解

　　孫希旦《禮記集解》云：「禮運者，言禮運行也。」本篇主要談論禮的發展和演變。

## ▌原文

　　昔者仲尼與於蠟賓①，事畢，出遊於觀之上②，喟然而歎③。仲尼之歎，蓋歎魯也。言偃在側曰④：「君子何歎？」孔子曰：「大道之行也⑤，與三代之英⑥，丘未之逮也，而有志焉。」

### 注釋

①蠟（ㄌㄚˋ）賓：年終祭祀的助祭人。蠟，祭名。年終合祭百神。

②觀（ㄍㄨㄢˋ）：古代宮門外的雙闕。

③喟然：感歎、歎息貌。

④言偃：即孔子的學生子游。

⑤大道：正道。指最高的治世原則，包括倫理綱常等。

⑥三代：指夏、商、周三代。

### 譯文

　　從前孔子擔任蠟祭時的助祭人，祭祀結束後，到宮門外的樓觀上遊覽，長長地歎了一口氣，大概是在歎息魯國的祭祀不完備吧。言偃在旁邊說：「老師你為什麼要歎息呢？」孔子說：「正道盛行時，夏、商、周三代明主執政，我沒有能趕上，但是現在依然能看到對當時情況的文字記載。」

## ▌原文

　　2.大道之行也，天下為公。選賢與能，講信修睦。故人不獨親其親，不獨子其子，使老有所終，壯有所用，幼有所長，矜寡孤獨廢疾者，皆有所養。男有分，女有歸。貨惡其棄於地也，不必藏於己。力惡其不出於身也，不必為己。是故謀閉而不興，盜竊亂賊而不作，故外戶而不閉①，是謂大同②。今大道既隱，天下為家，各親其親，各子其子，貨力為己，大

人世及以為禮⑬。城郭溝池以為固，禮義以為紀。以正君臣，以篤父子，以睦兄弟，以和夫婦，以設制度，以立田裡⑭，以賢勇知，以功為己。故謀用是作，而兵由此起。禹、湯、文、武、成王、周公，由此其選也。此六君子者，未有不謹於禮者也。以著其義，以考其信，著有過，刑仁講讓，示民有常。如有不由此者，在勢者去，眾以為殃，是謂小康。

### 注釋

①外戶：從外面關閉的門。

②大同：戰國末至漢初儒家學派提出的一種理想社會，與「小康」相對。

③大人：指在高位者，如王公貴族。　世及：世襲，世代相傳。

④田裡：田地和廬舍。

### 譯文

　　正道通行的時候，天下為百姓所擁有。選舉賢能的人，相互間守信、友好。所以人們不只敬重自己的雙親，不只愛護自己的孩子，讓年老的人老有所養，年輕人能充分發揮自己的才智，小孩能夠健康成長，孤寡老人、殘疾有病的人，都能得到贍養。男的都有工作，女的都能適齡出嫁。憎恨浪費物資，但並不是要把物資據為己有。擔心人的智力體力得不到好的發揮，但並不是利用這些人力資源為自己謀利。所以人們不會謀取私利，盜竊叛國的人不會出現，可以不用從外面把門關上，這就是我們所說的大同社會。現在大道已經消失了，天下為私人擁有，人們只孝敬自己的父母，愛護自己的孩子，並且把物資據為己有，王公貴族的世襲變成了禮法。為了維護私利、鞏固權力，修築城牆、護城河，並把禮義作為綱紀。用禮來端正君臣間的關係，增厚父子間的關係，讓夫妻關係和諧，依照禮設立相關的制度，劃分田地和房子，尊重賢能勇敢的人，並且為自己建立功業。所以陰謀由此而生，戰爭由此興起。夏禹、商湯、周文王、周武王、周成王、周公，這六位明主，就是在這樣的時代興起的，每一個都小心謹慎地遵照禮的規定，成就了各自的道義、信譽，並依禮辨別過錯，效法仁愛，講求謙讓，向百姓展示為人做事的方法。如果有人不遵守這種禮法規定的，即使是當權者，也要辭去職位，老百姓會認為他是個禍害，這就是小康社會。

## ▶原文

3.言偃復問曰：「如此乎禮之急也？」孔子曰：「夫禮，先王以承天之道，以治人之情。故失之者死，得之者生。《詩》曰：『相鼠有體[01]，人而無禮。人而無禮，胡不遄死？』是故夫禮，必本於天，肴於地，列於鬼神，達於喪祭、射禦、冠婚、朝聘。故聖人以禮示之，故天下國家可得而正也。」言偃復問曰：「夫子之極言禮也，可得而聞與？」孔子曰：「我欲觀夏道，是故之杞[02]，而不足征也，吾得《夏時》焉。我欲觀殷道，是故之宋[03]，而不足征也，吾得《坤乾》焉。《坤乾》之義，《夏時》之等，吾以是觀之。」

### 注釋

①體：頭與四肢為五體。古音與「禮」同。
②杞：古國名，夏禹的後代建立的國家。
③宋：古國名，殷後代建立的國家。

### 譯文

言偃再次問孔子說：「禮是如此迫切需要的嗎？」孔子說：「禮，是先王稟承天道，用來規範人情。所以失去了禮就會死亡，有了禮就能存活。《詩經》說：『地裡的黃鼠有五體，身為人卻沒有一點禮儀。身為人要是沒有一點禮儀，為什麼不趕快死去？』所以禮，一定以天道為本，效法地，取法於鬼神，並貫徹到喪祭、射禦、冠婚、朝聘等活動中。所以聖明的君主用禮來教導百姓，所以就能得到天下，並且讓天下得到很好的治理」言偃再次問孔子：「老師，您如此地讚賞禮，能再詳細地說一下禮嗎？」孔子說：「我想要知道夏代的禮，於是我到杞國去，但是杞國的文獻資料不足，我只得到了一本叫《夏時》的書。我想要知道殷朝的禮民，就去宋國，可是宋國的文獻資料也不足，我只得到了一本叫《坤乾》的書。我依據《坤乾》一書中的理論，以及《夏時》的節次對禮進行考察。」

## ▶原文

4.夫禮之初，始諸飲食，其燔黍捭豚[01]，汙尊而抔飲[02]，蕢桴而土鼓

③，猶若可以致其敬於鬼神。及其死也，升屋而號④，告曰：「皋⑤！某復。」然後飯腥而苴孰⑥。故天望而地藏也⑦，體魄則降，知氣在上，故死者北首⑧，生者南鄉，皆從其初。

## 注釋

①燔黍捭豚：燔，烤。捭，撕裂。指上古烹飪用具出現前對食物的簡單加工情況。

②汙：小水坑。　抔（ㄆㄡˊ）飲：以手掬水而飲。

③蕢（ㄎㄨㄟˋ）桴：用草和土摶成的鼓槌。　土鼓：古樂器名。鼓的一種。

④升屋：登上屋頂。

⑤皋：緩慢而拖長的呼喚聲。

⑥飯：指飯含。古喪禮，以玉、珠、米、貝等物納於死者之口。　腥：生米。　苴：包裹。

⑦天望：指人始死，望天而招魂。

⑧北首：古禮，人死入葬，屍體頭朝北。

## 譯文

　　禮的最初形成，是從飲食開始的，古代民風淳樸，制禮至簡，在古代人們用火烘烤黍及撕開的肉，在地上挖個小坑蓄水並用手掬水來喝，但是可以同國君同樂，用草和土摶成的鼓槌擊打土鼓，可以向鬼神表達自己的敬意。如果有人死了，就登上屋頂，大聲向上天呼號說：「啊，某人你回來吧」。然後就在死者口中填上生米，並包裹熟肉給死者送葬。所以人死後，望天招魂，埋葬到地下，肉體雖然埋入地下，但人的靈魂卻升上了天，所以人死入葬，屍體頭朝北，活人的房子坐北朝南，直到現在人們還是如此，這些都是沿襲先民的習俗。

## ▶原文

　　5.昔者先王，未有宮室，冬則居營窟①，夏則居橧巢②。未有火化③，食草木之實、鳥獸之肉，飲其血，茹其毛。未有麻絲，衣其羽皮。後聖有作，然後修火之利，范金合土④，以為臺榭、宮室、牖戶，以炮以燔⑤，以

亨以炙，以為醴酪⑥。治其麻絲，以為布帛，以養生送死，以事鬼神上帝，皆從其朔⑦。

### 注釋

①窟：土室。

②橧（ㄗㄥ）巢：聚柴薪造的巢形住處。

③火化：以火熟物。

④范金：用模子澆鑄金屬品。　合土：和合泥土。

⑤炮（ㄅㄠ）：用爛泥塗裹食物置火中煨烤。

⑥醴酪：酒漿。

⑦朔：初，始。

### 譯文

　　從前君王，沒有宮室可以居住，所以冬天的時候壘土造室，夏天的時候聚薪柴建造巢形屋子避暑。從前還不會用火熟食，吃草木的果子、生吃鳥獸的肉，喝動物的血，並連帶動物的毛也吃下去。還沒有麻絲，穿的是動物的皮毛。後來聖人出現，教人們使用火，用模子澆鑄金屬品，並和泥燒製磚瓦，來建造台榭、宮室、牖戶，用爛泥塗裹食物置火中煨烤，對食物進行亨烹、烘烤，並製作酒漿。把麻製作成粗線，並加工成布帛，用來養生送死，並且祭拜鬼神上帝，所有的這一切都是從聖人創造火開始的。

### ▌原文

　　6.故玄酒在室①，醴盞在戶，粢醍在堂②，澄酒在下③。陳其犧牲，備其鼎俎④，列其琴瑟管磬鐘鼓，修其祝嘏⑤，以降上神與其先祖。以正君臣，以篤父子，以睦兄弟，以齊上下，夫婦有所。是謂承天之祜⑥。

### 注釋

①玄酒：古代祭禮中當酒用的清水。

②粢（ㄗ）醍（ㄊㄧˊ）：淺紅色的清酒。

③澄酒：一種清酒。

④鼎俎(ㄗㄨˇ)：古代祭祀、燕饗時陳置牲體或其他食物禮器。

⑤祝嘏（ㄍㄨˇ）：祭祀時致祝禱之辭和傳達神言的執事人。

⑥祜：福；大福。

## 譯文

　　祭禮中用的玄酒放在室內，醴和盞放在戶門的旁邊，粢醍放在堂上，澄酒放在堂下。陳列祭祀時用的犧牲，制辦祭祀時的器具鼎俎，陳列琴、瑟、管、磬、鐘、鼓等樂器，寫出祭祀時獻給祝禱的言辭及執事人向主人祝福的話，讓天上的神靈和祖先的靈魂降臨。用來端正君臣間的關係，加深父子間的感情，讓兄弟關係和睦，諧調上下間的關係，讓夫婦各司其職。如果實現了這種效果，就叫作承受了上天賜予的福分。

## 原文

　　7.作其祝號①，玄酒以祭，薦其血毛，腥其俎②，孰其肴③，與其越席④，疏布以冪⑤，衣其浣帛⑥，醴盞以獻，薦其燔炙，君與夫人交獻，以嘉魂魄⑦，是謂合莫⑧。然後退而合亨，體其犬豕牛羊⑨，實其簠簋、籩豆、鉶羹⑩。祝以孝告⑪，嘏以慈告⑫，是謂大祥。此禮之大成也。

## 注釋

　　①祝號：即六祝六號。六祝，祭神的六種祈禱辭。　六號，古代對三種神祇和三種祭品的美稱。

　　②腥：古代祭祀、宴饗時陳置牲體或其他食物的禮器。

　　③孰：通「熟」。

　　④越（ㄩㄝˋ）席：用蒲草編織的席。結蒲草為席。

　　⑤疏布：素布。　冪：覆蓋，遮掩。

　　⑥浣帛：經過煮練染色的絲織品。多用作祭服。

　　⑦嘉：樂，喜歡。

　　⑧合莫：祭祀時祭者透過進獻祭物與所祭鬼神相感通。

　　⑨體：古代用於祭祀或宴饗的牛羊豬的軀體切塊。

　　⑩簠（ㄈㄨˇ）簋（ㄍㄨㄟˇ）：古祭祀、宴享時用以盛黍稷稻粱的容器。籩（ㄅㄧㄢ）豆：籩和豆。古代祭祀及宴會時常用的兩種禮器。鉶羹（ㄒㄧㄥˊ　ㄍㄥ）：古祭祀時盛在鉶器中的調以五味的羹。鉶，祭器。

　　⑪祝：祭祀時司禮儀的人。

　　⑫嘏（ㄍㄨˇ）：古代祭祀時，執事人(祝)為受祭者祝禱於主人。

## 譯文

　　為祭祀時的祈禱辭、神靈、祭品等分別制定美稱，並用玄酒來祭祀，祭獻犧牲的血和毛，奉上盛有生肉的俎以及煮好的熟肉，主人親自鋪設用蒲草編織的席，用素布遮蓋酒杯口，穿上祭服，獻上醴酒，隨後獻上烤肉，主人與主婦二人交替祭獻，讓祖先的神靈感到高興，這就是所謂的與鬼神心靈相通。然後把祭獻的生肉撤下來與沒有進獻的牲肉一起烹煮，把煮好的狗、豬、牛、羊切塊，把簠簋、籩豆、鉶羹等禮器中都裝滿實物。執事人祝把子孫的孝行告給先祖，並對受祭祝禱向主人說祝福的話，這就是所謂的大吉祥。這樣祭禮就算完成了。

## 原文

　　8.孔子曰：「於呼哀哉！我觀周道，幽、厲傷之，吾舍魯何適矣？魯之郊①，非禮也，周公其衰矣！杞之郊也禹也，宋之郊也契也，是天子之事守也。故天子祭天地，諸侯祭社稷。」

### 注釋

　　①郊禘：古帝王以祖先配祭昊天上帝。

## 譯文

　　孔子說：「唉！是多麼可悲啊！我看周代的治國之道，從周幽王、周厲王時就已經被損壞了。除了魯國，現在我到哪裡還能看到周代的禮法制度呢？作為諸侯國的魯國卻使用天子才可以用的郊禘禮，這不合禮的規定，作為周公的後代卻破壞了禮法啊！夏代的諸侯國杞行祭天禮時用禹配祭，殷代的諸侯國宋行祭天禮時用契配祭，這是從前天子才能實施的祭禮，後代應該要遵守。所以天子祭天地，而諸侯只能祭社稷。」

## 原文

　　9.祝嘏莫敢易其常古①，是謂大假。祝嘏辭說，藏於宗祝巫史，非禮也，是謂幽國②。盞斝及屍君③，非禮也，是謂僭君④。冕弁兵革藏於私家⑤，非禮也，是謂脅君。大夫具官⑥，祭器不假，聲樂皆具，非禮也，是謂

亂國。故仕於公曰臣，仕於家曰僕。三年之喪，與新有昏者，期不使。以衰裳入朝⁰⁷，與家僕雜居齊齒，非禮也，是謂君與臣同國。故天子有田以處其子孫⁰⁸，諸侯有國以處其子孫⁰⁹，大夫有採以處其子孫⑩，是謂制度。故天子適諸侯，必舍其祖朝，而不以禮籍入，是謂天子壞法亂紀。諸侯非問疾弔喪而入諸臣之家，是謂君臣為謔。是故，禮者君之大柄也，所以別嫌明微，儐鬼神⑪，考制度，別仁義，所以治政安君也。故政不正，則君位危；君位危，則大臣倍⑫，小臣竊。刑肅而俗敝，則法無常。法無常，而禮無列。禮無列，則士不事也。刑肅而俗敝，則民弗歸也，是謂疵國。

**注釋**

①祝嘏：祭祀時祝禱和所傳達的言辭。

②幽國：政治昏暗的國家。

③斚（ㄐㄧㄚˇ）：古代青銅製貯酒器。古代酒器。形狀像爵而較大，有三足、兩柱，圓口，平底。盛行於商代

④僭君：越禮之君。

⑤冕弁：古代帝王、諸侯、卿、大夫所戴的禮帽。　私家：古代特指大夫以下的家。

⑥具官：配備應有的官員。

⑦衰（ㄘㄨㄟ）裳：居喪所服衣裳。用粗麻布做成的毛邊喪服。

⑧田：古代統治者賜給親屬臣僚的領地。

⑨國：古代王、侯的封地。

⑩採：即埰地，古代卿大夫的封邑。

⑪儐（ㄅㄧㄣ）：尊敬。

⑫倍：通「背」，背叛。

**譯文**

　　祝辭、嘏辭都是自古流傳下來的，不敢輕易改變，這叫大假。把祝辭、嘏辭藏在宗祝、巫史的家裡，這樣做不符合禮的規定，叫作幽國。盞、斚這種貴重的酒杯只有天子才可以使用，如果諸侯用來盛酒並獻給受祭者，就不合禮的規定，這叫僭君。大夫以下的家儲藏冕、弁、武器等，不合禮的規定，這叫挾持國君。大夫配備官員，製備祭器，擁有樂器和樂官，這不合禮的規定，叫惑亂國家。所以給國君當差的人叫作臣，給大夫

當差的人叫作僕。為父母守喪期間，以及新婚的臣子，國君在一年內不差遣。如果臣穿著喪服入朝，或者與家僕居住在一起，且不分長幼，不合禮的規定，這叫君臣共國。所以天子安排給子孫領地，諸侯安排給子孫封國，大夫安排給子孫采地，這叫作制度。所以天子巡視諸侯國的時候，一定要住在諸侯的祖廟裡，如果天子不按照禮的要求入住，就是天子違法亂紀了。如果諸侯並不是因為大臣有病、在弔喪時去弔唁入住，這叫作君臣戲謔。所以，禮是人君的治國之本，用來辨別淆雜的事物、闡明精微的道理，用以敬鬼神。制定國家制度的依據，區別仁義的標準，所以禮用來鞏固政治安定君位。所以政權不穩固時，帝位就不保了；帝位不保，大臣就會背叛，小臣就會竊權。如果刑法嚴明而禮法敗壞的話，法律就會變化不定。如果法律變化不定，那麼禮節就會紛亂。禮節紛亂了，官員就不會依禮做事恪盡職守了。刑法嚴明而禮法敗壞，百姓就不會歸順君主了，這就叫作病國。

## ▶原文

10.故政者君之所以藏身也<sup>①</sup>。是故夫政必本於天，肴以降命<sup>②</sup>。命降於社之謂肴地，降於祖廟之謂仁義，降於山川之謂興作<sup>③</sup>，降於五祀之謂制度<sup>④</sup>。此聖人所以藏身之固也。故聖人參於天地，並於鬼神，以治政也。處其所存，禮之序也。玩其所樂，民之治也。故天生時而地生財，人其父生而師教之。四者，君以正用之，故君者立於無過之地也。

### 注釋

①藏身：安身。
②降命：發佈下達政令。
③興作：興造製作；興建。
④五祀：祭祀住宅內外的五種神。

### 譯文

國政是君主安身立命的手段。所以君主施政要以天地陰陽變化為準則，依據天道頒布政治。政令頒布到土地廟叫作效法天地，政令在祖廟中實施叫作仁義，政令在山川間實施叫興建。政令在五祀時實施叫作制度。

國君就是依靠這些政令安身立命。所以國君參照天地的陰陽變化，用鬼神來治理國家。所以把天地鬼神的道理集合到一個人身上，這時聖人就出現了，認真踐行這些道理，就到處是禮的秩序。把天地鬼神的道理用到政治上，這是聖人所樂見的，並且實施到具體的地方，民眾就會得到很好的治理。因此天生四時，地生貨財，人由父親生養，後接受老師的教育。以上四個方面，如果國君能從正道加以合理運用，那麼國君在為人治國上就可以沒有過錯了。

## ▶原文

11.故君者所明也，非明人者也。君者所養也，非養人者也。君者所事也，非事人者也。故君明人則有過，養人則不足，事人則失位。故百姓則君以自治也，養君以自安也，事君以自顯也。故禮達而分定，人皆愛其死而患其生。故用人之知去其詐，用人之勇去其怒，用人之仁去其貪。故國有患，君死社稷謂之義，大夫死宗廟謂之變[01]。故聖人耐以天下為一家[02]，以中國為一人者，非意之也，必知其情，辟於其義，明於其利，達於其患，然後能為之。

### 注釋

①變：通「辯」，正當。
②耐：能夠。

### 譯文

國君是百姓敬重效仿的對象，而不是國君去敬重效仿百姓。國君要百姓來供養，而不是國君去供養百姓。國君要百姓來服侍，而不是國君去服侍百姓。如果國君去敬重效仿百姓，就會出現過錯，國君去供養百姓就會出現不足，國君去服侍百姓就會有失自己的身分。所以百姓要敬重效仿國君，使自己的品行得到修養，供養國君使自己的生活得到安定，服侍君主彰顯自己。所以禮制得到貫徹後，上下間的名分就定了，百姓都羨慕為義而死，厭惡不義而生。所以用智慧而幫助他們摒棄奸詐，用勇武而幫助他們改正易怒的脾性，用仁義而幫助他們去掉貪念。所以國家有災難時，國君為國家獻身叫大義，大夫守護宗廟而死是理所應當的。所以聖人能夠

把天下當成自己的家，把中國看成是一個人，這並不是臆想，而是聖人瞭解人情，明白義理，知道事情的利害，懂得人患，只有這樣才能做到這一步。

## 原文

12.何謂人情？喜怒哀懼愛惡欲七者，弗學而能。何謂人義？父慈、子孝、兄良、弟弟、夫義、婦聽、長惠、幼順、君仁、臣忠十者，謂之人義。講信修睦，謂之人利。爭奪相殺，謂之人患。故聖人所以治人七情，修十義，講信修睦，尚辭讓，去爭奪，舍禮何以治之？飲食男女①，人之大欲存焉。死亡貧苦，人之大惡存焉。故欲惡者，心之大端也②。人藏其心，不可測度也。美惡皆在其心，不見其色也，欲一以窮之，舍禮何以哉？

### 注釋

①男女：指兩性間的性欲。
②大端：主要的端緒。

### 譯文

什麼是人情呢？喜、怒、哀、懼、愛、惡、欲這七種情感表現，人不用學習，它們是與生俱來的本能。什麼是人義呢？父母慈愛、兒女孝順、兄長友善、弟弟敬重兄長、丈遵守正義、妻子服從、年長的仁厚、年小的順從、君主仁愛、臣子忠心，這十項就叫作人義。相互間講求信用親密和睦，叫作人利。相互間爭奪殘殺，叫作人患。所以聖人才要諧調人的七情，修養人的十義，讓人們相互間講求信用親密和睦，並且崇尚相互間謙讓，摒棄相互間為利而爭，如果這個時候捨棄了禮制又怎麼能治理好呢？吃喝、兩性間的情欲，這是人性本能的欲望。死亡貧苦，是人們所厭惡的。所以欲望和憎惡是人內心最大的兩個特點。人們隱藏了自己的真心，所以常人無法去揣度。好壞都藏在人的內心，無法從表面看出來，如果想要探究人的內心，除了用禮還能用什麼來探究呢？

## ▶原文

13.故人者，其天地之德，陰陽之交，鬼神之會，五行之秀氣也[01]。故天秉陽[02]，垂日星。地秉陰，竅於山川。播五行於四時[03]，和而後月生也。是以三五而盈，三五而闕。五行之動，迭相竭也。五行、四時、十二月，還相為本也。五聲、六律、十二管[04]，還相為宮。五味、六和、十二食[05]，還相為質也。五色、六章、十二衣[06]，還相為質也。故人者，天地之心也，五行之端也，食味別聲被色而生者也[07]。

### 注釋

①五行：金、木、水、火、土。　秀氣：靈秀之氣。

②秉：持、執。

③播：分散。

④五聲：宮、商、角、徵、羽。　六律：古樂音標準名，黃鐘、大蔟、姑洗、蕤賓、夷則、無射。

⑤五味：指酸、甜、苦、辣、鹹五種味道。　六和：謂以滑、甘調製酸、苦、辛、鹹四種滋味。　十二食：指人在一年十二個月中所吃的不同食物。

⑥五色：青、赤、白、黑、黃五種顏色。　六章：謂青、赤、黃、白、黑、玄六色。　十二衣：十二個月裡所穿的不同衣服。

⑦被：通「披」。

### 譯文

所以作為人，表現了天地的德性，是陰陽交會的產物，是鬼神的會合，集合了五行的靈秀氣息。所以上天呈陽性，懸掛著日月星辰。大地呈陰性，山川間氣息相通。五行分散在一年四季當中，四季諧調後產生十二個月。每月前十五天月亮由缺漸圓，後十五天由圓漸缺。五行交替運行，輪流興盛衰竭。五行、四季、十二個月依時周轉。五聲、六律、十二律管，相互交替的確定音高音調。五味、六和、十二食，相互交替的確定主要的味道。五色、六章、十二衣，相互交替的確定主要的顏色。所以人，是天地的核心，五行的端緒，人是製作品嘗五味、創造並諧調音樂、製作並穿著各色衣服生活於天地間的萬物之靈。

## ▌原文

14.故聖人作則，必以天地為本，以陰陽為端，以四時為柄，以日星為紀，月以為量①，鬼神以為徒，五行以為質，禮義以為器，人情以為田，四靈以為畜。以天地為本，故物可舉也。以陰陽為端，故情可睹也。以四時為柄，故事可勸也。以日星為紀，故事可列也。月以為量，故功有藝也。鬼神以為徒，故事有守也。五行以為質，故事可複也。禮義以為器，故事行有考也。人情以為田，故人以為奧也②。四靈以為畜，故飲食有由也。

### 注釋

①量：分限；限界。
②奧：猶主，主事人。

### 譯文

因此聖人在制定禮法時，必定以天地的德作為根本，以陰陽的交會為頭緒，以四季應行的政令為綱領，以日月星辰的運行作為記錄時間的標準，以一年十二個月作為分限，以鬼神為同類，以五行運行的規律為根本，以禮義作為治理的工具，以人情作為田地，以四靈作為家畜。以天地的德行作為根本，所以能融納萬物。以陰陽交會作為頭緒，便可以洞察人情。以四季應行的政令為綱領，所以做事勤勉。以日月星辰的運行作為記錄時間的標準，所以發生的事情可以清楚的記錄下來。以一年十二個月作為分限，所以做事就有了準則。以鬼神為同類，所以做事才有依傍。以五行運行的規律為根本，所以凡事可以循環往復。以禮義作為治理的工具，所以行為做事時才有依據。以人情作為田地，所以人情是治理的對象。以四靈作為家畜，所以百姓的飲食就有了來源。

## ▌原文

15.何謂四靈？麟鳳龜龍，謂之四靈。故龍以為畜，故魚鮪不淰①。鳳以為畜，故鳥不獝②。麟以為畜，故獸不狘③。龜以為畜，故人情不失。故先王秉蓍龜④，列祭祀，瘞繒⑤，宣祝嘏辭說，設制度，故國有禮，官有御，事有職，禮有序。

（注釋）

①淰（ㄕㄣˇ）：魚驚散貌。

②獝（ㄒㄩˋ）：飛，驚飛。

③狘（ㄖㄨㄥˋ）：獸疾走貌。

④蓍（ㄕ）龜：古人以蓍草與龜甲占卜凶吉。

⑤瘞（一ˋ）繒：古代埋繒帛以祭地。

【譯文】

　　什麼是四靈呢？麟、鳳、龜、龍，就是所謂的四靈。所以把龍作為家畜，大大小小的魚才不會驚慌游走。把鳳作為家畜，眾鳥才不會驚飛。把麟作為家畜，百獸才不會逃跑。把龜作為家畜，人情才不會丟失。所以先王拿著蓍草與龜甲，進行祭祀，並埋繒帛祭地，宣讀祝文和嘏文，建立制度。國家有禮制，官員有自己統管的事情，每件事情都有專門的人員負責辦理，禮有秩序。

▍原文

　　16.故先王患禮之不達於下也，故祭帝於郊，所以定天位也。祀社於國，所以列地利也。祖廟所以本仁也，山川所以儐鬼神也，五祀所以本事也①。故宗祝在廟②，三公在朝③，三老在學④。王前巫而後史，卜、筮、瞽、侑皆在左右⑤，王中心無為也，以守至正。故禮行於郊，而百神受職焉，禮行於社，而百貨可極焉，禮行於祖廟而孝慈服焉，禮行於五祀而正法則焉。故自郊社、祖廟、山川、五祀，義之修而禮之藏也。

（注釋）

①五祀：祭祀住宅內外的五種神。

②宗祝：宗伯和太祝。主祭祀之官。

③三公：古代中央三種最高官銜的合稱。

④三老：古代掌教化之官。

⑤卜筮：以占卦為業的人。　瞽（ㄍㄨˇ）：古代樂官。　侑：古代輔佐天子的諫官之稱。

## 譯文

先王擔憂禮制不能在天下普遍實施，所以在南郊祭拜天帝，以此來確定上天至高無上的地位。在國都祭祀社神，以此來顯示大地利於生養萬物。祭祀祖先，表現仁愛。祭祀山川是為表達對鬼神的敬意。祭祀五祀，是為了感謝創造現在這一切的先人。所以在朝廷設置三公，在學校設置三老，天子身前有男巫，身後有史官，占卜巫師、樂官、諫官都侍俸在天子身邊，天子居中，內心清靜沒有其他雜念，保持自己純正的心。所以在郊區祭拜天帝，各路神靈就會各司其職。祭祀土地神，土地上的物資就會為國家百姓所用。祭祀祖廟，父慈子孝的教化就能在天下廣泛施行。祭祀五祀，可以整頓各種生活規則。所以進行祭祀天帝、土地神、祖廟、山川、五祀的一系列儀式，在明確祭祀的意義時禮節也蘊藏其中了。

## 原文

17.是故夫禮，必本於大一①，分而為天地，轉而為陰陽，變而為四時，列而為鬼神。其降曰命，其官於天也②。夫禮必本於天，動而之地，列而之事，變而從時，協於分藝。其居人也曰養，其行之以貨力、辭讓、飲食、冠婚、喪祭、射禦、朝聘。故禮義也者，人之大端也，所以講信修睦而固人之肌膚之會、筋骸之束也。所以養生送死事鬼神之大端也。所以達天道順人情之大竇也③。故唯聖人為知禮之不可以已也，故壞國、喪家、亡人，必先去其禮。故禮之於人也，猶酒之有蘗也④，君子以厚，小人以薄。故聖王修義之柄、禮之序，以治人情。故人情者，聖王之田也。修禮以耕之，陳義以種之，講學以耨之⑤，本仁以聚之，播樂以安之。

## 注釋

①大一：即太一，天地未分前混沌之元氣。
②官：取法；效法。
③竇：孔穴；洞。
④蘗（ㄅㄛˋ）：釀酒用的酒麴。
⑤耨（ㄋㄡˋ）：喻除穢去邪。

## 譯文

　　禮，一定要以天地未分前混沌的元氣為根本，太一分離成為天地，進一步轉化後形成陰陽，變化生成四季，排列後形成鬼神。聖人效法太一、天地、陰陽、四季、鬼神而頒布的政令叫作命，這種所謂的命取法於天。禮的制定一定要以天理作為根本，使用於地，分佈在眾事，並隨著季節的變化而變化，與其中的界限相諧調。禮體在人的身上是一種修養，在行為則表現在財物、言辭、謙讓、飲食、冠婚、喪祭、射禦、朝聘等各個方面。所以禮，是做人的基本出發點，依靠禮使朋友間守信友好，並讓人與人之間團結起來，就像如同人的肌膚會合處及筋骨的連結處一樣緊緊的連接在一起。所以禮是贍養生者、葬送死者、祭拜鬼神的指導原則，是貫徹天道、順應人情的管道。所以只有聖人知道禮是不能廢止的，因此國亡、家敗、身亡，一定是廢棄了禮法。所以禮對於人來說，就如同釀酒離不開酒麴一樣，君子重禮，小人輕視禮。所以聖王要明白禮的根本、並注重禮的秩序，用禮來治理人情。因此人情就像是聖王耕作的土地。聖王用禮來耕作，靠義來播種，透過講學來除穢去邪，用仁義來集聚人心，播放音樂來使人心安寧。

## 原文

　　18.故禮也者，義之實也。協諸義而協，則禮雖先王未之有，可以義起也。義者藝之分、仁之節也，協於藝，講於仁，得之者強。仁者，義之本也，順之體也，得之者尊。故治國不以禮，猶無耜而耕也。為禮不本於義，猶耕而弗種也。為義而不講之以學，猶種而弗耨也。講之於學而不合之以仁，猶耨而弗獲也。合之以仁而不安之以樂，猶獲而弗食也。安之以樂而不達於順，猶食而弗肥也。四體既正，膚革充盈，人之肥也。父子篤，兄弟睦，夫婦和，家之肥也。大臣法，小臣廉，官職相序，君臣相正，國之肥也。天子以德為車、以樂為禦，諸侯以禮相與，大夫以法相序，士以信相考[01]，百姓以睦相守，天下之肥也。是謂大順。大順者，所以養生送死、事鬼神之常也。故事大積焉而不苑[02]，並行而不繆，細行而不失。深而通，茂而有間。連而不相及也，動而不相害也，此順之至也。故明於順，然後能守危也。

$(注釋)$

①考：成就。

②苑（ㄩㄢ丶）：積聚；鬱積。

**譯文**

　　所以禮是義結出的果實。如果能夠依照義的要求來規範自己的行為，雖然禮在先王時候還沒有出現，但是義在那個時候可以起到規範行為的作用。義是對事理進行分辨、對仁心進行節制的原則，如果能用義對事理、仁義進行諧調，那麼這個人便是個強者。仁心是義的根本，又是順應天理的表現，能夠擁有仁心的人，就會受到周圍人的尊敬。因此如果不依靠禮來治理國家，就如同耕地時沒有翻土的工具。如果只一味地講仁義而不去學習的話，就如同種地沒有除草的工具。如果只一味地去學習而不講仁義的話，就如同只除草而不收穫。如果合於仁義，但不用音樂來使百姓內心安寧，就如同吃了糧食卻沒有讓身體健壯。人的四體端正，皮膚飽滿，這是一個健壯的人。父子感情深，夫妻和睦，這是一個健康的家庭。大臣能夠秉公執法，小臣能廉潔辦公，官場職位條理，君臣相和諧相處，這是一個健康的國家。天子把德作為自己前行的車、把樂作為駕車的車夫，諸侯間以禮相待，大夫依禮法來排列位次，士以信用講成效，百姓用和睦相處，這是一個健康的天下。又叫作是大順。大順，是養生、送死、祭祀鬼神的正道。所以即使很多事情都堆積在了一起，但是卻能夠有條不紊，可以同時進行，又不會出現錯誤，即使細小的事情也不會遺漏。盡管各種事情積聚在一起但卻能貫通，即使事情繁雜也能做到有條不紊，事與事間相互連貫但不牽扯，實施起來不想互妨害，這是達到了所謂順的極致。所以知道了順的道理，才能做到臨危不懼。

**原文**

　　19.故禮之不同也，不豐也，不殺也，所以持情而合危也。故聖王所以順，山者不使居川，不使渚者居中原，而弗敝也。用水火金木，飲食必時。合男女，頒爵位，必當年德。用民必順。故無水旱昆蟲之災，民無凶饑妖孽之疾。故天不愛其道，地不愛其寶，人不愛其情。故天降膏露，地出醴泉，山出器車，河出馬圖，鳳凰麒麟皆在郊椒[01]，龜龍在宮沼，其餘鳥

獸之卵胎，皆可俯而窺也。則是無故，先王能修禮以達義，體信以達順，故此順之實也。

### 注釋

①棷（ㄗㄡ）：草澤。

### 譯文

　　禮因為貴賤等級的差異而有種種不同的規定，對於禮的具體運用，即不能隨便的增加也不能隨便的減少，這樣的規定是為了守護貴賤不同的人情並消除危亂。聖王順應天理人情來制定禮法，不讓居住山區的百姓居住到河邊，不讓居住在河邊的人居住在平原地區，目的是為了不讓百姓困頓疲勞。教導百姓使用水、火、金、木，飲食一定要符合時令。從人情來講，撮合男女、頒爵位給有功的人，一定要與當事人的年齡德行相符合。徵用勞役百姓一定要順應農時。只有這樣做百姓才不會遭受乾旱、洪澇、蝗蟲等自然災害，才能免受戰爭、饑荒、瘟疫等禍害的威脅。所以上天不隱藏育民的天理，大地不隱藏養民的寶物，人不隱藏自己的真實性情。上天就會祥雨降臨，大地就會冒出甘泉，山裡就會出現寶器寶車，黃河裡就會出現河馬呈獻的寶圖，鳳凰麒麟會出現在草澤裡，龜龍會出現在宮中的池沼裡，其他鳥獸的卵胎，隨處都可以俯身看到。這種種祥瑞的出現不是因為別的原因，是先代的聖王能夠明禮通義，能夠順應天理人情的結果。

## ◎禮　器

### ◆題解

　　本篇主要講述禮的作用，制定禮、使用禮應遵循的原則，以及禮的各種外在表現形式。

## ▶原文

　　先王之立禮也，有本有文。忠信，禮之本也。義理，禮之文也。無本不正，無文不行。禮也者，合於天時，設於地財[01]，順於鬼神，合於人心，理萬物者也。是故天時有生也，地理有宜也，人官有能也，物曲有利也[02]。故天不生，地不養，君子不以為禮，鬼神弗饗也。居山以魚鱉為禮，居澤以鹿豕為禮，君子謂之不知禮。故必舉其定國之數，以為禮之大經。禮之大倫，以地廣狹。禮之薄厚，與年之上下。是故年雖大殺[03]，眾不匡懼，則上之制禮也節矣。

### 注釋

　　①設：適合。
　　②物曲：物的性能。
　　③殺（ㄕㄚˋ）：指歉收。

### 譯文

　　先王制定禮，有內在的精神基礎也有外在的表現形式。忠信，是禮內在的精神基礎。義理，是禮的外在表現形式。如果沒有內在的忠信作基礎那麼禮就不能成立，如果沒有外在的義理作表現形式那麼禮就不能施行。禮是符合上天的時令，適合大地的物產，順應鬼神，符合百姓內心，來治理萬物的一種制度。所以上天時令的不同會產生不同的生物，大地不同的地理條件會有適宜生長的作物，不同的職官各有其應管理的事情，物的性能各有所利。所以不是順應時令生產的農作物，不是當地生養的動物，君子就不應該用這些東西來行禮，即使鬼神也不能享用。如果居住在山區卻用魚鱉來行禮，居住在沼澤地區卻用鹿、野豬來行禮，君子認為這樣做的人不懂得禮。所以要依據本國物產的多少，作為行禮的準則。禮的類別，要以擁有土地的多少為準則。禮的厚薄，要以年成的好壞為準則。即使年成不好，百姓也不用害怕，因為上級會根據年成的好壞來調節行禮的標準。

## ▶原文

　　2.禮，時為大，順次之，體次之，宜次之，稱次之。堯授舜，舜授禹。

湯放桀，武王伐紂，時也。《詩》云：「匪革其猶，聿追來孝。」天地之祭，宗廟之事，父子之道，君臣之義，倫也。社稷山川之事，鬼神之祭，體也。喪祭之用，賓客之交，義也。羔豚而祭，百官皆足。大牢而祭①，不必有餘，此之謂稱也。諸侯以龜為寶，以圭為瑞。家不寶龜，不藏圭，不台門②，言有稱也。

## 注釋

①大牢：即太牢，古代祭祀時牛羊豕三牲具備，謂之太牢。
②台門：高貴的門第。

## 譯文

　　制定禮的關鍵是要符合時代，其次是順應人倫，其次是適合地財，其次是合乎祭祀的鬼神，其次是與人的地位百姓的內心相符合。如堯傳位給舜，舜傳位給禹，這是君位禪讓的時代。後來商湯驅走了夏桀，周武王討伐做夏紂，這是用革命的方式來奪取政權的時代。《詩經》說：「並非急於滿足他的私欲，而是效法先王的德行。」因為時代的不同，所以禮的制定有所不同。至於祭拜天地，祭祀祖先，父子之道，這是順應人倫的。對於社稷山川神靈的祭祀，對鬼神的祭祀，物件不同，禮不相同，但要各得其體。再如辦理喪事、祭祀的費用，宴請賓客的費用，要與主家的地位相適宜。小到用小羊、小豬來祭祀，各級官吏所用的祭品都足夠用。大到用牛、羊、豬三牲來祭祀，祭祀的用品都能合理的得到運用，沒有剩餘，這樣就恰到好處。諸侯把龜作為寶物，把圭作為祥物。但大夫家不能把把龜作為寶物，將圭作為祥物，並且不能建造有符合自己身分地位的樓門，這是說明使用對象要與自己的身分地位相稱。

## ▶原文

　　3.禮，有以多為貴者。天子七廟，諸侯五，大夫三，士一。天子之豆二十有六①，諸公十有六，諸侯十有二，上大夫八，下大夫六。諸侯七介七牢②，大夫五介五牢。天子之席五重，諸侯之席三重，大夫再重。天子崩，七月而葬，五重八翣③。諸侯五月而葬，三重六翣。大夫三月而葬，再重四翣。此以多為貴也。有以少為貴者。天子無介，祭天特牲④，天子適諸侯，

諸侯膳以犢，諸侯相朝，灌用鬱鬯⑤，無籩豆之薦⑥。大夫聘禮以脯醢⑦。天子一食，諸侯再，大夫、士三，食力無數⑧。大路繁纓一就⑨，次路繁纓七就⑩。圭璋特⑪，琥璜爵。鬼神之祭單席。諸侯視朝，大夫特，士旅之。此以少為貴也。

**注釋**

①豆：古代容器。亦為容量單位，四升為一豆。

②介：傳賓主之言的人。古時主有儐相迎賓，賓有隨從通傳叫介。　七牢：牛、羊、豕三牲各七。古代天子饋賜諸侯的禮品。

③重：古學者鄭玄認為是指古葬具抗木和抗席。抗木是棺槨上面的木架；抗席是墓穴中加於抗木上的葦席，用以禦土。　翣（ㄕㄚˋ）：古代出殯時的棺飾，狀如掌扇。

④特牲：祭禮或賓禮只用一種牲畜。

⑤灌：敬酒。　鬱鬯（ㄔㄤˋ）：古代宗廟祭祀用的香酒。以鬱金香合黑黍釀成。

⑥籩豆：籩和豆。古代祭祀及宴會時常用的兩種禮器。

⑦脯醢（ㄏㄞˇ）：乾肉和肉醬，是佐酒的菜肴。

⑧食力：指靠勞動生活的人。

⑨就：五採絲的匝數稱為就。　大路：即大輅，古時天子所乘之車。

⑩次路：即次輅，副車。

⑪圭璋：兩種貴重的玉製禮器。

**譯文**

　　禮，有的以多為貴。天子的祖廟有七所，諸侯的祖廟有五所，大夫的祖廟有三所，士的祖廟的一所。天子飯食有二十六豆，諸公的飯食有十六豆，諸侯的飯食有十二豆，上大夫的飯食有八豆，下大夫的飯食有六豆。諸侯朝拜天子時，隨身攜帶七個隨從人員，天子賞賜諸侯七牢。大夫朝拜天子時，隨身攜帶五個隨從人員，天子賞賜大夫五牢。天子的坐的蓆子鋪五張，諸侯的蓆子鋪三張，大夫的蓆子鋪二張。天子駕崩後，在七月下葬，葬具抗木、抗席各五層，棺飾障扇有八層。諸侯死後，在五月下葬，葬具抗木、抗席各三層，棺飾障扇有六層。大夫死後，在三月下葬，葬具抗木、抗席各兩層，棺飾障扇有四層。這些都是以多為貴。禮，有的以少

為貴。天子外出時沒有隨從人員，祭祀天帝的時候只用一種牲畜，天子到諸侯國巡視時，諸侯給天子進食一頭小牛，諸侯相互朝見的時候，相互敬酒時用鬯酒，不進獻果脯等食物。大夫到諸侯國去行聘問禮的時候，諸侯國依禮只用脯醢來招待大夫。天子吃一餐就飽了，諸侯吃兩餐，大夫、士吃三餐，而靠勞動生活的百姓就沒有限制了，直到吃飽為止。天子祭天時乘坐的大輅車，只用一圈五採絲來裝飾馬，其他副車可用七圈五採絲來裝飾馬。諸侯朝見天子時圭、璋這樣貴重的玉器，要單獨獻上。琥、璜這樣的玉器要隨著酒、帛等一起進獻。祭祀鬼神的時候鋪設一張蓆子。諸侯出宮視朝的時候，要向人數少的大夫一一行揖禮，向人數眾多的士行一次揖禮。這些都是以少為貴。

## ▍原文

4.有以大為貴者。宮室之量，器皿之度，棺槨之厚，丘封之大。此以大為貴也。有以小為貴者。宗廟之祭，貴者獻以爵①，賤者獻以散，尊者舉觶②，卑者舉角。五獻之尊③，門外缶，門內壺，君尊瓦甒④。此以小為貴也。有以高為貴者，天子之堂九尺，諸侯七尺，大夫五尺，士三尺。天子、諸侯台門，此以高為貴也。有以下為貴者，至敬不壇，掃地而祭。天子諸侯之尊廢禁⑤，大夫、士棜禁⑥，此以下為貴也。禮有以文為貴者，天子龍袞，諸侯黼⑦，大夫黻⑧，士玄衣纁裳。天子之冕，朱綠藻十有二旒⑨，諸侯九，上大夫七，下大夫五，士三，此以文為貴也。有以素為貴者，至敬無文，父黨無容⑩，大圭不琢⑪，大羹不和⑫，大路素而越席⑬，犧尊疏布冪⑭，樿杓⑮。此以素為貴也。

### 注釋

①爵：酒器名。下文中的散、觶、角都是酒器名。

②觶（ㄓˋ）：古代飲酒器。

③五獻：饗禮時獻酒五次。古代饗禮，上公九獻，侯伯七獻，子男五獻。

④瓦甒（ㄨˇ）：古代陶製的酒器。

⑤禁：舉行禮儀時盛放酒尊的器具。

⑥棜（ㄩˋ）禁：古代盛放酒尊的禮器。

⑦黼（ㄈㄨˇ）：古代禮服上白黑相間的花紋。

⑧黼（ㄈㄨˇ）：古代禮服上繡的黑與青相間的亞形花紋。

⑨旒：冕冠前後懸垂的玉串。

⑩黨：處所。

⑪大圭：佩玉，作丁字形，用途如笏。

⑫大羹：即太羹，不和五味的肉汁。

⑬越席：用蒲草編織的席。

⑭犧（ㄒㄧ）尊：古代的酒器。

⑮櫸（ㄕㄢˋ）杓：用白理木製作的勺子。

## 譯文

　　禮，有的以大為貴。宮室的大小，器具的容量，內棺外棺的厚薄，墳墓的大小，這些都是以大為貴。禮，有的以小為貴。宗廟祭祀，地位高的人用爵來獻酒，地位低的人用散來獻酒，地位高的人用觶來嘗酒，地位低的人用角來嘗酒。子男在行五獻禮時，最大的缶放在門外，較大的壺放在門內，而國君專用的小的瓦翩放在堂上，這些都是以小為貴。有的是以高為貴，天子的居住的廳堂高九尺，諸侯居住的廳堂高七尺，大夫居住的廳堂高五尺，士居住的廳堂高三尺。天子的門外有兩個樓觀，而諸侯的門外只有較低的門樓，這些是以高為貴。禮有的是以下為貴，祭天是為極其尊敬的，開始時在築壇上燒柴祭天降神，然後在壇下掃地開始進行正祭。天子諸侯的酒樽不用托盤，大夫、士的酒樽要使用托盤，這就是以下為貴。禮有的是以衣服上的紋飾好為貴，天子的禮服上採繡的是龍，諸侯的禮服上繡著白黑相間的斧形花紋，大夫的禮服上繡著黑與青相間的亞形花紋，士的禮服是淺黑色的上衣，淺間絳色的下衣。天子戴的禮帽，前後懸掛著用紅綠色絲線穿的十二個玉串，諸侯戴的禮帽前後懸掛著用紅綠色絲線穿的九個玉串，上大夫戴的禮帽前後懸掛著七個玉串，下大夫戴的禮帽前後懸掛著五個玉串，士戴的禮帽前後懸掛著三個玉串，這些是以紋飾的多為貴。有的以質樸無飾為貴，祭天的禮服用的是沒有任何紋飾的大裘，在父親的處所，內心要恭敬樸實，天子的佩玉不雕刻花紋，重大祭祀時所用的羹湯不調味，天子所乘的祭車不彩飾，但要鋪蒲草編織的蓆子，犧尊只用粗布進行遮蓋，用白理木製作的勺子。這些都是以質樸無飾作為貴重。

## ▶原文

5.孔子曰：「禮，不可不省也。禮不同，不豐、不殺。」此之謂也。蓋言稱也。禮之以多為貴者，以其外心者也。德發揚，詡萬物①，大理物博，如此，則得不以多為貴乎？故君子樂其發也。禮之以少為貴者，以其內心者也。德產之致也精微，觀天子之物無可以稱其德者，如此則得不以少為貴乎？是故君子慎其獨也。古之聖人，內之為尊，外之為樂，少之為貴，多之為美。是故先生之制禮也，不可多也，不可寡也，唯其稱也。是故，君子大牢而祭，謂之禮。匹士大牢而祭，謂之攘②。管仲鏤簋朱紘③，山節藻梲④，君子以為濫矣。晏平仲祀其先人，豚肩不揜豆⑤。浣衣濯冠以朝，君子以為隘矣。是故君子之行禮也，不可不慎也。眾之紀也，紀散而眾亂。孔子曰：「我戰則克，祭則受福。」蓋得其道矣。君子曰：「祭祀不祈，不麾蚤⑥，不樂葆大⑦，不善嘉事，牲不及肥大，薦不美多品。」孔子曰：「臧文仲安知禮？夏父弗綦逆祀，而弗止也。燔柴於奧⑧，夫奧者，老婦之祭也，盛於盆，尊於瓶。」

## 注釋

①詡：普及；遍及。

②攘：盜竊，竊取。

③簋（《ㄨㄟˇ）：古代祭祀宴享時盛黍稷的器皿。　朱紘（ㄏㄨㄥˊ）：古代天子冠冕上的紅色繫帶。

④山節：將柱頭雕刻成斗拱，形如山。　藻梲（ㄓㄨㄛ）：梁上有彩畫的短柱。

⑤豚肩：豬腿。　揜（一ㄢˇ）：遮沒；遮蔽；掩蓋。

⑥麾蚤：謂以提早設祭為快。

⑦葆（ㄅㄠˇ）大：葆，通「褒」，高大。

⑧燔柴：古代祭天儀式。將玉帛、犧牲等置於積柴上焚燒。　奧：灶神。

## 譯文

孔子說：「禮，要加以省察。禮是不可相互混同的，禮不能隨意的增加、減少。」這句話是針對上列的各種情況來說的。禮如果以多為貴，這是因為需要把內心的感受用外在的形式表達出來。美好的品德發揚光大，並能普及到萬物，則其統管的東西就非常的廣博，所以禮怎麼能不以多為

貴呢？所以君子很樂於把自己的內心用外在的形式表現出來。禮如果以少
為貴，是因為其用禮出於內心的真誠。德的產生精深微妙，審觀天下萬
物，沒有一個可與人內心的美德相比，如果是這樣禮能不以少為貴嗎？所
以君子在行禮的時候要謹慎小心，用較少的禮節來表達自己內心的德行。
所以，聖人制禮法，不能多，也不能少，要恰到好處。因此，君子用太牢
進行祭祀，叫作禮。士如果用太牢進行祭祀，就叫作是盜竊。宰相管仲雕
飾簋、冠冕上繫著天子才能用的紅色繫帶，房屋的樑柱上鏤刻著形如山的
斗拱，梁上使用彩畫的短柱，這些作法幾乎與天子相同。盡管他有對國家
有功，但是知禮的君子都認為他這樣做是錯誤的。另外的一位宰相晏仲平
祭祀祖先時，只用一個小的豬腿，小的連盛裝豬腿的祭器口都不能遮蓋。
拜見國君時，只把衣服和帽子洗一洗，知禮的人認為這樣的作法是狹隘
的。所以君子在施行禮的時候，一定要謹慎小心。因為禮是大家日常生活
中的綱領，如果綱領敗壞了，那麼大家的生活也就紊亂了。孔子說：「知
禮並依禮行事的人，作戰一定會取得勝利，祭祀祖先就能得到福分。」這
是因為掌握了行禮的道理了吧。君子說：「祭祀的本意不在於向天或者神
靈祈求福分，不以提早設祭為快，也不貪求高大，也不是為了求得嘉事的
完美，祭祀時的牲畜不用養到肥大，進獻的食物不以種類眾多為好。」孔
子說：「臧文仲哪裡知道禮啊？夏父弗綦違背禮的要求進行祭祀，但是他
卻沒有出面阻止。用燔柴的祭禮形式來祭祀灶神，臧文仲也沒有加以阻
止。用燔柴祭祀灶神，這種祭祀活動是應該由老婦來進行，把祭品放在盆
裡，用瓶子來盛酒。」

## ▌原文

　　6.禮也者，猶體也。體不備，君子謂之不成人。設之不當，猶不備也。
禮有大有小，有顯有微。大者不可損，小者不可益，顯者不可掩，微者不
可大也。故《經禮》三百，《曲禮》三千，其致一也。未有入室而不由戶
者。君子之於禮也，有所竭情盡慎，致其敬而誠若，有美而文而誠若。君
子之於禮也，有直而行也，有曲而殺也，有經而等也，有順而討也[01]，有撥
而播也[02]，有推而進也，有放而文也[03]，有放而不致也，有順而摭也[04]。三
代之禮一也，共由之。或素或青，夏造殷因。周坐尸[05]，詔侑武方[06]。其禮
亦然，其道一也。夏立尸而卒祭。殷坐尸。周旅酬六尸[07]，曾子曰：「周禮

其猶醵與⑧！」

注釋

①討：遞減；去除。

②撕（ㄕㄢˋ）：芟除；攻取。

③放：仿效；模擬。

④摭：拾取。

⑤坐屍：古代祭祀時以臣下或晚輩象徵死者神靈，代死者受祭，稱為「屍」。殷代之屍坐於堂上受祭，稱為「坐屍」。

⑥武方：即無常，變化不定。

⑦旅酬：謂祭禮完畢後眾親賓一起宴飲，相互敬酒。

⑧醵（ㄐㄩˋ）：湊錢聚飲。

**譯文**

　　所謂的禮，就像人的身體一樣。如果身體不完備，君子就稱其為不完整的人。禮的設置如果不妥當的話，就如同不完備的人一樣。禮的規模有大有小，有表現明顯的，也有意義隱晦的。規模盛大的禮在舉行的時候不能減損，規模小的禮舉行時不能任意增加，表現明顯的禮不能掩飾，意義隱晦的禮不能放大。所以《經禮》三百，《曲禮》三千，二者內容雖然不一樣，但都以忠信為本。由忠信來施行禮法，就像人進入屋內必須經過門是一樣的。君子在行禮的時候，要竭力表達自己的真情實意，有時是要用恭敬來表達真誠和順心的，有時是用華美的外在儀式、祭器紋飾的華美來表現真誠和順心的。君子在行禮的時候，有直接表露不加節制的，有為尊者所屈而降低禮的標準的，有成為定制凡人都須遵守的，有順次而遞減的，有減少地位高者的禮而在地位低的人中間施行，有推之於上和下的禮，有因模仿而增加其內容的，也有模仿做不來的，有自上而下循序所取的原則。夏、商、周三代的禮都是一致的，百姓都遵守這些禮法。三代雖然有的崇尚白色，有的崇尚青色，但是禮制定原則，都是夏制定並由殷來繼承。周朝讓屍坐在堂上受祭，勸屍進食，沒有任何限制，禮也和殷代一樣。夏朝時讓屍站在堂上受祭。殷代時讓屍坐在堂上受祭。不過周代有旅酬六屍的禮節，曾子說：「周代的這種禮就好像是大家一起湊錢聚飲！」

## ▶原文

7.君子曰:「禮之近人情者,非其至者也。郊血[01],大饗腥,三獻爓[02],一獻孰。」是故君子之於禮也,非作而致其情也,此有由始也。是故七介以相見也,不然則已慤[03]。三辭三讓而至,不然則已蹙。故魯人將有事於上帝,必先有事於頖宮[04]。晉人將有事於河,必先有事於惡池[05]。齊人將有事於泰山,必先有事於配林。三月繫,七日戒,三日宿,慎之至也。故禮有擯詔[06],樂有相步[07],溫之至也。

## 注釋

①郊血:古天子祭社稷儀式之一。即以牛馬之血獻於屍座前。

②爓(一ㄢˋ):用滾水燙過的半生的肉。

③慤(ㄘㄨˋ):樸實。

④頖(ㄆㄢˋ)宮:西周諸侯所設的學宮。

⑤惡(ㄨ)池:水名。即滹沱河。

⑥擯詔:對賓主雙方做介紹的人。

⑦相步:古代攙扶盲樂工的人。

## 譯文

君子說:「接近於人情的禮,還不是最高尚的禮。如祭天時用血,大饗禮時用生肉祭祀,祭社稷神的時候用半生不熟的肉,在小祭祀的時候才用熟肉。」所以君子行禮,不是在做作表達虛情假意,而是從內心的誠意生發出來的。因此諸侯外出的時候,要有七個副手跟隨,用來傳賓主的話,不然就顯得過於樸實了。主人和來訪的賓客在見面時,還要三辭三讓才入室,不然就顯得過於急促了。所以魯人在祭祀上帝之前,會先在頖宮祭告后稷。如晉人將要祭祀黃河,一定先在惡池進行祭拜。如齊人將要祭祀泰山,一定先在配林進行祭祀。祭祀前三個月要把祭祀用的牲畜拴起來,祭祀前七天開始齋戒,祭祀前三天開始約請屍,這些行為都表明對祭祀的謹慎和敬重。所以行禮的時候有對賓主雙方作介紹的人,奏樂時有攙扶盲樂工的人,表現了行禮時的溫厚從容。

## ▲原文

8.禮也者，反本修古[01]，不忘其初者也。故凶事不詔[02]，朝事以樂。醴酒之用，玄酒之尚[03]。割刀之用[04]，鸞刀之貴[05]。莞簟之安[06]，而稾鞂之設[07]。是故，先王之制禮也，必有主也，故可述而多學也。君子曰：「無節於內者，觀物弗之察矣。欲察物而不由禮，弗之得矣。」故作事不以禮，弗之敬矣。出言不以禮，弗之信矣。故曰：「禮也者，物之致也。」是故昔先王之制禮也，因其財物而致其義焉爾。故作大事，必順天時，為朝夕必放於日月，為高必因丘陵，為下必因川澤。是故天時雨澤，君子達亹亹焉[08]。是故昔先王尚有德、尊有道、任有能，舉賢而置之，聚眾而誓之。是故因天事天，因地事地，因名山升中於天[09]，因吉土以饗帝於郊[10]。升中於天，而鳳凰降、龜龍假[11]。饗帝於郊，而風雨節、寒暑時。是故聖人南面而立[12]，而天下大治。

### 注釋

①反本：復歸本源或根本。指返歸本性。　修古：遵行古道。
②凶事：指喪事。
③玄酒：古代祭禮中當酒用的清水。
④割刀：用以切割之刀。
⑤鸞刀：刀環有鈴的刀。古代祭祀時割牲用。
⑥莞（ㄍㄨㄢ）簟（ㄉㄧㄢˋ）：蒲席與竹蓆。
⑦稾鞂：用禾稈編織成的草蓆。古祭天所用物。
⑧亹亹（ㄨㄟˇㄨㄟˇ）：勤勉不倦貌。
⑨名山：著名的大山。古多指五嶽。　升中：古帝王祭天上告成功。
⑩吉土：古代王者卜居之地。
⑪假：到。
⑫南面：古代以坐北朝南為尊位。

### 譯文

　　禮，是為了讓百姓返歸本性，遵行古道，不忘初始。所以喪事不用告訴別人就會由內心悲傷起來，朝廷奏樂宴飲讓人高興。祭禮中，甜酒與玄酒並設，但是玄酒放在上位。祭祀時，割刀與鸞刀並設，但是鸞刀比割刀尊貴。用蒲席與竹蓆是比較舒適的，但是在祭天的時候卻要用禾稈編織

成的草蓆。因此，先王在制定禮的時候是有一定依據的，所以值得以後的人研究學習。明禮的君子說：「如果認識事物內心沒有一定的法則，那麼對看到的東西也不能認識。如果觀察事物時不依據禮，那麼對事物就不能有一個正確的認識。」所以做事的時候如果不依據禮法，那麼就不會受到尊敬。說話不依據禮法，就不會讓人信服。所以說：「禮，是認識事物的法則。」所以古代先王制定禮，一定會依據事物的不同特點來制定與其相適應的禮。所以在祭祀的時候，一定要順應時令，舉行朝夕禮時一定要依照日月運行所處的方位，祭祀天帝時一定要選在丘陵的高處，祭祀河神進一定要在地面低窪的地方。君子能順時愛物，所以上天能夠適時的降下雨露，君子都勤勉不倦的依禮行事。所以古代的君王都尊崇高尚的品德、尊順天道、任用賢能的人，推舉賢能的人並把他們安置在合適的職位上，聚焦眾人宣佈將要進行的大事。因為天高所以選擇高位祭天，因為地處在低位所以選擇在低位祭地，前往名山去燔柴祭天讓煙氣到達天上，在王都所在地祭祀天神。祭天時燔柴的煙氣到達天上，此時鳳凰降臨、神龜來臨。在王都的郊區祭祀天神，就會風調雨順、時令更替正常。所以天子順應天道，只要站在朝堂的南面，天下就能太平了。

## ▌原文

9.天道至教①，聖人至德。廟堂之上，罍尊在阼②，犧尊在西③。廟堂之下，縣鼓在西④，應鼓在東⑤。君在阼，夫人在房。大明生於東⑥，月生於西，此陰陽之分、夫婦之位也。君西酌犧象，夫人東酌罍尊。禮交動乎上，樂交應乎下，和之至也。禮也者，反其所自生。樂也者，樂其所自成。是故先王之制禮也以節事，修樂以道志。故觀其禮樂，而治亂可知也。蘧伯玉曰：「君子之人達。」故觀其器，而知其工之巧。觀其發，而知其人之知。故曰君子慎其所以與人者。

### 注釋

①至教：最好的教導。
②罍(ㄌㄟˊ)尊：飾有雲雷狀花紋的酒尊。　阼：大堂前東面的台階。
③犧尊：古代酒器。
④縣鼓：古代廟堂用的大鼓。

　　⑤應鼓：古代廟堂用的小鼓。

　　⑥大明：指太陽。

## 譯文

　　天道對人是最好的教導，聖人擁有最高的道德。在宗廟的高堂上，罍尊放在大堂前東面的台階，犧尊放在大堂前西面的台階。在宗廟的高堂下，大鼓安放在西邊，小鼓安放在東邊。國君在大堂前東面的台階上，夫人在堂後的西房中。太陽從東方升起，月亮從西方升起，這是陰陽的分界，夫妻間所應處的位置。國君從堂西的犧尊、象尊中取酒，夫人從堂東的罍尊中取酒。國君先獻酒，夫人隨後獻酒。堂上在交錯的進行著禮，堂下有音樂為之伴奏，這可以說是相當的和諧啊。禮教給人回歸本原。樂，教給人如何表達自己成功後的歡樂心情。所以先王制定禮法用來節制行事，用音樂來調節人的內心情感。所以觀察一個國家的禮樂，就可以知道這個國家治理的好與壞了。蘧伯玉說：「君子一類的人都很通達。」所以觀看一個器具便可以知道其製作工藝的好壞。觀察一個人的行為，就可以知道這個人的聰明才智。所以說君子特別注重自己與人交際中所使用的禮樂。

## 原文

　　10.太廟之內敬矣。君親牽牲，大夫贊幣而從。君親制祭，夫人薦盎①。君親割牲，夫人薦酒。卿、大夫從君，命婦從夫人。洞洞乎其敬也②，屬屬乎其忠也③，勿勿乎其欲其饗之也④。納牲詔於庭，血毛詔於室⑤，羹定詔於堂，三詔皆不同位，蓋道求而未之得也。設祭於堂，為祊乎外⑥。故曰：「於彼乎？於此乎？」一獻質，三獻文，五獻察，七獻神。大饗其王事與！三牲魚臘⑦，四海九州之美味也。籩豆之薦，四時之和氣也。內金⑧，示和也。束帛加璧⑨，尊德也。龜為前列⑩，先知也。金次之，見情也。丹漆絲纊竹箭，與眾共財也。其餘無常貨，各以其國之所有，則致遠物也。其出也，《肆夏》而送之⑪，蓋重禮也。祀帝於郊，敬之至也。宗廟之祭，仁之至也。喪禮，忠之至也。備服器，仁之至也。賓客之用幣，義之至也。故君子欲觀仁義之道，禮其本也。

## 注釋

①盎：即盎齊，一種白色的酒。

②洞洞：恭敬虔誠貌。

③屬屬：專心謹慎貌。

④勿勿：勤懇不懈貌。

⑤血毛：指牲畜的血和毛。古代祭祀時用以薦鬼神。

⑥祊（ㄅㄥ）：祭名。指正祭畢於次日舉行之繹祭。

⑦臘（ㄌㄚˋ）：乾肉。

⑧內：通「納」，收下。

⑨束帛：捆為一束的五匹帛。古代用為聘問、饋贈的禮物。

⑩前列：行列的前面。

⑪肆夏：古樂章名。

## 譯文

　　在太廟裡進行祭祀時一定要懷著一顆虔誠的心。國君親自牽著祭祀用的牲畜，大夫捧著幣帛緊跟在國君身後。國君親自佈置祭祀用品，夫人獻盎酒。國君親自用刀分解祭祀的牲畜，夫人再次獻酒。卿、大夫跟隨著國君，並命令卿、大夫的夫人緊跟著國君的夫人。所有的人都恭敬虔誠，專心謹慎，並勤懇不懈地獻了又獻，似乎祖先在享用他們獻上的祭品。國君牽著祭祀的牲畜時在庭中舉行告神禮，殺了牲畜後用牲畜的血和毛在屋內行告神禮，在祭祀的牲畜肉煮熟後，在廟堂裡舉行告神禮，三次告神禮在不同的時間地點舉行，似乎還沒有確定神所在的位置。除了在廟堂裡進行祭祀，次日又在廟門外舉行祊祭。所以說：「神在這裡？又或者在那裡？」舉行一獻禮就顯得質樸簡單，舉行三獻禮就覺得有些紋飾了，舉行五獻禮的禮節就更加的細微了，舉行七獻禮，那就已經敬之如神了。在太廟裡舉行大饗禮，這應該是天子的事情吧！用的牛羊豬三牲、魚和乾肉，是來自四海九州的美食。用籩豆這種器具盛放的食物，是順應四時氣候生產出來的。收下諸侯進獻的銅，是為了表示和樂。收下上面放著玉的布帛，是為了表示崇尚好的德行。龜甲放在所有貢品的最前邊，是為了表示其能預知事情的吉凶。銅放在第二位，表現了君臣的和樂之情。接下來安放的是丹漆、絲纊、竹箭，表示與天下百姓共用天下財物。邊遠國家的貢品沒有定數，要看他們今年盛產什麼物品，這樣就能使邊遠地區的財物也

能進貢。等到宴會結束時,天子命令樂演奏《肆夏》樂章來為諸侯送行,這表現十分重視禮樂。在郊外舉行祭祀天帝,這是敬的最高表現。在宗廟裡對祖先的祭祀,這是仁義的最高表現。舉行喪禮,是忠的最高表現。置辦喪葬時用的物品,是仁的最高表現。賓客贈送錢財資助辦理喪事,是義的最高表現。所以君子想要看什麼是仁義,禮就可以作為依據。

## ▌原文

11·君子曰:「甘受和,白受采。忠信之人,可以學禮。苟無忠信之人,則禮不虛道①。是以得其人之為貴也。」孔子曰:「誦《詩》三百,不足以一獻。一獻之禮,不足以大饗。大饗之禮,不足以大旅②。大旅具矣,不足以饗帝。毋輕議禮!」子路為季氏宰。季氏祭,逮闇而祭③,日不足,繼之以燭。雖有強力之容④,肅敬之心,皆倦怠矣。有司跛倚以臨祭⑤,其為不敬大矣。他日祭,子路與,室事交乎戶⑥,堂事交乎階⑦,質明而始行事⑧,晏朝而退⑨。孔子聞之曰:「誰謂由也而不知禮乎?」

### 注釋

①虛道:空泛無用的說教。

②大旅:古代祭名。

③闇(ㄢˋ):指天未明時。

④強(ㄐㄧㄤˋ)力:勉力;努力。

⑤跛(ㄅㄧˋ)倚:站立歪斜不正,倚靠於物。指不端莊的樣子。

⑥室事:謂在室內舉行的祭祀。

⑦堂事:謂於正廳祭祀祖先之事。

⑧質明:天剛亮的時候。

⑨晏朝:黃昏。

### 譯文

君子說:「甜味是所有味道的根本,白色是所有顏色的基本色。忠信的人,才可以去學習禮。如果為人不忠信去學禮,那麼禮就是空泛無用的說教。所以即使禮很重要,關鍵還在於學禮的人有沒有忠信。」孔子說:「即使誦讀了三百篇《詩經》,如果沒有學禮的話,就連一獻禮都不知

道。學習了一獻禮，卻不會在太廟裡行大饗禮。會行大饗禮，卻不會行大旅禮。大旅禮也都學會了，但是還不會行祭天禮。所以說不要隨便的去議論禮。」子路在季氏家做宰相的時候。季氏舉行祭祀活動，天還沒有亮就開始祭祀，整整一天都沒有進行完，晚上的時候點著燭火進行祭祀。即使有強健的體魄，虔誠的內心，但是一天下來大家都疲憊不堪了。有司站立時倚靠著物，身體歪斜不正的進行祭祀，這是對神靈的極大的不尊敬。子路參與了後來舉行的祭祀活動，室內舉行祭祀活動時所用的祭品由室內的人與室外的人在門口相互傳遞，在正廳祭祀祖先時所用的祭品，由堂內的人與堂外的人在台階上相互傳遞，天剛亮的時候就開始進行祭祀，到了黃昏時候所有的祭祀活動都結束了。孔子聽了這件事說：「誰說子路不懂禮啊？」

## ◎郊特牲

### ◆題解

　　本篇大部分內容記述了祭事，其他內容記錄了冠義、婚義以及朝禮、覲禮、燕禮、饗禮等各種禮的內容。

### ▲原文

　　天子大蠟八⑴。伊耆氏始為蠟，蠟也者，索也。歲十二月，合聚萬物而索饗之也⑵。蠟之祭也，主先嗇，而祭司嗇也。祭百種以報嗇也。饗農及郵表畷⑶，禽獸，仁之至義之盡也。古之君子，使之必報之。迎貓⑷，為其食田鼠也。迎虎⑸，為其食田豕也，迎而祭之也。祭坊與水庸⑹，事也。曰「土反其宅，水歸其壑，昆蟲毋作，草木歸其澤。」皮弁素服而祭⑺。素服，以送終也。葛帶榛杖，喪殺也。蠟之祭，仁之至義之盡也。黃衣黃

冠而祭，息田夫也。野夫黃冠[08]，黃冠草服也[09]。大羅氏，天子之掌鳥獸者也，諸侯貢屬焉。草笠而至，尊野服也[10]。羅氏致鹿與女，而詔客告也，以戒諸侯曰：「好田好女者亡其國[11]。天子樹瓜華[12]，不斂藏之種也」。八蠟以記四方[13]。四方年不順成，八蠟不通，以謹民財也。順成之方，其蠟乃通，以移民也[14]。既蠟而收，民息已。故既蠟，君子不興功。

### 注釋

①蠟：古代年終大祭。

②饗：通「享」。祭祀，祭獻。

③農：農神。　郵：古代井田間田官督耕所居的廬舍。　表畷（ㄓㄨㄛˋ）：古代井田間的交界處。

④迎貓：即迎貓，古八蠟之一。於臘月農事完畢後，迎貓神而祭之，以祈消滅田鼠，保護莊稼。

⑤迎虎：古八蠟之一。於臘月農事完畢後迎虎神而祭之，以祈消滅野獸，保護莊稼。

⑥坊：通「防」，堤防。　水庸：水溝。

⑦皮弁：古冠名。用白鹿皮製成。　素服：本色或白色的衣服。居喪或遭遇凶事時所穿。

⑧野夫：草野之人，農夫。

⑨草服：草黃色的冠服。

⑩野服：村野平民服裝。

⑪田：狩獵。

⑫瓜華：泛指瓜與果。

⑬八蠟：周代每年農事完畢，在十二月舉行的祭祀。

⑭移：使人羨慕。

### 譯文

天子在年終的時候舉行盛大的蠟祭，主要祭祀八個神。蠟祭禮起源於遠古的伊耆氏時代，所謂蠟，就是尋求的意思。周曆每年的十二月即夏曆每年的十月，聚集萬物的神靈——尋求，並進行祭祀。蠟祭的主要對象是農業的創始者先嗇，其次是輔佐先嗇的司嗇。祭獻各種各樣的穀物報答先嗇、司嗇的恩賜。一併祭祀農神及田舍、禽獸等神靈，這樣的作法可以說是仁至義盡了。因為古代的君子，只要是用過的東西，都要報答。迎貓

神並進行祭祀，祈求消滅田鼠，保護莊稼。迎虎神並進行祭祀，祈求消滅野獸，保護莊稼。祭祀堤防神和水溝神，因為他們幫用人們蓄水排洪。祭祀時說：「土返回到田地裡，水流到溝渠裡，害蟲不要糟蹋莊稼，草木能得到水的滋養。」戴著皮弁，穿著白色的衣服參加祭祀。穿著素服，是為萬物送終。腰裡繫著葛帶、手拄著榛杖，這樣的喪服都降等了。舉行蠟祭禮，也算是仁至義盡了。農夫戴著黃色的帽子、穿著黃色的衣服參加蠟祭禮，目的是為了讓農夫得到休息。田野裡的農夫戴著草黃色的帽子，穿著草黃色的衣服。大羅氏是給天子掌管鳥獸的官員，諸侯進貢給天子的鳥獸都由大羅氏來管理。諸侯派遣進貢鳥獸的使者戴著草黃色的笠帽，也參加蠟祭禮，因為蠟祭禮非常尊敬村野平民的服裝。大羅氏在蠟祭禮結束後，送給使者女子和鹿，並讓使者把天子的告誡轉告諸侯：「過分的愛好打獵和沉迷女色就會導致國家滅亡。天子收穫的瓜與果，僅供一段時間吃，沒有儲藏種子。這是為了不與民爭利。」每年年終在舉行八蠟祭禮前要調查記錄各地收成的好壞。如果各個地方中有年成不好的，那麼這個地方就不舉行蠟祭禮，目的是為了節省百姓的開支。如果年成好的話，那麼就舉行蠟祭禮，目的是為了讓勞作了一年的百姓身心得到放鬆愉悅。蠟祭禮後讓百姓把作物儲藏起來，百姓就可以休息了。蠟祭禮後，國君不勞役百姓進行土木建設。

## ▎原文

2.恒豆之菹①，水草之和氣也②。其醢③，陸產之物也。加豆，陸產也。其醢，水物也。籩豆之薦④，水土之品也，不敢用常褻味而貴多品，所以交於神明之義也，非食味之道也。先王之薦，可食也而不可耆也⑤。卷冕路車⑥，可陳也而不可好也。武壯⑦，而不可樂也。宗廟之威，而不可安也。宗廟之器，可用也而不可便其利也。所以交於神明者，不可以同於所安樂之義也。酒醴之美，玄酒明水之尚⑧，貴五味之本也。黼黻文繡之美⑨，疏布之尚，反女功之始也⑩。莞簟之安，而蒲越稾鞂之尚，明之也。大羹不和⑪，貴其質也。大圭不琢，美其質也。丹漆雕几之美⑫，素車之乘，尊其樸也，貴其質而已矣。所以交於神明者，不可同於所安褻之甚也。如是而後宜。鼎俎奇而籩豆偶⑬，陰陽之義也。黃目⑭，鬱氣之上尊也。黃者中也，目者氣之清者也。言酌於中而清明於外也。祭天，掃地而祭焉，

於其質而已矣。醯醢之美⑮，而煎鹽之尚，貴天產也。割刀之用，而鸞刀之貴，貴其義也，聲和而後斷也。

## 注釋

①豆：古代食器。　菹（ㄐㄩ）：醃菜。醢：（ㄏㄞˇ）古時一種殘酷的刑罰，將人殺死後剁成肉醬

②水草：某些水生植物的通稱。

③醢：肉醬。

④籩（ㄅㄧㄢ）豆：籩和豆。古代祭祀及宴會時常用的兩種禮器。竹製為籩，木製為豆。

⑤耆：通「嗜」，愛好。

⑥卷（ㄑㄩㄢˊ）冕：天子的禮服和禮帽。　路車：即輅車，天子所乘的車。

⑦武：即大武舞，舞時手執斧盾。

⑧玄酒：古代祭禮中當酒用的清水。　明水：古代祭祀所用的淨水。

⑨黼（ㄈㄨˇ）黻（ㄈㄨˊ）：泛指禮服上所繡的華美花紋。

⑩女功：舊謂婦女從事的紡織、刺繡、縫紉等。

⑪大（ㄊㄞˋ）羹：不和五味的肉汁。

⑫雕几：刻畫漆飾成凹凸花紋。

⑬鼎俎：鼎和俎。古代祭祀、燕饗時陳置牲體或其他食物的禮器。

⑭黃目：黃銅彞器。據說刻人目為飾，故名。

⑮醯（ㄒㄧ）：醋。

## 譯文

日常生活中所設的豆，盛放著醃菜。這些醃菜都是依時節生長出來的水生植物。盛放的肉醬，是陸地上的產物。加設的豆，剛好與前邊相反。盛放的醃菜是陸地上生產的。肉醬是水裡的產物。祭祀時所進獻的籩豆，裡面所盛放的食物都是水中所產的，不敢盛放日常以及貴重的食物，目的是為了符合神靈的心意，並不是食物的可口味道。古代君王在祭祀時進獻的食物可以吃，但卻不是人們喜歡吃的食物。祭祀時的禮服、禮帽及其所乘的車，是用來陳列的，不能過分的愛好。祭祀時的《大武舞》是非常壯觀美麗的，但是不能用來享樂。宗廟的建築是那麼地高大威嚴，但是卻不可以在裡面日常居住。宗廟裡陳列的器具即便能用，也不可以隨便使用。

總而言之，只要是神靈使用的物品，意義就不同於人們日常生活中所用的器具。酒和醴的味道是非常甜美的，但在祭祀時卻把清水放在上位，這是因為注重五味的根本。禮服上所繡的花紋是多麼地華美，但在祭祀時卻以粗布為上，這是為了要追溯最原始的婦女紡織品。蒲席與竹蓆坐起來非常地舒適，但祭祀的時候卻以蒲草、禾稈編的蓆子為上，這是為了表明神與人的不同。祭祀時用不加調料的肉汁，以它本來的味道為貴。天子佩戴的大圭不雕琢，以它本來的樣子為貴。車子用紅色的漆粉刷並刻上凹凸的花紋，這是多麼地漂亮，但是天子在祭祀的時候乘坐的卻是沒有粉刷雕刻的素車，這是以它本來的面貌為貴。所以凡是接待神明的，是與人們日常生活中所追求的舒適安樂是大不相同的。只有這樣，才能與祭祀的場景相符合。盛放食物的鼎俎用奇數、籩豆用偶數，這是為了與陰陽的意義相符合。黃目是最高貴的祭器。因為黃是中方的顏色，目是人身體中最為清澈明朗的地方。把喝酒的器皿稱為黃目，意思就是在用它喝酒時而自身的明潔也都表現在外。祭祀天帝時，僅僅打掃乾淨地面就可以進行祭祀了，目的是為了追求樸實。醋和肉醬雖然是美味，但卻把鹽放在上位，這是以自然的物產為貴。祭祀時割刀與鸞刀並設，但鸞刀比割刀尊貴，這是重視行禮的儀式。切割牲肉時先聽到鸞刀刀環的鈴聲，然後才切斷牲肉。

## ▶原文

3.冠義。始冠之，緇布之冠也[01]。大古冠布，齊則緇之[02]。其緌也[03]，孔子曰：「吾未之聞也。冠而敝之可也。」適子冠於阼[04]，以著代也。醮於客位[05]，加有成也。三加彌尊，喻其志也。冠而字之，敬其名也。委貌[06]，周道也。章甫，殷道也。毋追[07]，夏后氏之道也。周弁[08]，殷冔[09]，夏收[10]。三王共皮弁素積[11]。無大夫冠禮，而有其昏禮。古者，五十而後爵，何大夫冠禮之有？諸侯之有冠禮，夏之末造也。天子之元子，士也。天下無生而貴者也。繼世以立諸侯，象賢也。以官爵人，德之殺也[12]。死而諡，今也。古者生無爵，死無諡。禮之所尊，尊其義也。失其義，陳其數，祝史之事也。故其數可陳也，其義難知也。知其義而敬守之，天子之所以治天下也。

## 注釋

①緇布：即緇布冠，古代士與庶人常用的一種冠。古人行冠禮，初加緇布冠，次加皮弁，次加爵弁。

②齊：通「齋」，祭祀。

③緌（ㄖㄨㄟˊ）：古代帽帶的下垂部分。

④適子：指嫡長子。　阼：大堂前東面的台階。

⑤醮：古代冠禮、婚禮中的一種簡單儀節。謂尊者對卑者酌酒，卑者接受敬酒後飲盡，不需回敬。　客位：賓客的位置、席位。

⑥委貌：古冠名，以皂絹為之。

⑦毋（ㄨˊ）追：夏代冠名。

⑧周弁：周代貴族祭祀時所戴的皮弁。

⑨殷冔（ㄒㄩˇ）：殷代冠名。

⑩夏收：夏代祭祀時戴的一種帽子。

⑪素積：腰間有褶　的素裳。是古代的一種禮服。

⑫殺（ㄕㄞˋ）：等差。

## 譯文

冠禮的意義。古人行三次冠禮，第一次加的是黑色的緇布冠。上古的時候，開始時戴的是白布冠，祭祀的時候再染成黑色的緇布冠。關於古人帽子上是否有纓緌等下垂飾件，孔子說：「我從來沒有聽說過。第一次戴的緇布冠，在冠禮結束後就不再用了。」嫡長子在大堂前東面舉行冠禮，是為了表明他是家族的繼承人。讓嫡長子到賓客所在的席位，喝下尊客為自己倒的酒，是為了祝賀嫡長子成人。三次加冠一次比一次尊貴，是為了告訴加冠者要自我勉勵，有不斷向上的心志。在加冠的時候取字，自此以後只稱字不稱名，這是表示對他大名的尊敬。委貌，周人戴的一種冠。章甫，商人戴的一種冠。勿追，是夏人常戴的一種冠。周代人祭祀時戴著皮弁，殷代人祭祀時戴著名為冔的帽子，夏代人祭祀時戴著名為收的帽子。夏、商、周三代的國君都戴著皮弁，穿著腰間有褶　的素裳。冠禮只有士冠禮，而沒有大夫冠禮，但大夫有婚禮。因為古代的官員，在五十歲以後才可以因功得到爵位，然而人卻在二十歲的時候舉行冠禮，人在二十歲的時候怎麼可能是個大夫呢？至於諸侯行冠禮，也應該同大夫一樣。但是到夏代末期，由於諸侯之位開始世襲，所以才有了諸侯的冠禮。天子的

長子，生下來也是一個士，到了二十歲的時候舉行冠禮。這說明天下沒有哪一個人生下來就是尊貴的。諸侯的後代能夠繼承侯位，這是讓他們效法先人的德行。國君按照功勞的大小把不同等級的官職授予人。現在官員死後，擬定諡號。（死後有諡號，是現在的事。古代人活著時沒有爵位，死了也沒有諡號。）禮可貴的地方，在於它的意義。不記禮的意義，只記述禮的外在形式，這是祝史的工作。所以現在只知道禮的形式，對禮的意義就無從可知了。天子能夠很好地治理天下，就是因為天子知道禮的內在意義，並依據禮外在形式嚴格執行。

## ▌原文

4.天地合而後萬物興焉。夫昏禮，萬世之始也。取於異姓[01]，所以附遠厚別也。幣必誠，辭無不腆。告之以直信[02]。信，事人也；信，婦德也。壹與之齊，終生不改。故夫死不嫁。男子親迎，男先於女，剛柔之義也。天先乎地，君先乎臣，其義一也。執摯以相見[03]，敬章別也。男女有別，然後父子親，父子親然後義生，義生然後禮作，禮作然後萬物安。無別無義，禽獸之道也。婿親御授綏[04]，親之也。親之也者，親之也。敬而親之，先王之所以得天下也。出乎大門而先，男帥女，女從男，夫婦之義由此始也。婦人，從人者也。幼從父兄，嫁從夫，夫死從子。夫也者，夫也；夫也者，以知帥人者也。玄冕齋戒[05]，鬼神陰陽也。將以為社稷主，為先祖後，而可以不致敬乎？共牢而食[06]，同尊卑也。故婦人無爵，從夫之爵，坐以夫之齒。器用陶匏[07]，尚禮然也，三王作牢用陶匏。厥明，婦盥饋[08]，舅姑卒食[09]，婦餕餘，私之也。舅姑降自西階，婦降自阼階[10]，授之室也。昏禮不用樂，幽陰之義也。樂，陽氣也。昏禮不賀，人之序也。

### 注釋

①取：通「娶」，迎娶。
②直信：正直誠實。
③摯：初次見人時所持的禮物。俗作「贄」。
④綏：挽以登車的繩索。
⑤玄冕：古代天子、諸侯祭祀的禮服。　齋戒：古人在祭祀前沐浴更衣、整潔身心，以示虔誠。

⑥共牢：牢，祭祀用的犧牲。古婚禮時，夫婦共食一牲。

⑦陶匏（ㄆㄠˊ）：泛指實用而合於古製的樂器用。

⑧盥饋：謂侍奉尊者盥洗及進膳食。

⑨舅姑：稱夫之父母。俗稱公婆。

⑩阼階：即東階。

## 譯文

　　天氣下降，地氣上升，天地間的氣息相互暢通，才能生發萬物。婚禮，是後世子孫萬代的開始。迎娶異姓女子，可以與疏遠的異姓結成姻親，又可以嚴別同血緣的人結親。訂婚送的聘禮一定要真誠有用，並且不要謙虛地說聘禮不豐厚。女方家要教育自己的女兒到了夫婿家要正直誠實。所謂的信，就是要認真的侍奉公婆。所謂的信，就是要遵守婦德。一旦與夫婿喝了交杯酒就永遠忠於丈夫，即使丈夫死了，也不再嫁。男子親自迎娶女子，迎娶時男子在前，女子尾隨其後，表現了男子剛而為主，女子柔而相隨的意思。這同天先於地，君先與臣的道理是一樣的。男子迎娶女子時要拿著見面禮，表明了夫妻間的區別。有了夫妻間的區別，父子才有真摯的親情；父子間有了親情，才有了人倫道義；有了人倫道義，禮才能產生。有了禮，人間萬物才能安定有序。如果男女間沒有區別，父子間就會沒有真摯的情感，人與人之間就會沒有道義，這就是一個沒有人倫的禽獸世界了。迎娶時，男女相見後，一同走出女子家，男子把登車的繩索交給女子，並親自駕著女子所乘的車走一段。隨後，把女子所乘的車交給車夫，男子再回到自己的車裡。男子親自把登車的挽繩交給女子，是為了表示對女子的尊敬。對女子的尊敬，實際是為了表示對女子的愛慕之情。家庭生活中夫妻雙方既敬又愛，先王能夠得到天下就是由此開始的。走出女方家大門時，男子率領女子走在前，女子服從男子尾隨其後，夫妻間的道義由此而生。所謂的婦人，就是要服從人。未出嫁時服從父親兄長，出嫁後服從丈夫，丈夫死了服從兒子。所謂的夫，就是丈夫，是依靠聰明才智率領別人的人。男子要穿著祭服進行齋戒以後，再親自去迎接女子，並用祭祀鬼神的虔誠的態度來對待婚禮。這是因為婚後男子即將成為一家之主，並肩負著傳宗接代的重任，所以能不用虔誠的態度來對待婚禮嗎？婚禮時夫妻吃一樣的飯，表示二人沒有尊卑之分，地位平等。所以婦人沒有爵位，只是隨從丈夫的爵位，座次也依照丈夫的輩分進行排列。夫妻一起

吃飯時用陶製的器皿，這是為了崇尚上古的禮節。夏、商、周三代時制定了這樣的禮節。結婚後的第二天早上，新婦侍奉公婆洗漱、吃飯，公婆吃完飯後，把剩下的飯菜賞賜給新婦吃，這是表示公婆對新婦的疼愛，並已經把她當作自家人了。用餐後，公婆從西階走下，新婦從東階走下，表示公婆已經把這個家交給新婦做主了。舉行婚禮的時候不奏樂，這是因為婚禮屬陰性的，而音樂是屬陽性。婚禮不慶賀，因為婚禮過後，公婆會把家交給新婦做主，並且新婦將要生育下一代，這就表示著公婆即將老去，身為人子，不忍心父母老去，所以不接受慶賀。

# ◎內　則

## ◆題解

　　本篇目主要記述家庭生活各成員間應該遵守的禮法，例如，兒媳侍奉公婆的禮法、公婆對待兒媳的禮法及夫妻間的禮法等等。還記述了相關的養老、食譜、育幼等禮法內容。

## ▌原文

　　1.子事父母，雞初鳴，咸盥漱，櫛縰笄總[01]，拂髦冠緌纓[02]，端　紳[03]，搢笏[04]。左右佩用，左佩紛帨、刀、礪、小觿、金燧[05]，右佩玦、捍、管、遰，大觿、木燧[06]。偪[07]、衿纓，屨著綦[08]。

## 注釋

　　①縰（ㄕˇ）：古時束髮用的布帛。笄總：謂插笄束髮。
　　②拂髦（ㄇㄠˊ）：拂拭垂髮。　緌（ㄖㄨㄟˊ）纓：古代帽帶的下垂部分。
　　③韠（ㄅㄧˋ）：皮製的蔽膝，用以遮蔽在衣裳前。　紳：束於腰間，一

頭下垂的大帶。

④搢笏(ㄐㄧㄣˋ ㄏㄨˋ)：插笏，用以記事備忘，不用時插在腰帶上。

⑤紛帨（ㄈㄣ ㄕㄨㄟˋ）：紛，拭物的佩巾，抹布。　觽（ㄒㄧ）：古代解結的用具。　金燧：古代向日取火的銅製工具。形狀像鏡。

⑥捍：古代射者左臂所著的皮質袖套。又名拾、遂。　管：古稱鑰匙。遰（ㄉㄧˋ）：刀鞘。　木燧：木製的鑽取火種的用具。

⑦偪（ㄅㄧ）：古代綁腿的布帛。

⑧綦（ㄑㄧˊ）：鞋帶。

## 譯文

行了冠禮的兒子侍奉父母，每天雞叫頭遍就起床洗漱，梳頭、用布包裹頭髮並插上髮簪。把拂拭齊眉的髮飾戴在頭上後再加冠，並繫好冠帶。穿好皮製的蔽膝並在腰間束好腰帶後，把用於記事的笏插在腰帶上。並在腰帶的左右佩戴侍奉父母時的用具，左邊佩戴著抹布、刀、礪石、解小結的小觽以及取火用的金燧，右邊佩戴著玦、捍、管、刀鞘、解大結的大觽以及鑽取火種的木燧。用布帛把腳和腿纏裹好，穿上鞋並繫好鞋帶。

## 原文

2.婦事舅姑，如事父母。雞初鳴，咸盥漱，櫛縰笄總，衣紳。左佩紛帨、刀、礪、小觽、金燧，右佩箴、管、線、纊[01]，施縏帙[02]，大觽、木燧。衿纓[03]，綦屨。以適父母舅姑之所，及所，下氣怡聲，問衣燠寒[04]，疾痛苛癢，而敬抑搔之。出入，則或先或後，而敬扶持之。進盥，少者奉盤[05]，長者奉水，請沃盥[06]，盥卒授巾。問所欲而敬進之，柔色以溫之。饘酏、酒醴、芼羹、菽、麥、蕡、稻、黍、粱、秫[07]，唯所欲。棗、栗、飴、蜜以甘之，堇、荁、枌、榆[08]，免、薧[09]，滫、瀡以滑之[10]，脂膏以膏之，父母舅姑必嘗之而後退。

## 注釋

①箴：後作「針」，縫衣的工具。　纊(ㄎㄨㄤˋ)：指棉絮。

②縏（ㄆㄢˊ）帙：小囊。

③纓：用以繫香囊。

④燠（ㄠˋ）：暖，熱。

⑤奉：通「捧」。　盤：用於沐浴盥洗或盛食承物的敞口、扁淺器皿。

⑥沃盥：澆水洗手。

⑦饘（ㄓㄢ）酏（一ˊ）：厚粥和薄粥。亦泛指粥。　芼（ㄇㄠˋ）羹：芼，通「毛」。用菜和肉做成的羹。　菽（ㄕㄨˊ）麥：豆與麥。　蕡（ㄈㄣˊ）：大麻的子實。　秫（ㄕㄨˊ）：粱米、粟米之黏者。

⑧堇(ㄐㄧㄣˇ)：紫堇，草本植物，花紫色。全草味苦，可入 。　荁（ㄏㄨㄢˊ）：草本植物，古人用以調味。　枌（ㄈㄣˊ）：木名，白色樹皮的榆樹。

⑨免（ㄨㄣˋ）：物之新生、稚弱者。　薧（ㄎㄠˇ）：乾的、醃製的。

⑩滫（ㄒㄧㄡˇ）：用澱粉拌和食物，使之柔軟滑爽。　瀡（ㄙㄨㄟˇ）：使食物柔滑的佐料。

## 譯文

兒媳侍奉公婆，就如同侍奉自己的父母。每天雞叫頭遍就起床洗漱，梳頭、用布包裹頭髮並插上髮簪，束好腰間的腰帶。並在腰帶的左右佩戴好侍奉公婆的用具，左邊佩戴著抹布、刀、礪石、解小結的小觿以及取火用的金燧，右邊佩戴著玦、捍、管、刀鞘、解大結的大觿以及鑽取火種的木燧。右邊佩戴針、鑰匙、線和棉絮，把四種物品放到一個小袋子裡，還佩戴著解大結的大觿以及鑽取火種的木燧。佩戴著香囊，穿上鞋並繫好鞋帶。一切準備妥當後，就前往父母、公婆住的地方。到了公婆住的地方後，要低聲細語地向公婆噓寒問暖，身體是否有痛癢不舒服。如果有痛癢不舒服的地方，媳婦就要恭敬地為公婆按摩痛處、搔撓癢處。公婆出入走動時，媳婦或在前或在後，要恭敬的扶著公婆。為公婆洗漱的時候，年齡小的捧著洗漱時用的器皿，年齡大的捧著水，請求給公婆澆水洗手，洗完手後把毛巾遞給公婆。問公婆需要什麼，然後恭敬地捧給公婆，要和顏悅色地對待公婆，讓公婆感到溫暖舒服。厚粥、薄粥、甜酒、加菜和肉的羹、豆、麥、炒熟的麻、稻、黍、穀子、高粱，這些食物只要是公婆想吃，就給他們做。食物中加上棗、栗子、飴、蜜這些東西，公婆吃起來就會香甜；加上堇菜、萱草、枌葉、榆葉，或者是用澱粉拌、或者加相應的佐料，會讓食物吃起來柔軟滑潤；加入動植物的油脂會讓食物變得更加美味。必須等到父母、舅姑嘗過飯菜後，媳婦才可以離開。

## ▶原文

3.男女未冠笄者，雞初鳴，咸盥漱，櫛縰，拂髦總角[01]，衿纓，皆佩容臭[02]。昧爽而朝[03]，問何食飲矣。若已食，則退。若未食，則佐長者視具。

### 注釋

①髦（ㄇㄠˊ）：古代兒童頭髮下垂至眉的一種髮式。　總角：古時兒童束髮為兩結，向上分開，形狀如角。

②容臭（ㄖㄨㄥˊ　ㄒㄧㄡˋ）：猶香囊。

③昧爽：拂曉；黎明。

### 譯文

男子沒有行冠禮、女子沒有行笄禮時，每天雞叫頭遍的時候，開始起床洗漱，梳頭並用布包裹頭髮，拂拭齊眉的頭髮，在頭的左右兩側各挽一個形如角的髮式，身上帶著香囊，裡面裝著香料。黎明的時候前去給父母請安，詢問父母都吃了些什麼、喝了些什麼。如果父母已經吃完飯，那麼就退下；要是父母還沒吃飯，那麼就協同長者侍奉父母用餐。

## ▶原文

4.凡內外[01]，雞初鳴，咸盥漱，衣服，斂枕簟，灑掃室堂及庭，布席，各從其事。孺子蚤寢晏起，唯所欲，食無時。由命士以上[02]，父子皆異宮。昧爽而朝，慈以旨甘[03]，日出而退，各從其事，日入而夕[04]，慈以旨甘。

### 注釋

①內外：泛指男女尊卑長幼。

②命士：古代稱受有爵命的士。

③旨甘：美好的食物。常指養親的食品。

④夕：指傍晚拜見尊長。

### 譯文

家裡不論男女、尊卑、長幼，每天只要是雞叫頭遍時，就都起來洗

漱，穿好衣服，收拾好臥蓆、放好枕頭，並打掃臥室、堂屋及院子，鋪設座蓆，各自做好自己份內的工作。只有幼兒可以早睡晚起，隨心所欲，吃飯沒有定時，不受成人禮節的約束。受有爵命的士及以上的官員，父母與兒子分宅居住。每天黎明的時候前去給父母請安，並懷著孝敬的心向父母獻上美好的食物。等到太陽出來後，從父母房間退出來，然後從事各自的事情。傍晚的時候再去拜見父母，懷著孝敬的心向父母獻上美好的食物。

## ▶原文

5.父母、舅姑將坐，奉席請何鄉<sup>①</sup>。將衽，長者奉席請何趾。少者執床與坐<sup>②</sup>，御者舉几<sup>③</sup>。斂席與簟<sup>④</sup>，懸衾篋枕<sup>⑤</sup>，斂簟而襡之<sup>⑥</sup>。父母舅姑之衣、衾、簟、席、枕、几不傳，杖屨祗敬之<sup>⑦</sup>，勿敢近。敦、牟、卮、匜<sup>⑧</sup>，非餕莫敢用。與恒食飲，非餕，莫之敢飲食。父母在，朝夕恒食，子婦佐餕，既食恒餕。父沒母存，冢子御食<sup>⑨</sup>，群子婦佐餕如初，旨甘柔滑，孺子餕。在父母舅姑之所，有命之，應唯敬對。進退周旋慎齊，升降出入揖遊，不敢噦噫、嚏咳、欠伸、跛倚、睇視<sup>⑩</sup>，不敢唾洟<sup>⑪</sup>。寒不敢襲<sup>⑫</sup>，癢不敢搔。不有敬事，不敢袒裼<sup>⑬</sup>，不涉不撅<sup>⑭</sup>，褻衣衾不見裡<sup>⑮</sup>。父母唾不見，冠帶垢，和灰請漱。衣裳垢，和灰請浣。衣裳綻裂，紉箴請補綴。五日，則燂湯請浴<sup>⑯</sup>，三日具沐，其間面垢，燂潘請靧<sup>⑰</sup>。足垢，燂湯請洗。少事長，賤事貴，共帥時<sup>⑱</sup>。

### 注釋

①鄉：通「向」，朝向。

②床：古代坐具。

③幾：古人坐時憑依或擱置物件的小桌。後專指放置小件器物的家具。

④簟：供坐臥鋪墊用的葦席或竹蓆。

⑤篋（くーせˋ）：小箱子，藏物之具。

⑥襡（ㄕㄨˊ）：收藏。

⑦祗敬：恭我敬。

⑧敦（ㄉㄨㄟˋ）：古代食器。牟：通「堥」。釜屬器皿。　卮（ㄓ）：古代一種酒器。　匜（ㄧˊ）：古代盛酒之具。

⑨冢子：長子。

⑩噦（ㄩㄝ）噫：打嗝兒。　跛（ㄅㄧˋ）倚：站立歪斜不正，倚靠於物。

⑪唾洟：即唾涕，吐唾沫。

⑫襲：穿衣加服。衣上加衣。

⑬袒裼（ㄒㄧˊ）：脫去上衣左袖，露出內衣。

⑭撅（ㄐㄩㄝ）：掀起衣裳。

⑮褻衣：內衣，貼身之衣。　見：通「現」。

⑯燂（ㄑㄧㄢˊ）：燒熱；熱。

⑰潘（ㄆㄢ）：淘米水。　靧（ㄏㄨㄟˋ）：洗臉。

⑱帥：遵循。

## 譯文

　　父母、公婆早晨起床後需要坐的時候，兒子、兒媳要捧著蓆子問父母、公婆想朝著哪個方向坐。父母、公婆坐累了，想要小憩的時候，年長的兒子、兒媳要捧著臥蓆，問父母、公婆睡覺時腳要朝向哪裡。父母、公婆休息後要起來坐時，由年小的兒子、兒媳拿著床讓父母、公婆坐，僕人拿著几讓他們在坐時依靠。父母、公婆起床後，僕人要收拾好臥蓆與竹蓆，並把被子懸掛起來，把枕頭放進竹箱子裡，捲好蓆子並把蓆子收藏到套子裡。父母、公婆的衣服、被子、竹蓆、大蓆、枕頭、靠几不敢輕易挪動地方。對父母、公婆的柺杖、鞋子也要恭敬，不敢輕易靠近。對敦、牟、卮、匜這些食器，不是在吃父母、公婆的剩飯時不敢隨便使用。父母、公婆日常的飯食，如果不是父母、公婆剩下的飯，就不敢與父母吃同樣的飯。父母都健在的時候，兒子媳婦每天早晚侍奉父母、公婆吃飯。父母、公婆吃完後，自己再吃父母剩下的飯。如果父親死了母親還健在，那麼就由長子親自侍奉母親吃飯，其他的兒子、兒媳依然像以前那樣侍奉母親吃飯，父母吃剩下的油水較多且美味的食物，就留給家裡的小孩吃。在父母、公婆的住所，如果他們有什麼吩咐，就恭敬應答，並輕聲細語地回應他們。在長者面前進退轉身，一定要謹慎小心。上堂、下堂、進出房屋，都要俯身行走，不敢當著父母、公婆的面打嗝兒、咳嗽、打噴嚏、伸懶腰、站立時歪斜不正以及斜視，不敢吐唾沫。當著父母、公婆的面冷了不敢加衣服，身上癢了也不敢搔撓。不是特殊的大事時，不敢在老人面前脫外衣露出內衣。如果不是涉水就不要掀起衣裳，貼身的內衣及被子的裡

子不能露出來。要隨時為父母、公婆擦拭鼻涕口水，不能任其流在外面。冠帶和衣裳髒了，就和灰及時清洗。父母的衣服破了，就要穿好針線請求給他們補衣服。每隔五天燒水給父母、公婆洗一次澡，每隔三天給父母、公婆洗一次頭髮。這期間如果父母、公婆的臉髒了，就燒好淘米水給父母、公婆洗臉。如果腳髒了，就燒好水，請給父母、公婆洗腳。年少的人侍奉年老的人，地位卑賤的人侍奉地位高貴的人，都要遵循這些規矩。

## ▶原文

6.男不言內，女不言外。非祭非喪，不相授器。其相授，則女受以篚①，其無篚則皆坐奠之而後取之②。外內不共井，不共湢浴③，不通寢蓆，不通乞假④。男女不通衣裳，內言不出，外言不入。男子入內，不嘯不指⑤。夜行以燭，無燭則止。女子出門，必擁蔽其面，夜行以燭，無燭則止。道路，男子由右，女子由左。

### 注釋

①篚（ㄈㄟˇ）：盛物的竹器。
②坐：古人鋪蓆於地，兩膝著蓆，臀部壓在腳後跟上，謂之「坐」。奠：放。　置；停放。
③湢（ㄅㄧˋ）浴：浴室。
④乞假：借貸。
⑤嘯：通「叱」，大聲呼喝。

### 譯文

男子主外，不過問家務事。女子主內，不過問家務事以外的公事。如果不是祭祀或喪事，男女間不能傳遞器具。如果必須傳遞東西，那麼女子必須用竹篚接受傳遞的東西。若當時沒有竹篚的話，男女都坐在蓆上，一方恭敬的把東西放在地上，另一方把東西從地上拿起。主外的男子與主內的女子不共用一口井，不共用浴室，不互用臥蓆，相互間不借貸，衣服不能互穿，即使夫婦也不能互穿衣服。女子掌管的家務事不說給男子聽，男子處理的公務事不說給女子聽。男子進入內宅，不能大聲呼喝，不能指手畫腳，夜裡外出行走要舉著火把，如果沒有火把就不要外出。女子外出的

時候，要遮掩自己的面部，夜裡外出行走要舉著火把，如果沒有火把就不要外出。如果男女在路上遇到了，相互間也要避嫌，男子走路的右邊，女子走路的左邊。

## ▶原文

7.子婦孝者、敬者，父母舅姑之命，勿逆勿怠。若飲食之，雖不耆[01]，必嘗而待。加之衣服，雖不欲，必服而待。加之事，人待之，己雖弗欲，姑與之，而姑使之，而後復之。子婦有勤勞之事，雖甚愛之，姑縱之，而寧數休之。子婦未孝未敬，勿庸疾怨，姑教之。若不可教，而後怒之。不可怒，子放婦出，而不表禮焉。

### 注釋

①耆：通「嗜」，愛好。

### 譯文

兒子、媳婦要孝敬父母、公婆，他們有吩咐的時候，要趕緊應答並積極去辦，不敢違逆怠慢。如果父母、公婆賞賜吃的，即使自己不喜歡吃，也要嘗一點兒。賞賜的衣服，即使自己不想穿，也要穿上。老人吩咐自己辦的事情，如果中間有人代勞去辦理了，即使不願意，也暫且讓代勞者去做，等到事情辦理完了，自己再親自處理一下。兒子、媳婦勤勉、辛苦地做事，父母、公婆即便心裡很心疼，但也姑且讓他們去做，哪怕叫他們多休息幾次。兒子、媳婦如果不孝敬父母、公婆，不必去怨恨他們，要耐心的教導他們。如果教導不受聽從的話，再發脾氣教訓他們。發脾氣訓斥也沒有作用的話，那就只好逐出不孝子、休掉媳婦。即便這樣，也不對外人說他們違禮的事情。

## ▶原文

8.父母有過，下氣怡色[01]，柔聲以諫。諫若不入，起敬起孝[02]，說則復諫[03]。不說，與其得罪於鄉黨州閭，寧孰諫。父母怒、不說，而撻之流血，不敢疾怨，起敬起孝。父母有婢子若庶子、庶孫[04]，甚愛之，雖父母沒，

沒身敬之不衰。子有二妾，父母愛一人焉，子愛一人焉，由衣服飲食，由執事，毋敢視父母所愛，雖父母沒不衰。子甚宜其妻，父母不說，出。子不宜其妻，父母曰：「是善事我。」子行夫婦之禮焉，沒身不衰。父母雖沒，將為善，思貽父母令名⑤，必果；為不善，思貽父母羞辱，必不果。舅沒則姑老，冢婦所祭祀、賓客，每事必請於姑，介婦請於冢婦。舅姑使冢婦，毋怠，不友無禮於介婦。舅姑若使介婦，毋敢敵耦於冢婦，不敢並行，不敢並命，不敢並坐。

### 注釋

①怡色：面露和悦之容。
②起敬：更加恭敬，產生敬慕之心。
③説：通「悦」。
④婢子：婢女所生之子。
⑤令名：美好的聲譽。

### 譯文

　　如果父母有過錯，身為兒女要面容和悦語氣和緩地勸諫父母。如果父母對自己的勸諫聽不進去，那麼就要更加地恭敬、孝順，等到老人高興的時候再次勸說。如果父母依然不聽勸說，與其讓因父母自己的過錯而得罪鄉親，不如兒女再三地勸諫父母。即使父母因此大怒、不高興，並且鞭打自己而流血，也不敢怨恨父母，而是更加地孝敬父母。如果父母對婢女所生的孩子像庶子、庶孫一樣疼愛的話，即便是父母死了，自己終生都要愛護他們，不敢有絲毫改變。兒子有兩個小妾，父母喜歡其中的一個，而兒子喜歡另外一個，兒子所喜歡的這個小妾，不管是吃穿用度還是在做事上，都不敢與父母所喜歡的小妾相比，即使父母死了也不能改變。兒子非常喜歡自己的妻子，但是父母非常討厭兒媳，兒子即使再喜歡，也要休掉妻子。兒子不喜歡妻子，但父母卻說：「她能很好地侍奉我們。」那麼兒子就要與她行夫婦間的禮節，並且終生不變。父母雖然死了，將要做好事的時候，想著能給死去的父母增加美好的聲譽，就要竭盡全力把事情辦好；將要做壞事的時候，想著這樣做就會讓死去的父母蒙羞，就絕對不要去做。公公死了，但婆婆年老，就把原來掌管的家務事交給長媳打理。長媳每次在辦理祭祀、宴請賓客等重要事情時，依然要請示婆婆，其他的兒

媳則要請教長媳。婆婆讓長媳辦事情，長媳即使身分很高，也不敢怠慢，並且與妯娌和睦相處。公婆如果讓其他兒媳辦事，其他兒媳也不敢與長媳的地位相匹敵，不敢與長媳並肩走路，不敢同長媳一起命令下人，不敢同長媳並排坐著。

## ▶原文

9.凡婦，不命適私室①，不敢退。婦將有事，大小必請於舅姑。子婦無私貨，無私畜，無私器，不敢私假，不敢私與。婦或賜之飲食、衣服、布帛、佩帨、芷蘭②，則受而獻諸舅姑，舅姑受之則喜，如新受賜，若反賜之則辭，不得命，如更受賜，藏以待乏。婦若有私親兄弟將與之，則必復請其故，賜而後與之。

### 注釋

①私室：私人的寢室；內房。
②芷(ㄓˇ)：香草名。　帨：手帕。

### 譯文

身為兒媳，當公婆不命令讓自己回到內室時，不敢擅自退下。如果兒媳有事情，不論大小，都要向公婆請示。兒子、兒媳沒有私財，沒有個人的積蓄，沒有私人所用的器物，不敢私自借用這些東西，不敢把這些東西私自送人。如果有人賞賜給媳婦吃的、衣服、布帛、佩巾、香草，那麼就要把這些賞賜的物品呈獻給公婆。如果公婆接受了，兒媳的內心就會像當初自己受到賞賜時一樣的高興。如果公婆又賞賜給自己，那麼就要推辭，如果公婆不允許，那麼就像自己又一次受賞一樣接受這些東西，並把他們收藏起來等到物品匱乏的時候拿出來使用。媳婦如果想要把這些東西送給自己的兄弟，那麼就要向公婆請示，等公婆允許了，再把東西送給自己的兄弟。

## ▶原文

10.凡食齊視春時①，羹齊視夏時，醬齊視秋時，飲齊視冬時。凡和，

春多酸，夏多苦，秋多辛，冬多鹹，調以滑甘<sup>02</sup>。牛宜稌<sup>03</sup>，羊宜黍，豕宜稷，犬宜粱，雁宜麥，魚宜菰<sup>04</sup>。春宜羔豚膳膏薌<sup>05</sup>，夏宜腒鱐膳膏臊<sup>06</sup>，秋宜犢麛膳膏腥<sup>07</sup>，冬宜鮮羽膳膏羶<sup>08</sup>。

注釋

①齊：通「劑」，調劑；調和。下同。

②滑甘：古時用以給菜肴調味的佐料。

③稌（ㄊㄨˊ）：稻；粳稻，植物名，即糯。禾木科稻屬。

④菰（ㄍㄨ）：即菰米嫩芽、果可食用。俗稱為「茭白筍」。

⑤膏薌：牛膏。古代調味八珍之一。

⑥腒（ㄐㄩ）：乾鳥肉。　鱐（ㄙㄨˋ）：乾魚。　膏臊：犬膏。古代調味八珍之一。

⑦膏腥：豕膏。古代調味八珍之一。麛(ㄋㄧˊ)：小鹿

⑧鮮：泛指魚類。羽：此處指大雁。　膏羶：羊膏。古代調味八珍之一。

譯文

　　食物的溫度要由食物本身的性質來決定。固體食物要像春天的氣溫一樣以溫為宜，湯類的食物要像夏天的氣溫一樣以燙為宜，醬類調製的食物要像秋天的氣溫一樣以涼為宜，冷飲類的食物要像冬天的氣溫一樣以寒為宜。凡是調和食物的口味，春天的時候要以酸味為主，夏天的以苦味為主，秋天以辛味為主，冬天的時候以鹹味為主，並加入讓食物變得潤滑甘甜的佐料。牛肉適宜和著稻飯一起吃，羊肉適宜和著黍飯一起吃，豬肉適宜和著粟飯一起吃，狗肉適宜和著高粱一起吃，雁肉適宜和著麥子吃，魚肉適宜和著菰米一起吃。春天的時候適宜吃小羊、小豬的肉，並用牛油來烹製；夏天的時候適宜吃乾鳥、乾魚的肉，並用狗油來烹製；秋天的時候適宜吃小牛、小鹿的肉，並用豬油來烹製；冬天的時候適宜吃魚肉、雁肉，並用羊油來烹製。

▶原文

　　11.肉曰脫之<sup>01</sup>，魚曰作之，棗曰新之，栗曰撰之，桃曰膽之<sup>02</sup>，柤、梨曰攢之<sup>03</sup>。牛夜鳴則庮<sup>04</sup>，羊泠毛而毳、羶<sup>05</sup>，狗赤股而躁、臊<sup>06</sup>，鳥鸚色

而沙鳴、鬱⑦，豕望視而交睫、腥⑧，馬黑脊而般臂、漏⑨。雛尾不盈握弗食⑩，舒雁翠⑪，鵠鴞胖⑫，舒鳧翠⑬，雞肝，雁腎，鴇奧⑭，鹿胃。肉腥細者為膾，大者為軒。或曰麋鹿魚為菹⑮，麇為辟雞⑯，野豕為軒⑰，兔為宛脾⑱，切蔥若薤，實諸醢以柔之。

## 注釋

①脫：肉剝皮去骨。

②膽：擇取，拂拭。

③柤（ㄓㄚ）：果木名，即山楂。　攢（ㄗㄢˇ）：穿孔，鑽入。

④庮（ㄧㄡˇ）：朽木散發的臭氣。

⑤泠：通「零」，零落。　毳（ㄘㄨㄟˋ）：毛糾結。　羶（ㄕㄢ）：指臊氣。

⑥赤股：謂股裡無毛。臊：腥臭的氣味。

⑦臕（ㄆㄧㄠˇ）：羽毛變色，失去光澤。

⑧交睫：上下睫毛相交。

⑨般：通「斑」，斑紋。漏：通「蔞」，一種臭氣。

⑩盈握：滿握。握，指一手所能握持的數量。

⑪舒雁：鵝的別稱。　翠：鳥尾上的肉。

⑫鵠：通稱天鵝。　鴞（ㄒㄧㄠ）：鳥名。又稱貓頭鷹。　胖（ㄆㄤˋ）：脅側薄肉；夾脊肉。

⑬舒鳧（ㄈㄨˊ）：野鴨。

⑭奧：鳥胃。

⑮菹（ㄐㄩ）：意思同文中的軒。

⑯麇（ㄐㄩㄣ）：獐子，似鹿。　辟（ㄅㄧˋ）雞：肉醬。

⑰宛脾：兔肉醬。

⑱薤（ㄒㄧㄝˋ）：多年生草本植物。

## 譯文

　　牲肉去掉筋骨叫作「脫」，魚類刮掉鱗片叫作「作」，擦掉棗上的土叫作「新」，挑選栗子叫作「撰」，拂拭桃子表面的絨毛叫作「膽」，山楂、梨去掉內核叫作「攢」。如果發現牲畜有以下情況時，就不適宜宰殺，如：牛在半夜鳴叫，牠的肉會散發臭氣；羊的體毛零亂、糾結，牠的肉會有臊氣味；狗的大腿內側不長毛並且脾氣暴躁，牠的肉會有腥臭氣味；

鳥的羽毛變色失去光澤並且鳴叫的聲音沙啞，牠的肉會有腐臭味；豬呆望遠處時上下睫毛相交，牠的肉會有腥氣。馬的脊骨是黑色的並且前腿有雜毛，牠的肉會有像螻蛄一樣的臭味。這些肉都不適宜食用。如果小雞的尾巴一手不能握持時不可以吃，鵝尾上的肉不能吃，天鵝、貓頭鷹的脇側薄肉不能吃，野鴨尾巴上的肉不能吃，雞肝、雁腎不能吃，鴇鳥的胃、鹿胃不能吃。凡是牲肉，不論體積的大小，肉切細了叫作「膾」，切成大片叫作「軒」。有人說麋、鹿、魚的肉要切成大片，獐子肉、野豬肉都要切細，兔肉也要細切成肉醬，切蔥、薤並醃漬在醋裡，可以攪拌到肉裡以除去肉的腥味。

## ▶原文

　　12.凡養老。有虞氏以燕禮，夏后氏以饗禮，殷人以食禮，周人修而兼用之。凡五十養於鄉，六十養於國，七十養於學，達於諸侯。八十拜君命，一坐再至[01]，瞽亦如之[02]，九十者使人受。五十異粻[03]，六十宿肉[04]，七十貳膳，八十常珍[05]，九十飲食不違寢，膳飲從於遊可也。六十歲制，七十時制，八十月制，九十日修，唯絞紟、衾、冒[06]，死而後制。五十始衰，六十非肉不飽，七十非帛不暖，八十非人不暖，九十雖得人不暖矣。五十杖於家，六十杖於鄉，七十杖於國，八十杖於朝，九十者天子欲有問焉，則就其室以珍從。七十不俟朝，八十月告存[07]，九十日有秩。五十不從力政[08]，六十不與服戎，七十不與賓客之事，八十齊喪之事弗及也。五十而爵，六十不親學，七十致政[09]，凡自七十以上，唯衰麻為喪[10]。凡三王養老皆引年[11]，八十者一子不從政，九十者其家不從政，瞽亦如之。凡父母在，子雖老不坐。有虞氏養國老於上庠[12]，養庶老於下庠[13]。夏后氏養國老於東序[14]，養庶老於西序[15]。殷人養國老於右學[16]，養庶老於左學[17]。周人養國老於東膠[18]，養庶老於虞庠[19]，虞庠在國之西郊。有虞氏皇而祭[20]，深衣而養老[21]。夏后氏收而祭，燕衣而養老。殷人冔而祭[22]，縞衣而養老。周人冕而祭，玄衣而養老。

### 注釋

　　①一坐：猶今一跪。古人「坐」如今跪，惟不直伸。
　　②瞽（ㄍㄨˇ）：失明的人，盲人。

③粻（ㄓㄤ）：米糧，指細糧。

④宿肉：隔日備肉；留肉過夜。

⑤珍：精美的食物。

⑥絞（ㄐㄧㄠˇ）紟：入斂時裹束屍體的束帶和衾被。　衾：覆蓋屍體的單被。　冒：古代殮屍的布囊，由上下兩截合成。

⑦告存：告誡，慰問。

⑧力政：力役之征。謂征人力以築城垣道路。

⑨致政：猶致仕。指官吏將執政的權柄歸還給君主。

⑩衰（ㄘㄨㄟ）：麻喪服，衰衣麻。

⑪引年：謂古禮對年老而賢者加以尊養。

⑫國老：指原來的任卿大夫的人。　上庠：古代的太學。

⑬庶老：指原來做士的人。　下庠：古代的小學。

⑭東序：夏代太學名。

⑮西序：夏代小學名。

⑯右學：即太學，我國古代設於京城的最高學府。

⑰左學：殷代的小學。

⑱東膠：周朝的太學名。

⑲虞庠：周朝的小學名。

⑳皇：畫著羽飾的一種冠。

㉑深衣：古代上衣、下裳相連綴的一種服裝。

㉒冔(ㄒㄩˇ)：殷代的冠名

## 譯文

　　凡是養老的禮節，各個朝代有所不同。有虞氏舉行燕禮，夏后氏舉行饗禮，殷人舉行食禮，周人把這些養老禮加以整合兼用。人到五十歲時，在鄉里舉行養老禮，六十歲時，在國都舉行養老禮，七十歲的時候在大學舉行養老禮，這種禮法從天子到諸侯都通用。人到了八十歲時，拜謝君王的命令時，只要跪拜一次再行稽首禮就可以了，失明的人也可享受這樣的待遇，九十歲的人遇到這種情況，就讓別人代跪。五十歲的老人日常生活中可以吃一些細糧，六十歲的老人每隔一天吃一次肉，七十歲的老人每天吃兩頓好飯，八十歲的老人可以經常吃精美的食物，九十歲的老人吃飯不離開自己平常住的地方。吃的東西老人在外出的時候可以隨身攜帶。六十歲的老人應該開始準備棺木類需要很長時間才能做好的喪具，七十歲的老

人應該置辦需要一個季節才能做好的喪具，八十歲的老人應該準備那些需要一個月才能做好的喪具，九十歲的人開始準備那些隨時可做成的喪具。入斂時裹束屍體的束帶、衾被、覆蓋屍體的單被以及殮屍的布囊，等到人去世後再準備。五十歲的時候人衰老，六十歲的時候如果每天不吃肉身體的營養不足，七十歲的時候不穿著真絲做的衣服就覺得不暖和，八十歲的時候如果不靠著人就覺得不暖和，九十歲的時候即使靠著人也會覺得不暖和。五十歲的老人可以在家裡拄枴，六十歲的老可以在鄉里拄枴，七十歲的老人可以在國都內拄枴，八十歲的老人可以在朝堂拄枴。天子如果想就有關問題向九十歲的老人諮詢時，就要攜帶珍貴的物品親自到老人家裡。七十歲的老人不在朝堂上侍候，天子每月都要派人去慰問八十歲的老人，對於九十歲的老人，天子要每天派人送去美食。五十歲的老人不服力役，六十歲的老人不服兵役，七十歲的老人不參加賓客應酬，八十歲的老人不參加喪祭禮。大夫到了五十歲的時候可以封爵位，六十歲的老人就不親自到學校裡去學習了，七十歲的老人就可以移交工作告老還鄉了。凡是七十歲以上的老人，如果有親人去世了，只要穿著衰衣麻絰(ㄉㄧㄝˊ)的喪服就可以了。夏、商、周三朝的時候在舉行養老禮後，都對年老且賢能的人加以尊養。凡是八十歲的老人，可以有一個兒子不服徭役，凡是家裡有九十歲的老人，全家人都不用服徭役，盲人也受同等待遇。只要父母健在，無論兒子的年齡有多大，都不能當著父母的面坐著。有虞氏在上庠為國老舉行養老禮，在下庠為庶老舉行養老禮。夏代在東序為國老舉行養老禮，在西序為庶老舉行養老禮。殷代在右學為國老舉行養老禮，在左學為庶老舉行養老禮。周朝的時候在東膠為國老舉行養老禮，在虞庠為庶老舉行養老禮，而虞庠建在國都西邊的郊區。有虞氏戴著畫有羽飾的帽參加祭祀，穿著上衣、下裳相連綴的深衣舉行養老禮。夏后氏戴著名為「收」的帖子參加祭祀，穿著燕衣舉行養老禮。到了殷朝戴著名叫「冔」的帽子參加祭祀，穿著白絹衣裳舉行養老禮。周代的人戴著冕參加祭祀，穿著玄衣舉行養老禮。

## ▌原文

13.曾子曰：「孝子之養老也，樂其心不違其志，樂其耳目，安其寢處，以其飲食忠養之孝子之身終，終生也者，非終父母之身，終其身也。

是故父母之所愛亦愛之，父母之所敬亦敬之，至於犬馬盡然，而況於人乎？」凡養老，五帝憲[01]，三王有乞言[02]。五帝憲，養氣體而不乞言，有善則記之為惇史[03]。三王亦憲，既養老而後乞言，亦微其禮，皆有惇史。

（注釋）

①憲：效法。

②乞言：古代帝王及其嫡長子養一些德高望重的老人，以便向他們求教，叫乞言。

③惇（ㄉㄨㄣ）史：有德行之人的言行紀錄。

【譯文】

　　曾子說：「孝子贍養父母，就要讓父母內心快樂並且不違背父母的意願，讓父母聽好聽的，看好看的，讓他們的身心愉悅。安置好父母的住所，讓他們舒適地居住。用好的飲食以及忠心奉養父母，要保持這樣的孝行到孝子身終。所謂的終生，並不是終父母一生，而說的是終孝子之身。所以父母喜歡的孝子也要去喜歡，父母所尊敬的孝子也要去尊敬，這就連動物都能做到，更何況是人呢？」古代的帝王舉行養老禮，五帝時候重在效法老人的德行，三王時候重在向老人「乞言」。五帝時候重在效法老人的德行，為了讓老人能夠靜養、保養身體，而不當面向老人求教，老人好的品行，就由身邊的人記錄下來作為「惇史」。三王時候也效法老人的德行，即在舉行了隆重的養老禮後，讓老人親自講述善道。老人說的話要記錄下來，作為「惇史」來教育人。

# ◎玉　藻

◆題解

　　本篇主要記載了天子、諸侯的服飾、冠冕、居處、飲食等方面的禮儀制度，同時涉及古代的名物制度。因為本篇以「天子玉藻」開頭，所以用「玉藻」作為本篇的題目。

## ◤原文

1.古之君子必佩玉，右徵角①，左宮羽②。趨以《採齊》，行以《肆夏》，周還中規③，折還中矩④，進則揖之⑤，退則揚之，然後玉鏘鳴也⑥。故君子在車，則聞鸞和之聲，行則鳴佩玉，是以非辟之心⑦，無自入也。

### 注釋

①徵（ㄓˇ）：古五音之一。　角（ㄐㄩㄝˊ）：古五音之一。宮、商、角、徵、羽。

②宮羽：五音中的宮音與羽音。

③周還：即周旋，轉身。

④折還：即折旋，拐彎。

⑤揖：俯。

⑥鸞和：鸞與和。古代車上的兩種鈴子。

⑦辟：通「僻」，邪僻，偏離正道。

### 譯文

古代的君子會佩戴玉飾品，因為玉象徵著君子溫柔敦厚的品性。玉會隨著君子的步伐相互碰撞發出聲音，右邊的玉碰撞後發出徵音、角音，左邊的玉碰撞後發出宮音、羽音。快步走路的時候，玉碰撞發出的聲音要與《採齊》樂的節拍相符合；慢步走路的時候，玉碰撞發出的聲音要與《肆夏》樂的節拍相符合。轉身回轉時要走圓形，形如圓規；拐彎的時候要走直角，形如矩。前進時身體微俯，後退時身體略微後仰，這樣玉珮就會相互撞擊發出清越的聲音。所以君子乘車的時候，就聽到鸞鈴鐺與和鈴鐺碰撞發出的聲音，走路的時候就聽到玉珮撞擊發出的聲音。這些聲音都非常的清越美妙，因而那些邪思惡念就無法進入君子的內心了。

## ◤原文

2.君在不佩玉，左結佩，右設佩，居則設佩，朝則結佩，齊則綪結佩而爵韠①。凡帶必有佩玉，唯喪否。佩玉有沖牙②。君子無故，玉不去身，君子於玉比德焉。天子佩白玉而玄組綬③，公侯佩山玄玉而朱組綬④，大夫佩水蒼玉而純組綬，世子佩瑜玉而綦組綬⑤，士佩瓀玟而縕組綬⑥。孔子佩象

環五寸，而綦組綬。

①齊：通「齋」，齋戒。 綪（ㄑㄧㄢˋ）：屈曲。紅色的絲織品。爵韠（ㄅㄧˋ）：古代士朝服的蔽膝。

②沖牙：古代佩玉部件之一種。

③組綬：古人佩玉，用以繫玉的絲帶。

④玄玉：黑色的玉。

⑤綦（ㄑㄧˊ）：指青黑色。 瑜玉：美玉。

⑥瓀（ㄖㄨㄢˇ）玟（ㄇㄧㄣˊ）：似玉的美石。 縕（ㄩㄣ）：赤黃色；淺赤色。在紅色和黃色之間的一種顏色。

朝拜國君的時候不佩戴玉飾品，要把戴在左邊的玉珮繫起來，避免其發出聲音，右邊的玉可以像平時一樣的垂掛著。日常生活中左右都要垂掛玉珮，朝見國君的時候就要把左邊的玉珮繫起來，在齋戒的時候把左右的玉珮繫起來，並屈曲到蔽膝上。凡是衣帶上都會佩玉，只有在辦喪事的時候不佩玉。佩玉的部件之一叫作沖牙。君子如果沒有什麼特殊的事情，佩玉必須要隨身攜帶，因為玉象徵著美好的德行，所以要經常佩戴在身上。天子佩戴白色的玉，並用玄色的絲帶繫玉；三公及諸侯佩戴山玄色的玉，並用紅色的絲帶繫玉；大夫佩戴水蒼色的玉，並用白色的絲帶繫玉；世子佩戴著美玉，並用青黑色的絲帶繫玉；士佩戴的是似玉的美石，並用赤黃色的絲帶繫玉。孔子佩戴的是用象牙做的五寸大小的環，並用青黑色的絲帶繫著。

3.童子之節也⓪¹，緇布衣錦緣，錦紳⓪²，並紐錦⓪³，束髮皆朱錦也。童子不裘不帛，不屨絇⓪⁴，無緦服⓪⁵。聽事不麻，無事則立主人之北面，見先生從人而入。侍食於先生異爵者，後祭先飯。客祭，主人辭曰：「不足祭也。」客飧⓪⁶，主人辭以疏。主人自置其醬，則客自徹之。一室之人，非賓客，一人徹。壹食之人⓪⁷，一人徹。凡燕食⓪⁸，婦人不徹。食棗桃李，弗

致於核，瓜祭上環⑨，食中棄所操。凡食果實者後君子，火孰者先君子。有慶，非君賜不賀。孔子食於季氏，不辭，不食肉而飧。

## 注釋

①童子：未成年的男子。

②紳：古代士大夫束於腰間，一頭下垂的大帶。

③紐：帶的結扣。

④絇（ㄑㄩˊ）：古時鞋頭上的裝飾，有孔，可穿繫鞋帶。

⑤緦（ㄙ）服：喪服名，五服中最輕的一種，服喪期只有三個月。

⑥飧（ㄙㄨㄣ）：指已飽之後再用湯水泡飯吃。表示讚美主人的飯菜。

⑦壹食：聚在一起吃飯，會餐。

⑧燕食：古代帝王、大夫、士、庶人日常的午餐和晚餐。

⑨瓜祭：謂食瓜薦新，必先祭祖，示不忘本。

## 譯文

　　未成年的男子衣著與成年人不同，穿黑色的衣服，並用彩色花紋布裹邊，腰裡繫錦紳帶，帶的兩頭用結扣連結，用紅色的錦布束頭髮。未成年的男子不穿毛皮及絲棉製成的衣服，不穿有絇飾的鞋，遇到喪事不穿緦服。未成年的男子到喪家聽命行事時，不繫葛麻布帶，如果主人沒有差遣時，就站在主人的北面，如果要拜見老師的時候，要跟隨大人一起去。陪侍老師或者地位比自己高的人吃飯時，先嘗飯，再行食祭禮。如果看見客人進行食祭禮時，主人要推辭說：「不用勞煩施行食祭禮了。」客人吃飽之後用湯水泡飯吃，以表示讚美主人的飯菜好。這時，主人要推辭說粗茶淡飯招待不周。如果飯前主人親自給客人設置醬，那麼吃完飯後，客人要親自把醬撤下去。如果沒有外人而是一家人在一起吃飯，那麼飯後就由年輕人撤下餐具。如果大家聚在一起吃飯，聚餐完畢後，也由年輕人撤下餐具。如果是日常的午餐和晚餐，婦人在飯後不用撤下餐具。吃棗子、桃子、李子時，不能吃到只剩核時再丟掉。吃瓜前先祭神，祭時用上段，自己吃中段，把手拿的部分最後扔掉。凡是吃果子時，要由君子先吃，用火烹製的食物，要先為君子品嘗。有喜慶的事情，如果沒有得到國君的賞賜，那麼就不進行慶賀。孔子在季氏家吃飯時，季氏失禮沒有行推辭禮，所以孔子也不依禮行事，還沒有吃肉，就用湯水泡飯吃，讚美主人的飯

菜。

## ▌原文

4.君賜車馬，乘以拜賜。衣服，服以拜賜。君未有命，弗敢即乘服也。君賜，稽首[01]，據掌致諸地。酒肉之賜，弗再拜。凡賜，君子與小人不同日。凡獻於君，大夫使宰，士親，皆再拜稽首送之。膳於君，有葷桃茢[02]，於大夫去茢，於士去葷，皆造於膳宰。大夫不親拜，為君之答己也。大夫拜賜而退，士待諾而退，又拜，弗答拜。大夫親賜士，士拜受，又拜於其室。衣服，弗服以拜。敵者不在，拜於其室。凡於尊者有獻，而弗敢以聞。士於大夫不承賀，下大夫於上大夫承賀。親在，行禮於人稱父，人或賜之，則稱父拜之。禮不盛，服不充，故大裘不裼[03]，乘路車不式[04]。

### 注釋

①稽（ㄑㄧˇ）首：古時一種跪拜禮，叩頭至地，是九拜中最恭敬者。

②葷：指辛味的菜。　如：蔥、蒜、韭、薤之類。　茢（ㄌㄧㄝˋ）：苕帚。古用以掃除不祥。

③大裘：古時天子祭天的禮服。　裼（ㄒㄧˊ）：古行禮時，開出上服前襟，袒出上服左袖，以左袖插於前襟之右，而露出中衣。

④乘（ㄕㄥˋ）路：即玉路，周代天子所乘之車。

### 譯文

國君賞賜了車馬或者衣服，除了當時謝恩外，受賞者還要乘著賞賜的車或者穿著賞賜的衣服再去拜謝國君。國君賞賜的物品，如果國君沒有命令，就不敢乘、也不敢穿。國君如果下令賞賜，那麼受賞者要行稽首禮，即兩手覆地，叩頭至地。如果國君賞賜的是酒肉，當時拜謝後，就不用再拜謝了。國君賞賜臣下時，地位不同的臣子，不能在同一天進行賞賜。臣下有物品要獻給國君，大夫要派冢宰向國君進獻物品，士要親自向國君進獻物品，進獻物品時要行再拜稽首禮。如果向國君進獻熟食時，同時要附送蔥、蒜、韭、薤之類的辛味菜，桃枝以及苕帚。如果送給大夫熟食，那麼就要去掉苕帚，如果送給士熟食還要去掉蔥、蒜、韭、薤之類的辛味菜，只附送桃枝，並把熟食交送給主管飲食的膳宰。大夫之所以派冢宰去

送禮，是因為怕勞煩國君親自出來向自己答拜。大夫拜謝國君的賞賜，只要在君主門前行過拜謝禮就可以了，士在君主門前行完拜謝禮，還必須要等到小臣出來告知國君已經知道了，並再一次行拜謝禮，國君不需再回應，士在這個時候才能退下。大夫賞賜物品給士，士除了當面拜謝外，隨後還要親自到大夫家裡去拜謝。如果大夫賞賜給士的是衣服，士到大夫家裡拜謝的時候不用穿著賞賜的衣服。地位相等的人相互贈送物品，如果受贈者不在家，回家後要親自到賜者家裡拜謝。如果向尊貴的人進獻物品時，不敢直接向尊貴者說。士與大夫地位懸殊大，不敢勞駕大夫親自來道賀，下大夫與上大夫二者間的地位懸殊小，下大夫就可以接受上大夫的道賀。如果父母健在，就要用父母的名義來送禮。如果受到賞賜，那麼就要用父母的名義來拜謝。如果舉行的禮不是很隆重，那麼行禮時，就可以敞開上衣前襟，脫掉上衣左袖，露出中衣。所以天子穿大裘舉行祭天禮時，就不能露出裡面的裼衣，乘著玉路車去祭天時，途中不能舉行軾禮。

## ▶原文

5.父命呼，唯而不諾，手執業則投之，食在口則吐之，走而不趨。親老，出不易方，復不過時。親癠色容不盛①，此孝子之疏節也。父歿而不能讀父之書，手澤存焉爾。母歿而杯圈不能飲焉②，口澤之氣存焉爾。

### 注釋

①癠（ㄐㄧˋ）：生病。
②杯圈：一種木質的飲器。

### 譯文

父親命人前來叫兒子，兒子要高聲的應「唯」，不能低聲的應「諾」，要趕緊前往父親住處，如果當時手裡正拿著東西就要放下，嘴裡含著食物，也要吐出來，要快速跑到（不能小跑）父親的身邊。父母上了年紀，兒子外出時一定要有個固定的地方，並且按時回家面見父母。如果父母身體有病，身為兒子就應因擔憂而不注重自己的容貌儀表。以上這些行為只能說是一般孝子孝行的粗略表現，還稱不上至孝。父親去世後，不忍心翻閱父親以前用過的書，因為父親的手跡留在上面。母親去世後，不

忍心用母親的喝水杯喝水，因為母親的口澤氣息還留在上面。

## ▶原文

6.君入門，介拂闑①，大夫中棖與闑之間，士介拂棖②。賓入不中門，不履閾③，公事自闑西，私事自闑東。君與屍行接武④，大夫繼武⑤，士中武⑥，徐趨皆用是。疾趨則欲發而手足毋移，圈豚行不舉足⑦，齊如流⑧，席上亦然。端行⑨，頤霤如矢⑩。弁行⑪，剟剟起屨⑫，執龜玉，舉前曳踵，蹜蹜如也⑬。凡行容惕惕⑭，廟中齊齊，朝庭濟濟翔翔⑮。

### 注釋

①闑（ㄋㄧㄝ丶）：古代門中央所豎短木。　介：即上介，古代外交使團的副使或軍政長吏的高級助理。

②棖（ㄔㄥˊ）：古代門兩旁豎的木柱。

③閾（ㄩ丶）：門檻。

④接武：步履相接。謂小步前進。

⑤繼武：謂足跡相接。

⑥中武：前後相間一足之地。

⑦圈（ㄐㄩㄢ丶）豚：徐步趨行貌。

⑧齊（ㄐㄧ丶）：泛指長衣的下襬。

⑨端行：謂直身而行。

⑩頤霤：謂下巴下垂如同屋簷一樣。

⑪弁行：快速行走。

⑫剟剟（ㄧㄢˇㄧㄢˇ）：起行貌。

⑬蹜（ㄙㄨㄛ丶）：小步趨走。

⑭惕惕（ㄕㄤ ㄕㄤ）：形容行路身正而步快。

⑮翔翔：莊敬貌。

### 譯文

前來拜訪的國君從闑的西邊進入，上介尾隨國君挨著闑從闑的東邊進入，大夫介尾隨上介從西棖與闑的中間進入，士介尾隨大夫介從西棖的西邊進入。來訪的客人不從正門進入，不能踩著門檻進入。如果是公家的事就從闑的西邊進入，如果是私人的事就從闑的東邊進入。在宗廟中，因為

地位高低的不同，走路時的步法也不同。國君和屍走路的時步履相接，大夫走路時足跡相接，士走路時前後腳間隔一足的距離，無論快慢都用這種步法。日常走路時，即使快步直走也不能隨意擺動手腳，按照一定的路線拐彎時，腳要擦地行走，而且要讓長衣的下襬如流水般垂下來，入席、離席的步法也是如此。直身走路時，下巴要下垂的如屋簷一樣，邁出的步伐像發出的箭一樣穩健。快步走路時，腳要迅速地抬起、落下，此時身體好像要從地面上騰起來一樣，手裡拿著龜甲和寶玉走路時，要舉起腳前，拖著腳跟，並且步伐緊湊。凡在路上行走要顯出端莊緊迫的神態，在宗廟裡行走時要顯出端莊誠懇的神態，在朝廷上走路時要保持莊敬的神情。

## ▶原文

7.君子之容舒遲，見所尊者齊①。足容重，手容恭，目容端，口容止，聲容靜，頭容直，氣容肅，立容德，色容莊，坐如屍，燕居告溫溫②。凡祭，容貌顏色，如見所祭者。喪容累累，色容顛顛③，視容瞿瞿梅梅④，言容繭繭⑤。戎容暨暨⑥，言容詻詻⑦，色容厲肅，視容清明。立容辨卑毋諂⑧，頭頸必中，山立時行⑨，盛氣顛實⑩，揚休玉色⑪。

（注釋）

①齊（ㄐㄧˋ）（ㄙㄨˋ）：疾速。

②溫溫：柔和貌；謙和貌。

③顛顛（ㄉㄧㄢ）：憂思貌。

④瞿瞿（ㄑㄩ）：驚視不安貌。　梅梅：昏暗不清貌。

⑤繭繭：聲氣低微貌。

⑥暨暨：果斷剛毅貌。

⑦詻詻（ㄜˋㄜˋ）：嚴肅貌。

⑧辨（ㄅㄧㄢˋ）卑：猶謙恭。

⑨山立：像高山一樣屹立不動。

⑩顛（ㄉㄧㄢ）實：充實；塞滿。

⑪揚休：揚，通「陽」。謂陽氣生養萬物。

## 譯文

君子日常生活中儀容要端莊優雅，看見尊長要快速迎上去。走路時腳步要穩重，不能東倒西歪；抬起手時要恭敬，不能隨意擺動；眼睛要直視前方，不能斜視；嘴要閉起來，不能蠕動；說話時語氣要平和，不能發出怪聲；頭要端正，不能偏斜；站立要端正，不能倚門靠角；面容要莊重，坐的時候要像受祭的屍一樣敬重莊嚴。君子閒居教使人時，態度要柔和，不能讓人覺得害怕恐懼。君子參加祭祀時，表現出來的神情舉止，就像看到了受祭的先人一樣。服喪時身形消瘦，身心疲憊，面容看起來憂心忡忡，眼神看起來驚視不安、昏暗不清，說話時有氣無力。君子在軍隊裡，態度要果斷剛毅，說話要嚴肅認真，神態要威嚴莊重，眼神要清察明審。君子在站立的時候要謙恭，但不諂媚，頭頸要端正，要像山一樣屹立不動，到了該移動的時候再移動，身上要充滿浩然正氣，君子的臉色就像玉一樣溫潤。

## 原文

8.凡自稱，天子曰「予一人」，伯曰「天子之力臣」。諸侯之於天子曰「某土之守臣某」，其在邊邑，曰「某屏之臣某」，其於敵以下曰「寡人」，小國之君曰「孤」，擯者亦曰「孤」[01]。上大夫曰「下臣」，擯者曰「寡君之老」，下大夫自名，擯者曰「寡大夫」。世子自名，擯者曰「寡君之嫡」，公子曰「臣孽」[02]。士曰「傳遽之臣」[03]，於大夫曰「外私」[04]。大夫私事使，私人擯則稱名，公士擯則曰「寡大夫、寡君之老」[05]。大夫有所往，必與公士為賓也[06]。

## 注釋

①擯：通「儐」，天子接待諸侯的人叫作儐。諸侯朝見天子協助自己行禮的人叫作介。

②公子：古代稱諸侯之庶子，以別於世子。

③遽（ㄐㄩˋ）：傳車，驛馬。

④外私：古代士對本國大夫的自稱。

⑤公士：在官之士；公家之士。

⑥賓：通「儐」。

## 譯文

　　不同地位的人自我稱呼的方法不一樣，天子稱自己為「予一人」，伯自稱為「天子之力臣」。諸侯對著天子自稱為「某土之守臣某」，如果諸侯來自邊遠的地方那麼對著天子就自稱為「某屏之臣某」。諸侯面對與自己地位相等或者地位低的人就自稱「寡人」，如果是小國的國君就自稱「孤」，擯者向天子稟報時稱他為「孤」。上大夫面對自己國家的國君時自稱為「下臣」，出使外國，受訪國的擯者向國君稟報時稱他為「寡君之老」。下大夫面對國君時就自稱名，出使外國時，受訪國的擯者面向國君稟報時稱他為「寡君之嫡」，公子面對國君時自稱「臣孽」。士面對國君時自稱「傳遽之臣」，士面對大夫時自稱「外私」。大夫如果因個人的私事出使國外，當自己的家臣作為儐者向受訪國的國君傳話時，就直接稱大夫的名，大夫如果因公事出使國外時，用公士作為儐者向受訪國的國君傳話時，就稱大夫為「寡大夫」或者「寡君之老」。大夫因公事出使他國時，一定要以公士作為傳遞辭令的人。

## ◎大　傳

### ◆題解

　　本篇主要記載的是宗法制度、喪服制度以及祭法等內容。因為本篇列在《喪服小記》的後邊，而且兩者內容多有相同，所以古人懷疑其與《喪服小記》有關，二者都是為《儀禮喪服》篇所作的傳記。

### ▌原文

　　1.禮，不王不禘[01]。王者禘其祖之所自出，以其祖配之[02]。諸侯及其大祖[03]。大夫士有大事，省於其君，干祫[04]，及其高祖。牧之野，武王之大事也。既事而退，柴於上帝[05]，祈於社，設奠於牧室[06]。遂率天下諸侯，執豆籩[07]，逡奔走[08]。追王大王亶父、王季歷、文王昌[09]，不以卑臨尊也。上治

祖禰⑩，尊尊也；下治子孫，親親也；旁治昆弟，合族以食⑪，序以昭繆⑫，別之以禮義，人道竭矣。

**注釋**

①禘（ㄉㄧˋ）：古代對天神、祖先的大祭。

②配：即配祭。古帝王祭天，以先祖配祭。

③大祖：即太祖。

④干：求；請求。　祫（ㄐㄧㄝˊ）：即祫祭，古代天子諸侯所舉行的集合遠近祖先神主於太祖廟的大合祭。

⑤柴：即柴祭，古代祭禮之一。燒柴祭天。

⑥牧室：傳說周武王伐紂時築於牧野的館室。

⑦豆籩（ㄅㄧㄢ）：祭器。木製的叫豆，竹製的叫籩。

⑧逡：通「駿」。急速。

⑨追王（ㄨㄤˋ）：謂給死者追加王號。

⑩祖禰（ㄋㄧˇ）：先祖和先父。亦泛指祖先。

⑪合族：聚集全族的人。　食（ㄙˋ）：即食禮，古代宴請之禮的一種。

⑫昭繆(ㄇㄨˋ)：繆，通「穆」。古代祭祀時，子孫按宗法制度的規定排列行禮。

**譯文**

　　禮法規定，如果不是天子就不能舉行禘祭。天子祭拜生育他們始祖的天帝，並用始祖配祭。諸侯祭祀祖先時，最遠只能推及到建國的太祖。大夫、士如果有大的功勳，那麼要稟告國君，請求進行大合祭，祭祀祖先時，最遠只能推及到高祖。牧野之戰，周武王打敗了商紂王，周武王因此立下了大的功勳。戰爭結束後，武王就燒柴祭天，又向土地神祈福，並且到牧野的館室裡祭祀祖先。於是就率領天下的諸侯拿著豆籩，急速地往來奔走忙著祭祀。並追尊曾父亶父為太王、先祖季歷為王、先父昌為文王。給死去的祖先追加王號，目的是為了不讓自己顯得尊貴，而祖先卑賤。向上為自己的先祖先父端正名分，這是尊敬尊貴者；向下確立子孫親疏遠近的關係，這是要愛戴血緣親屬；從旁治理好同族兄弟間親疏遠近的關係，並且聚集全族的人舉行食禮，子孫按宗法制度的規定排列行禮。根據禮義的規定，區別上述幾種關係，人道倫常就表現在這裡面了。

## ▉原文

2.聖人南面而聽天下[01]，所且先者五，民不與焉。一曰治親；二曰報功；三曰舉賢；四曰使能；五曰存愛[02]。五者一得於天下，民無不足、無不贍者。五者，一物紕繆[03]，民莫得其死。聖人南面而治天下，必自人道始矣。立權度量，考文章[04]，改正朔[05]，易服色[06]，殊徽號[07]，異器械，別衣服，此其所得與民變革者也。其不可得變革者則有矣，親親也，尊尊也，長長也，男女有別，此其不可得與民變革者也。

### 注釋

①南面：古代以坐北朝南為尊位，因用以指居帝王或諸侯、卿大夫之位。

②存愛：謂心懷仁愛之思。

③紕繆(ㄆㄧ　ㄇㄧㄡˋ)：錯誤。

④文章：禮樂制度。

⑤正朔：謂帝王新頒的曆法。

⑥服色：車馬和祭牲的顏色。歷代各有所尚。

⑦徽號：旗幟的名號。指旗的式樣、圖案、顏色。舊時作為新興朝代或某一帝王新政的標誌之一

### 譯文

天子坐北朝南治理天下，首先要治理的有五件事，而百姓的事情還不包括其中。第一，治理親屬的關係；二，賞賜有功勳的官員；三，推舉賢能的人；四，任命賢能的人；五，心懷仁愛之思。這五件事如果都能做到的話，那麼百姓沒有不知足的、沒有不富足的。這五件事，如果有一件出現錯誤，那麼百姓就沒辦法保全性命了。天子坐北朝南治理天下，一定要以人道倫常為本。設立統一的度量單位，考正國家的禮樂制度，修訂帝王新頒的曆法，改變車馬和祭牲的顏色，設定不同的名號的旗幟，使用不同的工具，穿不同於以前的衣服，這些都可以隨著時代的變化而變化。其中也有不變的，那就是愛戴有血緣關係的人，敬重地位尊貴的人，順從年長的人，男女有別，這些都是不能與百姓進行變革的。

## ▶原文

3.同姓從宗①，合族屬。異姓主名②，治際會，名著③，而男女有別。其夫屬乎父道者，妻皆母道也。其夫屬乎子道者，妻皆婦道也。謂弟之妻婦者，是嫂亦可謂之母乎？名者人治之大者也，可無慎乎？四世而緦④，服之窮也。五世袒免⑤，殺同姓也⑥。六世，親屬竭矣，其庶姓別於上，而戚單於下⑦，昏姻可以通乎？系之以姓而弗別，綴之以食而弗殊，雖百世而昏姻不通者，周道然也。

### 注釋

①宗：即宗子，古代宗法制度稱大宗的嫡長子。

②主名：確定名稱、名分。

③名著：名分明確。

④四世：指與死者同一高祖，而自己與死者屬於高祖下的第五代。　緦：即緦麻。古代喪服名。五服中之最輕者，孝服用細麻布製成，服期三月。凡本宗為高祖父母，曾伯叔祖父母，族伯叔父母，族兄弟及未嫁族姊妹，外姓中為表兄弟，岳父母等，均服之。　緦（ㄙ）：製作喪服的細麻布。

⑤五世：家族世系相傳的五代。父子相繼為一世。　袒免：袒衣免冠。古代喪禮，凡五服以外的遠親，無喪服之制，唯脫上衣，露左臂，脫冠紮髮，用寬一寸布從頸下前部交於額上，又向後繞於髻，以示哀思。

⑥殺（ㄕㄞˋ）：減省、減輕。

⑦戚：指親屬、親戚。　單：通「殫」，盡，竭盡。

### 譯文

同姓的人要遵從宗子，目的是為了能夠聚集全族的人。異姓的人要靠名分來確立相互間的關係，只有名分明確了，男女間才能有所區別。如果丈夫屬於父輩的，那麼嫁過來的異姓妻子就屬於母輩的。如果丈夫是屬兒子輩的，那麼嫁過來的異姓妻子就屬於媳婦輩的。如果稱呼弟弟的妻子為媳婦，那麼是不是可以稱呼兄長的妻子為母親呢？所以說名分是治理人道倫常的基礎，能不慎重嗎？如果是同高祖的人死了後，作為族人，要穿緦麻製成的衣服為死者守喪，這是五服中最輕的一級了。如果五世同祖的人死了，這已經出了五服，只要袒衣免冠以表示自己的哀思就可以了，同族間的關係就逐漸減輕了。到了六世時，親屬關係就沒有了。許多的支族，

從他們的上代開始分枝，後代的親情關係就已經疏遠淡化，那麼相互間可以通婚嗎？各庶姓間仍以一個姓相聯繫而沒有什麼不同，而且宗子定時聚集全族的人舉行食禮，而且也沒有什麼不同，所以說同姓人即使相隔百代相互間也不能通婚，周代的制度就是這樣規定的。

## ▌原文

4.服術有六：一曰親親；二曰尊尊；三曰名；四曰出入<sup>①</sup>；五曰長幼；六曰從服<sup>②</sup>。從服有六：有屬從；有徒從；有從有服而無服；有從無服而有服；有從重而輕；有從輕而重。自仁率親，等而上之，至於祖，名曰輕。自義率祖，順而下之，至於禰，名曰重。一輕一重，其義然也。君有合族之道，族人不得以其戚戚君位也。

### 注釋

①出入：指女子嫁者與未嫁者。
②從服：指服喪者與死者沒有親屬關係，只是跟隨家人一起服喪。

### 譯文

喪服制度有六種：一是為有血緣關係的人服喪；二是為地位尊貴而受人尊敬的人服喪；三是依據名分服喪；比如嫁到本家族的異姓女子，要依據給其確定的名分來服喪；四是為本家出嫁或者未出嫁的女子服喪；五是依據長幼關係服喪；六是因為相互間的服從關係而服喪。因為相互間的服從關係而服喪的情形有六種：一是由於產生了間接的親屬關係而跟著服喪；二是徒從某人為死者服喪；三是有本應服喪的卻沒有服喪；四是本不應該從服而跟著服喪；五是本應該跟著服重服而服輕服的；六是本應跟著服輕服而服重服的。如果出於內心的仁愛而尊敬父母，依序往上推到祖先，在這個過程中親情隨著關係的疏遠而越來越淡。如果是出於心中的道義而尊敬祖先，那麼就依序向下推到先父，在這個過程中關係越疏遠的地位越尊貴。對於自己的祖先，有的親情重而地位較低，有的親情疏遠而地位較高，喪服的輕重就是依據這兩方面來制定的。國君有聚集族人的食禮，然而族人卻不能依據輩分的高低與國君排列位次。

## ▌原文

5.庶子不祭，明其宗也。庶子不得為長子三年，不繼祖也。別子為祖[01]，繼別為宗，繼禰者為小宗[02]。有百世不遷之宗[03]，有五世則遷之宗。百世不遷者，別子之後也。宗其繼別子者，百世不遷者也。宗其繼高祖者，五世則遷者也。尊祖故敬宗。敬宗，尊祖之義也。有小宗而無大宗者，有大宗而無小宗者，有無宗亦莫之宗者，公子是也[04]。公子有宗道：公子之公，為其士大夫之庶者，宗其士大夫之嫡者，公子之宗道也。絕族無移服，親者屬也。

## 注釋

①別子：即庶子。古代宗法制度稱諸侯嫡長子以外之子為「別子」。
②小宗：我國古代宗法制規定，嫡長子一系為大宗，其餘子孫為小宗。
③遷：變更，變化。
④公子：古代稱諸侯之庶子，以別於世子。

## 譯文

庶子不能主持宗廟祭祀，這是為了表明宗子的地位。庶子的長子死了，不能為長子服三年之喪，因為庶子本來就不是家族的繼承人，所以庶子的長子也不是家族的繼承人。如果別子分出去另立新的宗族並作為始祖，那麼繼承別子之位的嫡長子就是新宗族的大宗，繼承大宗之位的後輩就叫作小宗。有百世也不發生變化的宗，也有到五世就發生變化的宗。百世不發生變化的宗，是別子純正後裔。以繼承別子的嫡長子為宗，世代都沒有變更過。以繼承高祖的嫡玄孫為宗，這個過了五代後就要變更。如果我們尊敬祖先，就要尊敬宗子。尊敬宗子，也就表現了對祖先的尊敬。有的有小宗而沒有大宗，有的有大宗而沒有小宗，有的沒有人可宗、也不被人所宗，作為諸侯的庶子就會出現上述情況。諸侯的庶子也有宗法的原則：公子的國君，封自己庶出的兄弟為士、大夫，並把封作士、大夫的嫡長子作為宗，這就是公子應該遵守的宗法原則。如果族屬關係已經疏遠斷絕了，那麼就不用服喪了，只有在親屬關係內的，才需要服喪。

## ▲原文

6.自仁率親，等而上之，至於祖。自義率祖，順而下之，至於禰。是故，人道親親也。親親故尊祖，尊祖故敬宗，敬宗故收族[01]，收族故宗廟嚴，宗廟嚴故重社稷，重社稷故愛百姓，愛百姓故刑罰中，刑罰中故庶民安，庶民安故財用足，財用足故百志成，百志成故禮俗刑，禮俗刑然後樂。《詩》云：「不顯不承，無射於人斯[02]。」此之謂也。

（注釋）

①收族：謂以上下尊卑、親疏遠近之序團結族人。
②射（ㄧˋ）：厭棄。

**譯文**

出於內心的仁愛而尊敬父母，依序往上推到祖先。出於內心的道義而尊敬祖先，依序向下推到先父。所以，人道倫常最根本的就是要愛護自己的親人，只有愛護自己的親人後，才能尊重自己的祖先，只有在尊重自己祖先的基礎上才能遵從宗子，遵從了宗子，才能團結族人，團結了族人才能虔誠的祭拜宗廟，表現宗廟的威嚴。宗廟威嚴了，就能確保社稷的威重。為了能保證社稷的威重，就必須愛護百姓。只有愛護百姓了才能保證刑罰的公正，只有刑罰公正了，百姓才能安定生活。百姓安定生活了，財物才能足夠使用，只有財物足夠用了，人的各種願望才能實現。只有實現了各種願望，才能形成良好的禮俗風尚，有了良好的禮俗風尚，百姓才能安樂的生活。《詩經》上說：「發揚光大先祖的仁德，百姓就會感到歡喜，不會厭棄。」說的就是上面的意思。

◎少　儀

## ◆題解

　　本篇主要講了一些細小瑣碎的禮節，包羅的內容很多，主要有相見禮、適喪禮、賓主交接禮、灑掃禮、問卜、事尊長、事君、御車、饋贈、飲酒等等，與《曲禮》、《內則》在內容上有頗多相似的地方，可以參照閱讀。

## ▌原文

　　1.侍坐於君子，君子欠伸，運笏①，澤劍首，還屨②，問日之蚤莫③，雖請退可也。事君者量而後入，不入而後量。凡乞假於人④，為人從事者亦然。然，故上無怨，而下遠罪也。不窺密，不旁狎，不道舊故，不戲色。為人臣下者，有諫而無訕⑤；有亡而無疾；頌而無諂，諫而無驕；怠則張而相之，廢則掃而更之；謂之社稷之役。

### 注釋

　　①笏(ㄏㄨˋ)：古時大臣朝見時，用以指畫或記事的狹長板子。
　　②還：通「旋」。
　　③蚤莫：即朝暮。
　　④乞假：借貸。
　　⑤訕：譭謗，譏諷。

### 譯文

　　陪同君子侍坐時，如果看見君子打哈欠、伸懶腰，或看見君子轉弄笏板，或擦拭劍首，或轉動鞋子，並詢問時間，這個時候請求退出也是可以的。臣子侍奉國君，要先瞭解自己的能力，然後再入朝接受國君的任務，不能入朝接受任務後，再衡量自己是否有能力勝任這個任務。凡是向別人借錢，或者給別人辦事，也應該這樣做。只有這樣做，國君才能不埋怨臣下，臣下才能避免出現過錯。不窺探別人的隱私，不接近那些品行不正的人，不談論別人不光彩的舊事，面容要端莊威嚴，不嬉皮笑臉。身為人臣，要當面勸諫國君失誤之處，不能在背後譏諷國君；如果國君聽不進去自己的勸諫，那麼就離開，不要心生怨恨；歌頌國君的功德要從實事求是，不能過於諂媚，勸諫國君時要內心虔誠，不能心生傲慢；國君懈怠懶

惰的時候，身為臣子要幫助國君重新振作，如果政令鬆弛，那麼臣子就要輔助國君掃除舊政建立新政。這樣做才是為國家鞠躬盡瘁。

## ▶原文

2.毋拔來，毋報往[01]；毋瀆神，毋循枉，毋測未至。士依於德，游於藝。工依於法，游於說。毋訾衣服成器[02]，毋身質言語。言語之美，穆穆皇皇[03]；朝廷之美，濟濟翔翔；祭祀之美，齊齊皇皇[04]；車馬之美，匪匪翼翼[05]；鸞和之美，肅肅雍雍[06]。

### 注釋

①報：通「赴」，急速。

②訾（ㄗˇ）：指詆毀、非議的話。　成器：工具。

③穆穆：儀容或言語和美。　皇皇：莊肅貌。

④皇皇（ㄏㄨㄤˊ ㄏㄨㄤˊ）：皇，通：「暀」，嚮往貌。

⑤匪匪：車馬行走不停貌。　翼翼：飛動貌。

⑥雍雍：聲音和諧。

### 譯文

不要突然來，也不要突然去，也就是說做事前要詳加考慮，不能憑一時興起來做事；不要褻瀆神靈，不能靠旁門左道達到自己的目標，不要對未來的事情任意揣測。身為士人，要依德行做事，並熟知六藝的內容。身為工匠，要依規矩法度做事，並熟知製作器物的道理。不非議別人的衣服或者工具，不要親身去驗證那些沒有根據的言辭。語言的美，在於和美莊肅；朝廷的美，在於威儀莊重。祭祀時的美，在於內心虔敬，行為謹慎；車馬的美，在於車馬行走時飛動的樣子；鸞和的美麗，在於發出了和諧美妙的聲音。

# ◎學　記

## ◆題解

　　本篇記述教育中的一系列重要問題，如學習的作用、方法、目的、效果以及為人師表的道理，與《大學》相為表裡。古人認為本篇是初入學者必讀的內容，相對於《大學》所談論的深奧理論，《學記》更為實用。

## ▌原文

　　1.發慮憲，求善良，足以諛聞<sup>①</sup>，不足以動眾。就賢體遠，足以動眾，未足以化民。君子如欲化民成俗，其必由學乎。玉不琢，不成器，人不學，不知道。是故古之王者建國君民，教學為先。《兌命》曰：「念終始典於學。」其此之謂乎！雖有嘉肴，弗食，不知其旨也。雖有至道，弗學，不知其善也。故學然後知不足，教然後知困。知不足，然後能自反也。知困，然後能自強也，故曰：「教學相長也。」《兌命》曰：「學學半<sup>②</sup>。」其此之謂乎！

### 注釋

　　①諛（ㄒㄧㄠˇ）聞：小有聲名。
　　②學（ㄒㄩㄝˊ）：教導。

### 譯文

　　思考問題符合一定的法則，並且能招求善良的賢士，這樣做就可以小有名聲，但是還不能感動百姓。親近賢能的人，體恤遠方的百姓，只有這樣做才能感動遠方的百姓，但是還不足以教化百姓。國君如果想要教化百姓形成良好的風俗，那麼就必須能過教育取得。如果玉不進行雕琢，那麼就不能成為有用的器具。人如果不學習，就不知道人情事理。所以古代稱王建立國家、治理百姓，一定把教育放在頭等重要的位置。《兌命》說：「要經常想著學習。」說的就是這個道理吧！雖然有佳餚美食，但是如果不親自嘗嘗，就不知道食物的味道好在哪裡。雖然有深刻的道理，但是如果不親自去學習，就不知道這個道理好在哪裡。所以人只有學習以後，才

能知道自己的不足。知道了自己的不足，才能進行深刻的反省。知道自己困惑的地方，才能發憤圖強，所以說「教與學二者是相互促進的」。《兌命》上說：「教導和學習各占一半。」說的就是這個意思吧！

## ▶原文

2.古之教者，家有塾，黨有庠<sup>①</sup>，術有序，國有學。比年入學，中年考校<sup>②</sup>。一年視離經辨志<sup>③</sup>，三年視敬業樂群，五年視博習親師，七年視論學取友，謂之小成<sup>④</sup>；九年知類通達，強立而不反<sup>⑤</sup>，謂之大成<sup>⑥</sup>。夫然後足以化民易俗，近者說服，而遠者懷之，此大學之道也。《記》曰：「蛾子時術之<sup>⑦</sup>，」其此之謂乎！

### 注釋

①黨：古代一種地方基層組織，五百家為黨。

②中年：猶隔年。　考校：考查比較。

③辨志：辨明志向。

④小成：略有成就。

⑤強立：遇事能明辨不疑。

⑥大成：大的成就。指學問。

⑦蛾（一ˇ）子：螞蟻。

### 譯文

古時候的教育場所，家族中有塾，五百家的黨有庠，天子、諸侯所在的國都有學。每年都有學生進入學校學習，隔年對學生的學習進行考查比較。學生入學一年後，考查學生讀經斷句的能力並辨明他們學習的志向；三年後，考查學生是否愛好學習、是否能與學生和睦相處；五年後，考查學生能否廣博地學習，是否能親近師長；七年後，考查學生在學習上的見解以結交什麼樣的朋友，這個時候已經略有成就；九年後，在學習上就可以觸類旁通了，遇事能明辨不疑，並且可以不違背師訓，這個時候在學問上就有了一個大的成就了，這樣以後才能教化百姓形成良好的風俗，附近的人都心悅誠服，遠方的人都心懷嚮往，這就是大學教育的目的。《記》說「螞蟻時時刻刻都在銜土，久而久之，就形成了一個大的土堆。」說的

就是這個道理吧！

## 原文

3.大學始教，皮弁祭菜①，示敬道也。《宵雅》肄三②，官其始也。入學鼓篋③，孫其業也④。夏楚二物⑤，收其威也。未卜禘不視學⑥，遊其志也。時觀而弗語，存其心也。幼者聽而弗問，學不躐等也⑦。此七者，教之大倫也。《記》曰：「凡學官先事，士先志。」其此之謂乎！

### 注釋

①祭菜：釋菜禮時供祭祀用的芹、藻等菜蔬。　弁：(ㄅㄧㄢˋ) 古代男子所戴的帽子

②《宵雅》：即《詩經》中的《小雅》。　肄三：指《小雅》中的《鹿鳴》、《四牡》、《皇皇者華》。

③篋（ㄑㄧㄝˋ）：小箱子，藏物之具。

④孫：通「遜」，恭順。

⑤夏（ㄐㄧㄚˇ）楚：古代學校兩種體罰越禮犯規者的用具。後亦泛指體罰學童的工具。

⑥卜禘：占卜擇定禘祭的日期。

⑦躐（ㄌㄧㄝˋ）等：踰越等級；不按次序。

### 譯文

大學開學時，學生要身著皮弁服，舉行盛大的釋菜禮，以表示尊師重道。教學生學習《小雅》中的《鹿鳴》、《四牡》、《皇皇者華》三首詩，在開始學習時，就讓學生樹立出仕做官為君效命的理念。開學時，學官擊鼓召集學生進入教室，打開放書篋，目的是為了讓學生能夠恭順的對待學習。用夏、楚兩物來體罰越禮犯規的學生，目的是為了收斂他們的氣勢。夏天還沒有占卜擇定禘祭的日期前，天子不到學校去視察學生的學業情況，目的是為了讓學生有充足的時學習。老師時刻關注學生，但不要每件事都去叮囑教導，目的是為了培養學生獨立解決問題的能力。小學生在聽課的時候不要輕易的去提問題，因為學習有一個漸近的過程，不能踰越等級。這七個方面，是教學過程中應該要遵循的原則。《記》說：「學官

在教學前要按排好各種事宜，學生在學習前要樹立遠大的志向。」這句話說的就是上面的意思吧！

## ▶原文

4.大學之教也，時教必有正業，退息必有居學。不學操縵[01]，不能安弦；不學博依[02]，不能安詩；不學雜服，不能安禮；不興其藝，不能樂學。故君子之於學也，藏焉，修焉，息焉，遊焉。夫然，故安其學而親其師，樂其友而信其道。是以雖離師輔而不反也。《兌命》曰：「敬孫務時敏[03]，厥修乃來。」其此之謂乎！

### 注釋

①操：彈奏。　縵：雜樂。
②博衣：廣為比喻，指詩的比興而言。一說指可以歌詠的雜曲。
③敏：勤勉。

### 譯文

大學的教學，要按照時序來按排學習內容，休息的時候也有課外要學習的內容。如果不學習彈奏雜樂，那麼就學不好彈琴；如果不學習詩的比興，那麼就作不好詩；如果不學習各種禮服的形制、用途及穿著時的儀容，就不能妥善地依禮行事；不喜歡學習的技藝，就不能快樂地去學習。所以君子學習時，要在心中樹立遠大的學習志向，並不斷地在學業上進修，即使在休息、遊玩時也不忘記學習。君子學習時只有這樣做了，才能安心的學習並親近師長，樂於結交志同道合的朋友，而且相信自己所學的知識。所以即使沒有了師長的諄諄教導，也不會違背所學的道理。《兌命》說：「恭敬謙遜，勤勉地致力於自己所學的知識，那麼就會學有所成。」這句話說的就是上面的意思吧！

## ▶原文

5.今之教者，呻其佔畢[01]，多其訊，言及於數，進而不顧其安，使人不由其誠，教人不盡其材。其施之也悖，其求之也佛[02]。夫然，故隱其學

而疾其師，苦其難而不知其益也，雖終其業，其去之必速。教之不刑[03]，其此之由乎！

## 注釋

①呻：吟誦。　佔（ㄓㄢ）畢：謂經師不解經義，但視簡上文字誦讀以教人。

②佛：通「拂」，違背，乖逆。

③刑：成效，成就。

## 譯文

今天的老師，不懂得經書的涵義，教學生時只是看著竹簡上的文字誦讀，又不斷地提問學生，自身卻對經書內容沒有什麼定見，只顧一味的向學生灌輸內容，而不管學生是否能聽懂，教育學生內心不誠，也做不到因材施教。老師教學方法違背常理，對學生的要求也違背常理。這樣，學生就厭惡學習並厭惡師長，學生每天只能體會到學習的痛苦，而不知道學習有什麼好處。雖然按要求完成了學業，但對所學的知識沒有深刻的認識，很快就會忘記。教學沒有取得應有的成效，就是因為這個緣故吧！

## 原文

6.大學之法，禁於未發之謂豫[01]；當其可之謂時；不陵節而施之謂孫[02]；相觀而善之謂摩。此四者，教之所由興也。發然後禁，則捍格而不勝[03]；時過然後學，則勤苦而難成；雜施而不孫，則壞亂而不修；獨學而無友，則孤陋而寡聞；燕朋逆其師[04]；燕辟廢其學[05]。此六者，教之所由廢也。君子既知教之所由興，又知教之所由廢，然後可以為人師也。故君子之教喻也[06]，道而弗牽，強而弗抑，開而弗達。道而弗牽則和，強而弗抑則易，開而弗達則思；和易以思[07]，可謂善喻矣。

## 注釋

①豫：預防。

②陵：超越；越過。　孫：通「遜」，順。

③捍格：堅固。

④燕朋：輕慢朋友。

⑤燕：即燕遊，閒遊。　　辟：通「癖」，嗜好。

⑥教導：教導。

⑦和易：溫和平靜；溫和平易。

## 譯文

　　大學教育的方法，學生的邪念還沒有萌發的時候就加以制止，叫作預防；學生應該接受教育的時候時行教育，叫作適時；不超越階段循序漸進地教授學生知識，叫作順序；讓學生相互交流吸取好的學習方法，叫作觀摩。上述四條，是教育興盛的方法。如果學生的邪念已經產生才加以制止，那麼這種邪念就堅不可摧，即使學習也無法改變；如果錯過了學習的階段再去下苦學習，也不會有什麼大的成績；如果沒有章法地教授學生知識，學生就會迷糊而且學不到東西；如果只是埋頭學習，而不與師長、同學交流，那麼就會孤陋寡聞；輕慢朋友就會違背師教；閒遊且有不好的嗜好，就會因此而荒廢學業。上述六個方面，是教育失敗的原因。君子既知道教育興盛的原因，又知道教育荒廢的原因，這樣就可以做老師了。因此君子教育學生時，只是引導學生而並不強迫學生，只規勸學生學習，讓學生意志堅定，但並不壓制學生，啟發學生思考，但不把答案直接告訴學生；身為老師能夠讓學生平靜溫和的接受知識並且善於思考，這可以說是善於教育了。

## 原文

　　7.學者有四失，教者必知之。人之學也，或失則多，或失則寡，或失則易，或失則止。此四者，心之莫同也。知其心，然後能救其失也。教也者，長善而救其失者也。善歌者，使人繼其聲；善教者，使人繼其志。其言也約而達，微而臧，罕譬而喻，可謂繼志矣。君子知至學之難易，而知其美惡，然後能博喻①；能博喻然後能為師；能為師然後能為長；能為長然後能為君。故師也者，所以學為君也。是故擇師不可不慎也。《記》曰：「三王四代唯其師②。」此之謂乎！

## 注釋

①博喻：謂對各種知識能廣泛而深入地理解。

②三王：指夏、商、周三代之君。　四代：四個朝代。指虞、夏、商、周。

## 譯文

學生在學習過程中會出現四種過失，身為人師一定要清楚。有的學生的過失是貪多，對知識不求甚解；有的學生的過失是知識面過於狹窄；有的學生的過失是見異思遷，對所學不專一；有的學生的過失是淺嘗輒止，滿足現狀。上述四種過失的學生有不同的心理情況。身為老師一定要清楚這四種學生的心理情況，這樣才能依據具體的情況進行教導。身為老師的職責，就是要發揚學生的長處並且指正學生的過失。善於唱歌的人，能夠讓他人仿效、繼承自己的歌聲；身為老師，要讓學生仿效、繼承自己的志向。老師的語言簡單明瞭，含蓄恰當，少用比喻且明白曉暢，這樣學生才能很好的繼承老師的志向。君子知道學習的深淺難易，瞭解不同學生資質的高低，並且對各種知識能廣泛而深入地理解；只有對各種知識能廣泛而深入地理解才能為人師表；能做老師，才能做官吏；能做官吏才能做領袖。所以從師學習，就是學習做領袖的道理，因此在選擇老師時一定要慎重。《記》說：「三王四代時候君王所以聖明，是因為能夠慎重地選擇老師。」說的就是這個意思吧！

## 原文

8.凡學之道，嚴師為難。師嚴然後道尊，道尊然後民知敬學。是故君之所不臣於其臣者二：當其為屍則弗臣也，當其為師則弗臣也。大學之禮，雖詔於天子，無北面；所以尊師也。善學者，師逸而功倍，又從而庸之①；不善學者，師勤而功半，又從而怨之。善問者，如攻堅木，先其易者，後其節目，及其久也，相說以解②；不善問者反此。善待問者，如撞鐘，叩之以小者則小鳴，叩之以大者則大鳴，待其從容，然後盡其聲；不善答問者反此。此皆進學之道也。

## 注釋

①庸：功勳。

②説：通「脫」。

## 譯文

　　人們從師學習，最難做到的是尊重老師。只有老師得到了尊重，知識、真理才能受到尊重，知識、真理受到尊重後，人們才能嚴肅認真地對待學習。所以國君有兩種況不敢把臣子看作是臣子：一是當臣子做屍時；二是當臣子作為自己老師時。大學裡的禮法規定，雖然是在給天子上課，但也不面朝北，這是為了表示尊師重道。善於學習的學生，老師教學輕鬆並且事半功倍，學生會歸功於老師；不善於學習的學生，老師辛苦但往往是事倍功半，學生反而會怨恨老師。善於思考提問的學生，就像砍伐堅硬的木頭，先從木頭最軟的地方砍起，然後再砍堅硬的樹結處，時間久了，木頭的各部分就會相互脫離。不善於發問的人正好與之相反。善於回答問題的人，就如撞鐘，輕輕敲打會發出小的聲音，重重的敲打會發出大的聲音，最主要的是撞鐘的人一定要從容不迫，鐘聲才會緩緩的盡其餘音；不善於回答問題的人剛好與此相反。這些都是增進學問的方法。

## 原文

　　9.記問之學，不足以為人師。必也聽語乎，力不能問，然後語之；語之而不知，雖舍之可也。良冶之子①，必學為裘；良弓之子②，必學為箕；始駕者反之，車在馬前。君子察於此三者，可以有志於學矣。古之學者，比物丑類③。鼓無當於五聲④，五聲弗得不和。水無當於五色⑤，五色弗得不章。學無當於五官⑥，五官弗得不治。師無當於五服⑦，五服弗得不親。

## 注釋

①良冶：指精於冶煉鑄造的工匠。

②良弓：指擅長製弓的人。

③比物：連綴同類的事物，進行排比歸納。　丑：相比。

④五聲：宮、商、角、徵、羽。

⑤五色：青、赤、白、黑、黃五種顏色。古代以此五者為正色。

⑥五官：指司徒、宗伯、司馬、司寇、司空分掌政事的五個高級官職。

⑦五服：古代以親疏為差等的五種喪服。

### 譯文

　　身為老師，對學問沒有自己的見解，只是事先記誦書中的內容，這就沒有資格做老師。要待學生提問後才講說，或者學生面有疑問，但又不知道如何提問時，老師才加以講說；如果講說後，學生因為自己知識累積不足，還是聽不懂，那麼就是把這個問題暫且擱置不講，也是可以的。精於冶煉鑄造的工匠的兒子，一定要學會補綴皮衣；擅長製弓的人的兒子，一定要學會製作簸箕；剛學會駕車的小馬，都要繫在車子的後面，車子在小馬的前面。君子如果能觀察並深思上述三件事的道理，就可以樹立學習的志向了。古代的學者能夠對同類的事物進行排比歸納。例如鼓的聲音並不屬於五音中的任何一種，但是奏樂時，五音如果沒有鼓音就達不到和諧。水的顏色不屬於五色中的任何一種，但在調配顏色時，五色如果沒有水的溶解，調和的顏色就不會鮮明。學者不屬於五官中的任何一種，但身為官員如果沒有學識，就不能很好的處理公事。老師不屬於任何親屬，但五服親屬如果沒有老師的教導，就不會懂得五服親屬間應有的人倫關係

### 原文

　　10.君子曰：「大德不官，大道不器，大信不約①，大時不齊。察於此四者，可以有志於學矣。」三王之祭川也，皆先河而後海。或源也②，或委也③。此之謂「務本」。

### 注釋

①約：以語言或文字訂立共同應遵守的條件。

②源：水流始出處。

③委：水流所聚之處，下游。

### 譯文

　　君子說：「具有大德行的人不偏於一官半職，懂得大道的人不限於一種事物，遵守信用的人不需要制定任何盟約，大的天時，春夏秋冬四季情

況並不是整齊劃一的。理解了上述四件事情的道理，就可以確定學習的志向了。」夏、商、周三代君王祭祀河川時，都是先祭河，然後才祭海。因為河流是海水的始出處，而海是河水的匯聚處。這就叫作是「務本」。

## ◎樂　記

### ◆題解

　　孔穎達疏引鄭玄《三禮目錄》云：「名曰『樂記』者，以其記樂之義。蓋十一篇合為一篇，有《樂本》、《樂論》、《樂禮》、《樂施》、《樂言》、《樂象》、《樂情》、《魏文侯》、《賓牟賈》、《樂化》、《師乙》。今雖合此，略有分焉。」本篇所說的樂，不同於現在我們所說的音樂，而是包括音樂、舞蹈及與之相關的一切表現形式。主要記述了樂的起源、作用及禮與樂的關係等內容，是中國古代有關音樂理論的最早專著。

### ▌原文

　　1.凡音之起<sup>①</sup>，由人心生也。人心之動，物使之然也。感於物而動，故形於聲。聲相應，故生變。變成方，謂之音，比音而樂之，及干戚羽旄<sup>②</sup>，謂之樂。樂者，音之所由生也，其本在人心之感於物也。是故其哀心感者，其聲噍以殺<sup>③</sup>。其樂心感者，其聲嘽以緩<sup>④</sup>。其喜心感者，其聲發以散<sup>⑤</sup>。其怒心感者，其聲粗以厲。其敬心感者，其聲直以廉。其愛心感者，其聲和以柔。六者，非性也，感於物而後動。是故先王慎所以感之者。故禮以道其志，樂以和其聲，政以一其行，刑以防其奸。禮樂刑政，其極一也，所以同民心而出治道也。

## 注釋

①音：指音樂。

②干戚：跳舞時拿的舞具。　羽旄(ㄇㄠˊ)：樂舞時所執的雉羽和旄牛尾。

③噍（ㄐㄧㄠ）殺（ㄕㄞˋ）：聲音急促，不紓緩。

④嘽（ㄔㄢˇ）：寬舒；紓緩。

⑤發：傳揚；張揚。

## 譯文

音樂的產生，是從人的內心生發出來的。人的內心因受到外物刺激而觸動。人心受到觸動後，內心的感受外化為聲音。因為人內心受到觸動的情況不同，所以表現為不同的聲音。不同的聲音相互應和，就顯示出其中的變化。這種變化生成曲調，叫歌曲。依照歌曲配合相應的樂器以及跳舞時的舞具，就叫作樂了。音樂，是由聲音產生的，聲音又源自人內心對外物的感觸。所以人的內心因有感於外物，而產生悲傷的感情時，發出的聲音就會急促而不紓緩。如果內心因有感於外物，而產生快樂的感情時，發出的聲音是寬鬆而紓緩的。如果內心因有感於外物，而產生喜悅的感情時，發出的聲音是張揚而爽朗。如果內心因有感於外物，而產生憤怒的感情時，發出的聲音就粗暴而淩厲。如果內心因有感於外物，而產生恭敬的感情時，發出的聲音就正直而清明。如果內心因愛戀而產生感情時，發出的聲音就溫和而柔美。上述六種情感並不是人的天性，而是人的內心受到外物的觸動而產生的。因此先王十分重視影響人情感的外物。所以用禮來引導百姓的志向，用樂來調和百姓的性情，用政令來統一百姓的行動，用刑法來防止百姓做奸邪的事。禮、樂、政、刑的四者的目的是一致的，就是要協同人心從而實現國家大治。

## 原文

2.凡音者，生人心者也。情動於中，故形於聲。聲成文，謂之音。是故治世之音安以樂，其政和。亂世之音怨以怒，其政乖[01]。亡國之音哀以思，其民困。聲音之道，與政通矣。宮為君[02]，商為臣，角為民，徵為事，羽為物。五者不亂，則無怗懘之音矣[03]。宮亂則荒，其君驕。商亂則陂[04]，其官壞。角亂則憂，其民怨。徵亂則哀，其事勤。羽亂則危，其財

匱。五者皆亂，迭相陵⑤，謂之慢。如此，則國之滅亡無日矣。鄭衛之音，亂世之音也，比於慢矣。桑間濮上之音⑥，亡國之音也，其政散，其民流，誣上行私而不可止也⑦。

**注釋**

①乖：反常；謬誤。

②宮：與下文的商、角、征、羽共同構成我國古代的五音。

③怗懘（ㄓㄢ ㄔˋ）：音調不和諧。

④陂（ㄆㄧˊ）：偏頗，邪僻不正。

⑤相陵：相互侵擾。

⑥桑間：古地名。　濮上：古衛地。春秋時濮上以侈靡之樂聞名於世。

⑦行私：懷著私心行事。

**譯文**

所謂的音，產生於人的內心。內心因外物而受到觸動，內心的觸動外化而表現為聲音。不同的聲音相互應和形成一定形式的曲調，就叫作音樂。所以治世的音樂安詳而和樂，反映政治和諧。亂世的音樂怨恨而憤怒，反映政治反常。亡國的音樂哀怨而充滿憂思，反映人民困苦。音樂的道理與政治是相通的。宮音代表國君，商音代表臣子、角音代表百姓，徵音代表事，羽音代表物。這五種音不混亂，那麼就不會出現音調不和諧的音樂。宮音亂了，音樂就會荒散，反映君主驕橫，而賢臣被迫遠離。商音亂了，音樂就會邪僻不正，反映官員腐化墮落。角音亂了，音樂就顯得憂愁，反映了百姓對時政的愁怨。徵音亂了，音樂就顯得哀苦，反映百姓徭役繁重、勞苦而無功。羽音亂了，音樂就顯得危急，反映國家物資短缺、財物匱乏。如果五音都亂了，相互侵擾，那麼就形成了一種極端放肆而沒有章法的「慢音」。如果產生了這樣的音樂，國家要不了多久就會滅亡。鄭衛一帶的音樂，就是亂世的音樂，類似於慢音。桑間、濮上侈靡的音樂，就是亡國的音樂，這種音樂的國家政治渙散，百姓多流離失所，欺上瞞下、心懷私心的風氣不可遏止。

## ▶原文

3.凡音者，生於人心者也。樂者，通倫理者也。是故知聲而不知音者，禽獸是也；知音而不知樂者，眾庶是也。唯君子為能知樂。是故審聲以知音，審音以知樂，審樂以知政，而治道備矣。是故不知聲者不可與言音，不知音者不可與言樂。知樂則幾於禮矣。禮樂皆得，謂之有德。德者，得也。是故樂之隆，非極音也。食饗之禮①，非致味也。《清廟》之瑟②，朱弦而疏越③，壹倡而三歎，有遺音者矣。大饗之禮④，尚玄酒而俎腥魚⑤，大羹不和⑥，有遺味者矣。是故先王之制禮樂也，非以極口腹耳目之欲也，將以教民平好惡而反人道之正也。

### 注釋

①食（厶、）饗：食禮和饗禮，用於聘禮、待賓、祭祀時實行的禮。

②《清廟》：《詩經·周頌》中的詩，是周初祭祀周文王時配樂歌舞的詩。

③朱弦：用熟絲製的琴弦。　疏越：疏通瑟底之孔，使聲音紓緩。

④大饗：即祫祭，古代天子諸侯所舉行的集合遠近祖先神主於太祖廟的大合祭。

⑤玄酒：古代祭禮中當酒用的清水。　俎：古代祭祀、燕饗時陳置牲體或其他食物的禮器。

⑥大（去ㄞ、）羹：不和五味的肉汁。

### 譯文

音，產生於人的內心。樂，與人情事理相通。所以只懂得聲，而不懂得音，便是禽獸；懂得音而不懂得樂，就是常人。只有君子才懂得樂的深刻內涵。所以可以分辨聲而知道音的效用，分辨音進而知道樂的功用，透過分辨樂懂得政教，進而才有完備的治國大道。所以不懂得聲的人，不可與君子討論音，不懂得音的人，不可與君子說樂。知道了樂，差不多也懂得了什麼是禮了。對禮和樂能深入理解，就可稱作德了。所謂的德，就是得的意思。所以隆重的音樂，並不是為了極盡對音樂的享受。聘禮、待賓、祭祀時實行的食饗禮，也不是為了極盡對美味的享受。祭祀文王時演奏《清廟》所用的瑟，是用熟絲製的琴弦，並疏通瑟底孔，使聲音紓緩，一人領唱，另外三人應和，用樂質樸簡單，顯然不是為了極盡對音樂的享受。大饗禮的時候，把玄酒放在上位，把祭祀的魚肉放在俎上，祭祀用的

肉汁不用五味調和，顯然不是為了極盡對美食的享受。因此先王制禮作樂的目的，並不是為了滿足人們口腹耳目的欲望，而是要用禮樂來教導百姓，讓百姓愛恨分明，返回做人的正途。

## ▶原文

4.人生而靜，天之性也。感於物而動，性之欲也。物至知知，然後好惡形焉。好惡無節於內，知誘於外，不能反躬，天理滅矣①。夫物之感人無窮，而人之好惡無節，則是物至而人化物也。人化物也者，滅天理而窮人欲者也。於是有悖逆詐偽之心，有淫泆作亂之事。是故強者脅弱，眾者暴寡，知者詐愚，勇者苦怯，疾病不養，老幼孤獨不得其所，此大亂之道也。是故先王之制禮樂，人為之節。衰麻哭泣②，所以節喪紀也。鐘鼓干戚，所以和安樂也。昏姻冠笄，所以別男女也。射鄉食饗，所以正交接也③。禮節民心，樂和民聲，政以行之，刑以防之，禮樂刑政，四達而不悖，則王道備矣④。

### 注釋

①天理：指天性。

②衰（ㄘㄨㄟ）麻：喪服，衰衣麻，用粗麻布做成的毛邊喪服。

③交接：交往；結交。

④王道：儒家提出的一種以仁義治天下的政治主張。與霸道相對。

### 譯文

人初生的時候心靜而無欲望，這是天賦的本性。內心因受到外物刺激而觸動，這種觸動並非人的本性，而是從本性中生發出來的一種人欲。外界事物不斷地刺激人的內心，人不斷的認識、瞭解外物，逐漸形成了對外界事物的好惡。好惡的情感在內心沒有受到節制，而外界事物又在不停地影響人的內心，人又不能及時地自我反省，人的天性就會逐漸磨滅。外界事物對人的刺激是無窮盡地，而人內心的好惡又沒有節制，那麼就會人隨物化。人隨物化的結果就是滅絕人的天性而窮極個人的欲望。繼而會產生忤逆奸詐的心理，就會有淫穢叛亂的事情發生。因此就會以強凌弱，倚眾欺少，聰明人欺負老實人，膽大的人坑害怯懦的人，生病的人得不到醫

治，老弱孤寡的人流離失所，這其實已經到了天下大亂的地步了。因此先王制禮作樂，目的就是為了節制人欲。制定相關的喪服制度及哭泣的禮數，是為了節制喪事活動。置辦鐘鼓、干戚等的樂器和舞具，是為了諧調人們對安樂的享受。制定所謂的婚姻、冠儀，是為了區別男女間的不同。制定射禮、鄉飲酒禮、食禮和饗禮，是為了規範人際交往。用禮節制百姓的內心欲望，用樂諧調百姓的聲音，用政令統一百姓的行動，用刑罰防止百姓做壞事，禮、樂、政、刑，這四者相互輔助且不衝突，那麼就具備了實行王道的條件了。

## ▶原文

5.樂者為同，禮者為異。同則相親，異則相敬。樂勝則流，禮勝則離。合情飾貌者禮樂之事也①。禮義立，則貴賤等矣。樂文同，則上下和矣。好惡著，則賢不肖別矣②。刑禁暴，爵舉賢，則政均矣。仁以愛之，義以正之，如此，則民治行矣。樂由中出，禮自外作。樂由中出故靜，禮自外作故文。大樂必易，大禮必簡。樂至則無怨，禮至則不爭。揖讓而治天下者，禮樂之謂也。暴民不作，諸侯賓服，兵革不試，五刑不用③，百姓無患，天子不怒，如此，則樂達矣。合父子之親，明長幼之序，以敬四海之內天子，如此，則禮行矣。

### 注釋

①合情：和諧情感。
②不肖：不正派。
③五刑：五種輕重不等的刑法。

### 譯文

樂的作用在於和同，禮的作用在於區別。和同讓人相互親近，區別讓人相互尊敬。如果過分地強調樂就會讓人放肆，但如果過分地強調禮又會讓人與人之間出現隔閡而不親近。諧調人與人間的情感，規範人的儀表，這些都禮樂的功用。確立了禮儀制度，那麼人與人間的貴賤區別也就確立了。樂文相同了，上下級的關係也就和睦了。好與壞的標準明確了，君子與不正派人也就區分開了。刑法的目的是為了制止暴亂，賜爵的目的

是為了推舉賢能的人，賞罰分明，政治上就公平清明了。用仁心來愛護天下百姓，用道義來匡正百姓的言行。這樣就能治理好百姓。樂從人的內心生發出來，禮由人的外在行為表現出來。因為樂從人的內心生發出來，所以就顯得安靜平和，禮從人的外在行為表現出來，所以表現在其外在的風度上。大樂一定是平易近人的，大禮一定是簡單且易操作的。樂如果融入人心，那麼就不會有怨恨產生，禮如果能規範人的言行，那麼就不會有爭執。百姓相互謙讓，那麼天下就實現了大治，這就是所謂的禮樂。壞人不再為非作歹，諸侯恭順服從，戰爭不爆發，政府制定的五刑派不上用場，百姓沒有可憂患的事情，天子不再發怒，如果整個國家呈現這樣的情況，就是樂教發揮了作用。能夠讓父子和睦相親，長幼間的關係明確，天下的百姓都敬重天子，如果整個國家呈現這樣的情況，就是禮教得到了廣泛推行。

## ▶原文

6.大樂與天地同和①，大禮與天地同節。和故百物不失，節故祀天祭地。明則有禮樂，幽則有鬼神，如此，則四海之內，合敬同愛矣。禮者殊事合敬者也，樂者異文合愛者也。禮樂之情同，故明王以相沿也。故事與時並，名與功偕。故鐘鼓管磬，羽龠干戚，樂之器也。屈伸俯仰②，綴兆舒疾③，樂之文也。簠簋俎豆④，制度文章⑤，禮之器也。升降上下，周還裼襲⑥，禮之文也。故知禮樂之情者能作，識禮樂之文者能述。作者之謂「聖」，述者之謂「明」。明聖者，述作之謂也。

## 注釋

①同和：相互諧和。

②屈伸：屈曲與伸舒。俯仰：低頭與抬頭。　龠（ㄩㄝˋ）：樂器名。

③綴兆：古代樂舞中舞者的行列位置。　舒疾：遲速；緩急。

④簠簋（ㄈㄨˇ ㄍㄨㄟˇ）：古祭祀、宴享時用以盛黍稷稻粱的容器。　俎豆：俎和豆。古代祭祀、宴饗時盛食物用的兩種禮器。亦泛指各種禮器。

⑤文章：禮樂制度。

⑥周還：還，通「旋」，古代行禮時進退揖讓的動作。　裼（ㄒ）襲：古代禮服之制。

## 譯文

　　大樂與天地自然地諧和，大禮與天地秩序相符合。大樂能夠與天地自然地諧和，所以包容百物而不喪失其本性，大禮與天地秩序相合所以能依時祭祀天地。明處有禮樂對人進行教化，暗處有鬼神指導監督，所以天下百姓互相尊敬與愛戴。禮用來區別不同的事物使百姓互相尊敬，樂用來制定不同的歌舞使百姓互相愛戴。禮樂的目的始終是讓百姓相互尊敬與愛戴，所以有道明君能遞相沿襲禮樂制度。因此，禮的制定能與時俱進，樂的制定能與功業相稱。鐘鼓、管磬、羽龠、干戚都是作樂時使用的樂具。彎腰、伸體、低頭、抬頭及樂舞中舞者的行列位置及動作的輕重緩急，都表現了樂的內容。簠簋、俎豆及各種禮樂制度，都是禮的器具。升階降階、上堂下堂，進退揖讓及敞開外衣或掩住外衣，都是禮的具體內容。因此懂得禮樂功用的人可以制禮作樂，瞭解禮樂制度的人可以傳授禮教的內容。能制禮作樂的人稱作「聖」，能傳授禮教的人叫作「明」。所謂的明聖，就是指傳授和製作禮樂的意思。

## ▶原文

　　7.樂者，天地之和也。禮者，天地之序也。和故百物皆化。序故群物皆別。樂由天作，禮以地制。過制則亂；過作則暴<sup>①</sup>。明於天地，然後能興禮樂也。論倫無患，樂之情也；欣喜歡愛，樂之官也。中正無邪，禮之質也；莊敬恭順，禮之制也。若夫禮樂之施於金石<sup>②</sup>，越於聲音，用於宗廟社稷，事乎山川鬼神，則此所與民同也。

### 注釋

　　①暴：即兇暴傲慢。
　　②金石：指鐘磬一類樂器。

## 譯文

　　樂，表現了天地間的和氣。禮，展現了天地間的自然秩序。有了和諧，才能生發萬物。有了秩序，才能區分萬物。樂依據天道而作，禮依據地道而作。禮的制定如果踰越了天地間的和氣，就會混亂無序；樂的制定如果踰越了天地間的自然秩序，就會兇暴傲慢。明白了天地大道，才能制

禮作樂。符合人道倫常而又無害，是樂的精神；讓人欣喜歡愛，是樂的功用。中正無邪，是禮的本質；莊敬恭順，是禮的準則。用鐘磬一類的樂器來表現禮樂的內容，透過聲音傳播出來，用於宗廟以及山川鬼神的祭祀，從天子到庶人都是一樣的。

## ▶原文

8.王者功成作樂，治定制禮。其功大者其樂備，其治辯者其禮具①。干戚之舞非備樂也，孰亨而祀非達禮也②。五帝殊時③，不相沿樂；三王異世④，不相襲禮。樂極則憂，禮粗則偏矣。及夫敦樂而無憂⑤，禮備而不偏者，其唯大聖乎！天高地下，萬物散殊⑥，而禮制行矣。流而不息，合同而化，而樂興焉。春作夏長，仁也；秋斂冬藏，義也。仁近於樂，義近於禮。樂者敦和，率神而從天⑦；禮者別宜，居鬼而從地⑧。故聖人作樂以應天，制禮以配地。禮樂明備，天地官矣。

### 注釋

①辯：通「遍」，都，全。
②孰亨：即熟烹。
③五帝：上古傳說中的五位帝王，說法不一。
④三王：指夏、商、周三代之君。
⑤敦：崇尚，注重。
⑥散殊：各不相類；各有區別。
⑦率神：謂遵循先聖的神氣。
⑧居鬼：謂遵循先聖先賢之志。

### 譯文

帝王成就功業後才作樂，政治穩定後才制禮。功業成就大的制樂也完備，政治越穩定，禮制定的就越周全。拿著干戚等舞具來跳舞並不算完備的樂，用煮熟的牲肉進行祭祀並不算是周全的禮。五帝、三王處在不同的時代，所以他們間的禮樂不相沿襲。過分地嗜好樂，就會有沉迷忘返的憂患，禮制定地過粗，就會失去禮中正無邪的本質。如果能崇尚樂而又不至於沉迷生憂，禮能周全地制定而又不失偏頗，那恐怕是通曉禮樂內涵的大

聖了！由表象來看，天在上，地在下，萬物在天地間生長又各不相同，因此制禮來區分萬物。天氣、地氣相互流動融合，繼而生發萬物，所以表現這種變動融合地樂興起。春天播種夏天生長，表現了天地的仁；秋天收割冬天儲藏，表現了天地的義。仁和樂的道理相近，義與禮的道理相近。樂強調和氣，遵循先聖的神氣並服從天道；禮重在區別萬物，遵循先聖先賢的精神而順從地道。所以聖人作樂服從天道，制禮順從地道。禮樂制定的明確而完備，那麼天地就各盡其職了。

## ▶原文

9.天尊地卑，君臣定矣。卑高已陳，貴賤位矣。動靜有常，小大殊矣。方以類聚，物以群分，則性命不同矣①。在天成象，在地成形，如此，則禮者天地之別也。地氣上齊②，天氣下降，陰陽相摩，天地相蕩，鼓之以雷霆，奮之以風雨，動之以四時，暖之以日月，而百化興焉③。如此則樂者天地之和也。化不時則不生，男女無辨則亂升，天地之情也。及夫禮樂之極乎天而蟠乎地④，行乎陰陽而通乎鬼神，窮高極遠而測深厚。樂著大始⑤，而禮居成物⑥。著不息者天也，著不動者地也。一動一靜者天地之間也。故聖人曰禮樂云。

### 注釋

①性命：本性。
②齊：通「躋」，升，登。
③百化：百物化生。
④蟠：遍及；充滿。
⑤大始：即太始，指開始形成萬物的混沌之氣。
⑥成物：指地，地養育萬物。

### 譯文

天高在上居於尊位，地低在下居於卑位，君臣間的尊卑關係也就由此而定了。高低不同的地勢已顯示出來，所以貴賤的位序也就由此而定了。根據自然界地動靜規律，萬物也就有了區別。動物依類相聚，植物依群區分，只因本性不同。萬物在天上有不同的表象，在地上表象也不相同，所

以制定禮樂來區分天地萬物間的差別。地氣上騰，天氣下降，陰陽二氣互相摩擦，天氣、地氣相互激盪，再加上雷霆的震盪，風雨的吹淋，太陽及月亮的溫暖照耀，萬物就因此生發。這就需要用樂來表現天地萬物的和諧。如果天氣、地氣不能適時地化育萬物，那麼萬物就不能很好地生長，如果男女間沒有區別，那麼就會引起社會混亂，和而不同是天地的本意。如果禮樂能夠上天達地，合於陰陽且通於鬼神，禮樂達到這一高度時，如果想揣摩禮樂的內涵可以說是極高深了。樂與天為一體，而禮與地為一體。明顯不停運行地是天，明顯靜止不動的是地。即動又靜的是天地間的萬物。也就是聖人所常說的禮樂。

## ▌原文

10.昔者，舜作五弦之琴以歌《南風》，夔始制樂以賞諸侯[01]。故天子之為樂也，以賞諸侯之有德者也。德盛而教尊，五穀時熟，然後賞之以樂。故其治民勞者，其舞行綴遠；其治民逸者，其舞行綴短。故觀其舞，知其德。聞其諡，知其行也。《大章》[02]，章之也。《咸池》[03]，備矣。《韶》[04]，繼也。《夏》[05]，大也。殷周之樂，盡矣。天地之道，寒暑不時則疾，風雨不節則饑。教者，民之寒暑也，教不時則傷世。事者民之風雨也，事不節則無功。然則先王之為樂也，以法治也，善則行象德矣。

### 注釋

①夔(ㄎㄨㄟˊ)：舜時的樂官。
②《大章》：古樂名。相傳為堯樂。
③《咸池》：古樂名。相傳為黃帝之樂。
④《韶》：虞舜時樂名，韶字本身有繼承的意思。
⑤《夏》：禹樂名。

### 譯文

在古代的時候，舜製作五弦琴，並用來彈唱《南風》，樂官夔，始作樂來賞賜諸侯。所以天子作樂，賞賜諸侯中有德行的人。諸侯有高尚的德行，並且尊崇教化，五穀能夠按時收割，天子就會賞賜樂給諸侯。諸侯治理百姓卻讓百姓勞苦，那麼天子賞賜給樂舞的人數少且行列稀疏；諸侯治

理百姓並且讓百姓生活安逸，那麼天子賞賜給樂舞的人數多、行列多。所以觀看諸侯樂舞，就可以知道諸侯的德行。就像聽到一個人的諡號，就知道他生前的為人一樣。《大章》是堯的樂曲，彰顯了堯盛大的德行。《咸池》是黃帝的樂名，頌揚黃帝德行兼備。《韶》是虞舜時的樂名，表明虞舜能繼承堯盛大的美德。《夏》是禹的樂名，反映禹能夠發揚堯舜盛大的德行。殷周兩代的樂名也反映了當時的掌權都能執政為民。依據天地的常規來講，如果寒暑不應時更替就會發生疾病，風雨不諧調就會發生旱澇災害繼而產生饑荒。教化就如同寒暑，如果對百姓的教化不及時，世道就會混亂。事功就如同自然界的風雨，如果不加節制，就會勞而無功。然而先王作樂，效法其政績，政績良好，就會表現百姓良好的德行。

## ▶原文

11.夫豢豕為酒①，非以為禍也，而獄訟益繁，則酒之流生禍也。是故先王因為酒禮，壹獻之禮，賓主百拜，終日飲酒而不得醉焉；此先王之所以備酒禍也。故酒食者所以合歡也；樂者所以象德也；禮者所以綴淫也②。是故先王有大事③，必有禮以哀之；有大福④，必有禮以樂之。哀樂之分，皆以禮終。樂也者，聖人之所樂也，而可以善民心，其感人深，其移風易俗，故先王著其教焉。

### 注釋

①豢（ㄏㄨㄢˋ）：飼養牲畜。豕(ㄕˇ)：豬
②綴：通「輟」，停止。
③大事：重大的事情。指喪事。
④大福：好運氣；喜幸之事。

### 譯文

本來飼豬釀酒的目的並不是為了惹是生非，但爭訟的案件卻逐漸增多，都是因為喝酒過量而生發的禍事。所以先王制定飲酒禮，在飲酒的過程中會施行很多的禮，即使終日喝酒也不會醉；這是先王防止醉酒生事非的方法。酒食的目的是讓大家盡興玩樂聯絡感情；樂，目的是表明德行；禮，目的是為了阻止人們的不軌行為。如果先王有喪事時，就用相應的禮

來表示自己的哀傷；如果先王有喜慶的事情，就用相應的禮來表示自己的喜悅。悲哀歡樂的情感都依禮來節制。樂，是聖人所喜歡的，並且可以讓人心向善，樂對人心的觸動很深，依靠樂可以讓整個社會移風易俗，所以先王特別注重樂教。

## 原文

12‧夫民有血氣心知之性⑴，而無哀樂喜怒之常，應感起物而動，然後心術形焉。是故志微噍殺之音作⑵，而民思憂。嘽諧慢易、繁文簡節之音作⑶，而民康樂。粗厲猛起、奮末廣賁之音作⑷，而民剛毅。廉直、勁正、莊誠之音作，而民肅敬。寬裕肉好、順成和動之音作⑸，而民慈愛。流辟、邪散、狄成滌濫之音作⑹，而民淫亂。是故先王本之情性，稽之度數，制之禮義。合生氣之和，道五常之行⑺，使之陽而不散⑻，陰而不密⑼，剛氣不怒，柔氣不懾，四暢交於中而發作於外，皆安其位而不相奪也；然後立之學等，廣其節奏，省其文采⑽，以繩德厚。律小大之稱，比終始之序，以象事行。使親疏貴賤、長幼男女之理，皆形見於樂，故曰：「樂觀其深矣。」

### 注釋

①心知：心智。知，同「智」。
②噍殺（ㄐㄧㄠ ㄕㄞˋ）：聲音急促，不紆緩。聲音微小而急促。
③嘽(ㄔㄢˇ)諧慢易：紓緩和平。繁文：富有文採。
④賁：通「憤」，怒氣。
⑤肉好：比喻樂音洪潤悅耳。
⑥流辟：放蕩邪僻。　邪散：邪淫散漫。　狄（ㄉㄧˊ）成：指往來疾速而成。
⑦五常：謂金、木、水、火、土五行。
⑧陽：通「揚」。發聲清亮。
⑨密：閉藏；封閉。
⑩文採：指樂曲的抑揚和諧。

**譯文**

　　血氣和心智是人的的本性，但喜怒哀樂卻沒有定數，必須在內心受到外物刺激而受到觸動後，才表現為喜怒哀樂的外在情緒，所以有細微、急促的樂曲產生時，就會引起百姓的憂思。有紓緩平和、富有文採而音節寬簡的音樂產生，那麼百姓就安康快樂。開頭粗狂、武猛，而結尾高亢、憤怒的音樂產生時，那麼百姓就剛毅果斷。有清廉正直、莊重虔誠的音樂產生時，那麼百姓就肅敬。有曠達、洪潤、悅耳、流暢的音樂產生時，那麼百姓就慈愛。有放蕩邪僻、邪淫散漫、曲義輕佻而又放縱的音樂產生時，那麼百姓就多淫亂。所以先王作樂要依據人的性情，考核音律的度數，並用禮義加以節制。使樂與生發萬物的陰陽二氣相符合，遵循金、木、水、火、土五行的運動規律，所作的樂清亮但不散漫，收斂而不鬱結，陽剛而不粗狂，柔美而不怯懦，上述陰、陽、剛、柔四種情感產生於人的內心而透過樂恰當地表達出來，四種情感各居其位而不相互侵擾；然後制定學習的內容，深入學習樂的節奏，研究樂曲的抑揚和諧，並將樂所提倡的精神作為道德修養的標準。調整好音律的大小使其相稱，按排好樂曲開頭和結尾的內容，使得樂曲的內容能很好地表現人的事功和德行。使得親疏貴賤的等級、長幼順序、男女有別等都表現在樂舞中，所以說：「要觀察樂中所蘊含的深層意義。」

**▶原文**

　　13．土敝則草木不長，水煩則魚鱉不大①。氣衰則生物不遂，世亂則禮慝而樂淫②。是故其聲哀而不莊，樂而不安，慢易以犯節，流湎以忘本。廣則容奸，狹則思欲③，感條暢之氣而滅平和之德。是以君子賤之也。

**注釋**

　　①煩：頻繁攪動；煩擾。
　　②慝（ㄊㄜˋ）：雜亂。
　　③狹：急促；急迫。

**譯文**

　　如果土地貧瘠，草木就無法生長；如果水域頻繁地受到煩擾，魚鱉

就長不大。陰陽二氣不諧調,生物就長不成,社會混亂就會使得禮法混亂而樂音淫靡。所以音樂就會悲哀而不莊重,喜悅卻不安寧,輕慢而節奏混亂,放縱無度而忘記根本。寬緩卻含奸詐,音節急促而刺激人的情人,百姓感受到的只是一般不平的情緒卻感受不到平和的德行。這種亂世的音樂為君子所鄙視。

## ▶原文

14.凡奸聲感人,而逆氣應之,逆氣成象,而淫樂興焉。正聲感人,而順氣應之,順氣成象,而和樂興焉。倡和有應[01],回邪曲直[02],各歸其分,而萬物之理,各以其類相動也。是故君子反情以和其志[03],比類以成其行。奸聲亂色,不留聰明[04]。淫樂慝禮,不接心術。惰慢邪辟之氣不設於身體,使耳目鼻口、心知百體皆由順正以行其義。然後發以聲音,而文以琴瑟,動以干戚,飾以羽旄,從以簫管。奮至德之光,動四氣之和,以著萬物之理。是故清明象天[05],廣大象地,終始象四時,周還象風雨[06]。五色成文而不亂,八風從律而不奸[07]。百度得數而有常[08]。小大相成,終始相生。倡和清濁,迭相為經。故樂行而倫清,耳目聰明,血氣和平,移風易俗,天下皆寧。故曰:「樂者樂也」。君子樂得其道,小人樂得其欲。以道制欲,則樂而不亂。以欲忘道,則惑而不樂。是故君子反情以和其志,廣樂以成其教,樂行而民鄉方[09],可以觀德矣。

## 注釋

①倡和:一人首唱,他人相和,互相應答。
②回邪:不正;邪僻。
③反情:恢復正常的本性,以防惑亂。
④聰明:指耳朵和眼睛。
⑤清明:聲音清朗。
⑥周還:即周旋,指迴旋。
⑦八風:指八音。我國古代對樂器的統稱,通常為金、石、絲、竹、匏、土、革、木八種不同質材所製。
⑧百度:猶百刻,指時間。
⑨鄉方:即向方,歸向正道。

### 譯文

　　如果人們受奸邪聲音的影響，違逆的情緒就會產生，這種違逆的情緒就會演化成具體的事實，這就是淫樂的來源。如果人們受純正聲音的影響，和順的情緒就會產生，這種和順的情緒就會演化成具體的事實，這就是和樂的來源。就像一唱一和必定相互呼應，邪辟與正直各歸其類一樣，世間萬事萬物的道理，都是同類相呼應的。所以君子收斂情欲，恢復本性來安定心志，依附善類來成就自己的德行。眼睛耳朵不接觸奸聲靡亂的形色。不讓淫靡的音樂和違禮的行為侵入自己的內心。不讓懶惰、傲慢、邪辟的習氣沾染自己，讓自己從耳、目、口、鼻、內心及身體的其他部分，都朝著順正的方向來實施合乎道義的行為。然後用聲音來抒發情感、用琴瑟等樂器來演奏，手握干戚及羽旄來跳舞，並配奏管簫。發揚最高德行的光輝，調動四季的和諧之氣，來顯示支配萬物生長的自然規律。所以聲音清朗像天，樂器聲音宏大像大地，樂章內容的循環像四季的更替，舞姿迴旋就像風雨。五色雜呈構成文彩而不混亂，八種樂器依照樂律的規定進行演奏而互不侵擾。日月晝夜更替而不失其規律，高音和低音錯落有致，前後樂章相繼起落。有唱有和，音調有清有濁，輪番為基調，致使樂音變換無窮。所以這種音樂一旦盛行，那麼人倫常理就自然為百姓所認知接受，百姓進而耳目聰明，血氣和平，移風易俗，最終實現天下安寧。所以說「樂就是讓人高興。」君子從樂中得到了大道而高興，小人從樂中滿足了自己的欲望而高興。用大道來節制私欲，就會快樂而不迷亂。因為過分追求私欲而遺忘大道，就會迷茫而不快樂。所以君子要收斂情欲、恢復本性來安定心志，透過推廣樂來實現教化，樂的廣泛推行使得百姓歸向正道，這樣百姓就有好的德行了。

### ▶原文

　　15.德者性之端也，樂者德之華也[01]。金石絲竹，樂之器也。詩言其志也，歌詠其聲也，舞動其容也。三者本於心，然後樂器從之。是故情深而文明，氣盛而化神。和順積中而英華發外，唯樂不可以為偽。樂者，心之動也；聲者，樂之象也。文採節奏[02]，聲之飾也。君子動其本，樂其象，然後治其飾。是故先鼓以警戒，三步以見方，再始以著往，復亂以飭歸。奮

疾而不拔<sup>03</sup>，極幽而不隱。獨樂其志，不厭其道；備舉其道，不私其欲。是故情見而義立，樂終而德尊。君子以好善，小人以聽過。故曰：「生民之道，樂為大焉。」樂也者施也，禮也者報也。樂，樂其所自生；而禮，反其所自始。樂章德，禮報情反始也。所謂大輅者<sup>04</sup>，天子之車也。龍旂九旒<sup>05</sup>，天子之旌也。青黑緣者，天子之寶龜也。從之以牛羊之群，則所以贈諸侯也。

## 注釋

①華：光採；光輝。
②文採：指樂曲的抑揚和諧。
③不拔：不可拔除，不可動搖。形容牢固。
④大輅：玉輅。古時天子所乘之車。
⑤旂（ㄑㄧˊ）：通「旗」。　九旒(ㄌㄧㄡˊ)：古代旌旗上的九條絲織垂飾。

## 譯文

　　德是人性的根本，樂是德的光輝。金、石、絲、竹，是奏樂時使用的樂器。詩表達百姓的志向，歌聲展露百姓的心聲，舞蹈表現百姓的情態，詩、歌、舞三者都出於百姓的內心，然後樂器就配合演奏表達內心情感。所以感情深厚而情態鮮明，氣勢旺盛而演奏出神入化。有和順的感情積蓄在心中，才會有和諧美妙的音樂演奏出來，只有樂是不可以作偽的。樂，是人內心活動的外在表現；聲音，是樂的表象。樂曲的抑揚和諧，是聲音的外在裝飾。君子內心受到觸動，就要用樂表現出來，對表現出來的樂進行加工修飾。所以演奏武王伐紂的《大武舞》時，首先擊鼓引起表演者的注意，三次踏步表明部隊即將啟程，樂舞的上章完畢後，再循環往覆，表明部隊繼續前進，樂舞末章表明獲取勝利後，整飭軍隊凱旋而歸。樂舞動作迅速，但舞步卻很穩固，歌唱的內容深刻卻不隱晦。整個樂舞內容，表現了武王為取得的勝利而高興，但卻不失仁義道德；整個過程都表現了武王的仁義道德，但不放縱個人的私欲。所以樂舞充分表達了武王的內心情感並且確立了仁義，樂曲終結時也顯示了武王崇高的道義。欣賞完樂曲，君子會更加的注重施行自己的善行，而小人會反身自省彌補自己的過失，所以說：「用樂教感化百姓，是最為高明的方法。」樂的功用在施予，禮的功用在報答。樂，是對歌頌當時自己所處的時代；禮，是追念先人祖

先。樂是為了彰顯好的德行，而禮是為了報答恩情。名為大輅，是天子乘坐的車。龍旂、九旒，是天子懸掛的旌旗。有青黑色邊緣的，是天子的寶龜甲。再加上成群的牛羊，這些天子都會用來賞賜給有功勞的諸侯。

## ▶原文

16.樂也者，情之不可變者也。禮也者，理之不可易者也。樂統同，禮辨異，禮樂之說①，管乎人情矣。窮本知變，樂之情也；著誠去偽，禮之經也。禮樂偵天地之情②，達神明之德，降興上下之神，而凝是精粗之體，領父子君臣之節。是故大人舉禮樂，則天地將為昭焉。天地欣合，陰陽相得，煦嫗覆育萬物③，然後草木茂，區萌達④，羽翼奮，角觡生⑤，蟄蟲昭蘇，羽者嫗伏，毛者孕鬻⑥，胎生者不殰⑦，而卵生者不殈⑧，則樂之道歸焉耳。樂者，非謂黃鐘大呂弦歌干揚也⑨，樂之末節也，故童者舞之。鋪筵席，陳尊俎⑩，列籩豆，以升降為禮者，禮之末節也，故有司掌之。樂師辨乎聲詩，故北面而弦；宗祝辨乎宗廟之禮⑪，故後尸；商祝辨乎喪禮⑫，故後主人。是故德成而上，藝成而下；行成而先⑬，事成而後。是故先王有上有下，有先有後，然後可以有制於天下也。

### 注釋

①管：包容；包括。

②偵（ㄈㄨˋ）：依照；摹仿。

③煦嫗：撫育；愛撫；長養。

④區（ㄍㄡ）萌：謂草木萌芽勾曲生出。

⑤角觡（ㄍㄜˊ）：指有角的獸類。泛指獸類。

⑥鬻：通「育」，生育。

⑦殰（ㄉㄨˊ）：胎死腹中。

⑧殈（ㄒㄩˋ）：開裂。指鳥卵未孵成而開裂。

⑨黃鐘：同大呂，都是古代樂律名。　弦歌：依琴瑟而詠歌。　揚：即鉞（ㄩㄝˋ），是跳舞時的一種樂具。

⑩尊俎：古代盛酒肉的器皿。

⑪宗祝：宗伯和太祝。主祭祀之官。

⑫商祝：習商禮而任司祭的人。

⑬行成：德行養成。

## 譯文

　　樂因情而作，所以其情不可變。禮依禮而制，所以其理不可以更改。樂是要協同人心，而禮是要辨別人倫，禮與樂的道理，包容著人情。透過樂可以探尋人的本心而瞭解其感情的變化。透過禮能彰顯誠信而摒棄虛偽。禮樂能依照天地法則，通達神明的恩德，將禮樂用於祭祀，可以讓天神降而地神出進而感知鬼神，形成精妙的樂情與具體的禮儀，統攝父子君臣的行為規範。所以聖人實行禮樂，天地都跟著光明。天地、陰陽二氣和諧相生，滋養撫育萬物生長，這樣草木萌芽生出，禽類奮翅，獸類得以繁衍，蟄蟲甦醒，鳥類孵化小鳥，獸類生育後代，胎生的沒有胎死腹中，而卵生的卵沒有破裂，樂理都符合這種自然法則。所謂的樂，不單單指樂律、或依琴瑟而詠歌或手持干揚跳舞，這些都是樂的細枝末節，所以讓小孩來跳舞。鋪設筵席，陳放尊俎，擺放籩豆，升降跪拜，這些也都是禮的細枝末節，所以讓司掌專門掌管。樂師只懂得分辨聲和詩，所以面朝北彈奏；宗和祝只懂得宗廟祭祀的禮節，所以跟在屍後面輔助行禮；商祝只懂得置喪的禮節，所以跟在主人後面輔助行禮。因此成就德行是最主要的，而成就技藝是次要的；德行有成就就居於上位，而有技藝則居於下位。因為先王知道上下、先後的道理，所以可以給天下創制禮樂。

## ▶原文

　　17.魏文侯問於子夏曰：「吾端冕而聽古樂[01]，則唯恐臥；聽鄭衛之音，則不知倦。敢問古樂之如彼何也？新樂之如此何也？」子夏對曰：「今夫古樂，進旅退旅，和正以廣。弦匏笙簧，會守拊鼓[02]，始奏以文[03]，復亂以武，治亂以相[04]，訊疾以雅。君子於是語，於是道古，修身及家，平均天下。此古樂之發也。今夫新樂，進俯退俯，奸聲以濫，溺而不止；及優侏儒[05]，猱雜子女[06]，不知父子。樂終不可以語，不可以道古。此新樂之發也。今君之所問者樂也，所好者音也！夫樂者，與音相近而不同。」

### 注釋

　　①端冕：玄衣和大冠。古代帝王、貴族的禮服。
　　②拊：即拊搏，古代的一種打擊樂器。

③文：指鼓樂。

④相：與下文中的「雅」同為古樂器名。

⑤優：古代表演樂舞、雜戲的藝人。　侏儒：身材異常短小者；矮子。

⑥猱（ㄋㄠˊ）雜：混雜。

## 譯文

　　魏文侯問子夏說：「我穿著玄衣、戴著大冠認真地聆聽古樂，擔心自己瞌睡；但如果聽鄭衛的新樂音樂時，卻不知疲倦。請問我聽古樂與新樂時為什麼會有如此大的不同呢？」子夏回答說：「古樂在表演時，舞蹈者同進同退，動作整齊，舞曲的內容中正平和且寬廣。弦匏笙簧等樂器，都會隨著附搏、鼓打擊的節拍而演奏，樂舞開始時擊鼓，結束時擊鐃，並用相來調節結束時的音樂，用雅調節動作的快慢。樂舞結束後，君子們在一起討論樂的意義，談論古代的事情，內容都與修身、齊家、治國、平天下有關。這些都是古樂所包涵的深層意義。現在演奏的新樂，舞者們彎腰曲身參差不齊，歌與曲的內容淫靡放浪，誘惑人沉迷其中而不能自拔；舞蹈的隊伍裡即有樂舞的藝人又有侏儒，表演者男女混雜、父子不分。樂舞結束後沒有什麼意義可以談論，更不用說聯繫古代的事情了。這就是演奏新樂後產生的結果。現在你詢問的是樂，但你所喜好的是音。要知道樂與音二者之間也是有區別的。」

## 原文

　　18.文侯曰：「敢問何如？」子夏對曰：「夫古者，天地順而四時當，民有德而五穀昌，疾疢不作而無妖祥①，此之謂大當。然後聖人作為父子君臣，以為紀綱。紀綱既正，天下大定。天下大定，然後正六律②，和五聲③，弦歌詩頌，此之謂德音④；德音之謂樂。《詩》云：『莫其德音，其德克明。克明克類，克長克君，王此大邦；克順克俾，俾於文王，其德靡悔。既受帝祉，施於孫子。』此之謂也。今君之所好者，其溺音乎？」

## 注釋

①疾疢（ㄔㄣˋ）：泛指疾病。　妖祥：指顯示災異的凶兆。

②六律：古樂律名，即黃鐘、大蔟、姑洗、蕤賓、夷則、無射。

③五聲：宮、商、角、徵、羽。

④德音：指朝廷所定的正統音樂。

## 譯文

　　文侯說：「那請問樂與音有什麼不同呢？」子夏回答說：「在遠古時候，如果風調雨順五穀豐登，沒有瘟疫災害發生，也沒有災異現象的發生，這就叫作太平盛世。此時聖人就會出現，出現後就明確君臣、父子間的尊卑、長幼關係，並作為人倫綱常定立下來。人倫綱常確定後，天下就能實現安定了。天下安定後，便考訂音律，調和五音的大小，彈奏琴瑟並朗誦詩歌來頌揚太平盛世，這就是朝廷所定的正統音樂；這樣的正統音樂才可以叫作樂。《詩經》上說：『他的美名傳播於天下，他的德行能光耀四方，能團結本族，能為人師長能做君王。他的德行讓國家興旺發達，使得百姓對他心神嚮往，直到文王即位，他的德行仍完美無傷。受了天帝賜予的福氣，延續到了子孫後代。』這就是德音的意義所在，不過國君你現在卻不喜歡這樣的德音，反而溺愛那些迷人的新樂？」

## 原文

　　19.文侯曰：「敢問溺音何從出也？」子夏對曰：「鄭音好濫淫志，宋音燕女溺志⁰¹，衛音趨數煩志，齊音敖辟喬志⁰²，此四者皆淫於色而害於德，是以祭祀弗用也。《詩》云：『肅雍和鳴，先祖是聽。』夫肅肅，敬也；雍雍，和也。夫敬以和，何事不行？為人君者謹其所好惡而已矣。君好之，則臣為之。上行之，則民從之。《詩》云：『誘民孔易』，此之謂也。然後，聖人作為鞀、鼓、椌、楬、壎、篪，此六者德音之音也。然後鐘磬竽瑟以和之，干戚旄狄以舞之，此所以祭先王之廟也，所以獻酬酳酢也⁰³，所以官序貴賤各得其宜也，所以示後世有尊卑長幼之序也。鐘聲鏗⁰⁴，鏗以立號，號以立橫⁰⁵，橫以立武。君子聽鐘聲則思武臣。石聲磬，磬以立辨，辨以致死。君子聽磬聲則思死封疆之臣。絲聲哀，哀以立廉，廉以立志。君子聽琴瑟之聲則思志義之臣。竹聲濫⁰⁶，濫以立會，會以聚眾。君子聽竽笙簫管之聲，則思畜聚之臣⁰⁷。鼓鼙之聲歡，歡以立動，動以進眾。君子聽鼓鼙之聲，則思將帥之臣。君子之聽音，非聽其鏗鏘而已也，彼亦有所合之也。」

### 注釋

①燕女：謂安於女色。

②敖（ㄠˋ）辟：形容樂音倨放而邪辟。　喬：通「驕」，驕橫放縱。

③獻：主人向客人敬酒。　酳（一ㄣˋ）：食畢以酒漱口。古代宴會或祭祀時的一種禮節。　酢（ㄗㄨㄛˋ）：以酒回敬主人。

④鏗：象聲詞。形容金石玉木等所發出的洪亮聲。

⑤橫：充滿。

⑥濫：通「斂」，收斂。

⑦畜（ㄒㄩˋ）聚：謂節用愛人，容民畜眾。

### 譯文

　　文侯問子夏說：「這些靡靡之音是從哪裡產生的呢？」子夏回答說：「鄭國的音樂淫濫會使人的意志渙散，宋國的音樂安於女色讓人心志沉湎，衛國的音樂急使人的意志煩亂，齊國的音樂倨放而邪辟會使人驕橫放縱，這四個國家的音樂都好色而無德，祭祀時不會使用這樣的音樂。《詩經》上說：『莊嚴和諧的音樂沁入肺腑心田，祖先的神靈聽了也會安閒。』肅肅是虔敬的意思，而雍雍是祥和的意思。如果有了虔誠而又祥和的心志，做什麼事不可以成功呢？身為人君要擔心自己的喜好，因為國君所喜好的，百姓就會跟著喜好。《詩經》上說『像這樣誘導百姓就容易取得成功。』說的就是這個道理。然後，聖人製作了韜（ㄊㄠˊ）、鼓、椌、楬、塤、篪六種樂器，這六種樂器，都是用來演奏德音的樂曲的。並用鐘、磬、竽、瑟配奏，手持干戚、旄狄等舞具來舞蹈，這樣的樂就可以用於宗廟祭祀了，並用來配合主客間的獻酬酳酢各種禮節，可以根據樂來區別官位的大小，這樣就可以告知後人尊卑長幼的順序了。鐘聲鏗鏗，好像在發號施令，發號施令時就會充滿氣勢，充滿氣勢就讓人覺得威武雄壯。君子聽到鐘聲就會想到武臣。石磬聲磬磬，聽起來節義分明，節義分明就會讓人忠心耿耿，忠心耿耿就會將生死置之度外。君子聽到石磬的聲音就會想到那些因守衛疆土而獻身的將士。弦樂的聲音哀傷，哀傷的音樂讓人廉潔，廉潔才會有氣節。所以君子聽到琴瑟的聲音就會想到有節氣的臣子。絲竹的聲音收斂，收斂就能聚合，聚合就能安撫百姓，君子聽竽、笙、簫等管弦樂時，就會想到能節用愛人，容民畜眾的臣子。鼓和鼙發出的聲音歡愉，歡愉的聲音讓人聽了振奮，振奮會激勵人前進，君子聽到

鼓、鼙的聲音就想到將帥了。君子聽樂，不單單只是傾聽音樂發出鏗鏘的
聲音，而是從那聲音中所引起的無限聯想。」

## ▶原文

20・賓牟賈侍坐於孔子，孔子與之言及樂，曰：「夫《武》之備戒之
已久，何也？」對曰：「病不得眾也。」「詠歎之，淫液之①，何也？」
對曰：「恐不逮事也。」「發揚蹈厲之已蚤②，何也？」對曰：「及時事
也。」「《武》坐致右憲左③，何也？」對曰：「非武坐也。」「聲淫及
商，何也？」對曰：「非《武》音也。」子曰：「若非《武》音，則何音
也？」對曰：「有司失其傳也。若非有司失其傳，則武王之志荒矣。」子
曰：「唯！丘之聞諸萇弘，亦若吾子之言是也。」

## 注釋

①淫液：聲音綿延不絕。

②蹈厲：形容舞時動作的威武。後比喻奮發有為，意氣昂揚。　蚤：通
「早」。

③憲：通「軒」。高起，抬起。

## 譯文

賓牟賈陪坐在孔子的身邊，孔子和他談話時涉及到了樂舞的事，孔
子說：「《武》舞開始時，不斷地敲鼓以示警戒，是為什麼呢？」賓牟
賈回答說：「這是象徵武王伐紂時擔心得不到眾人的擁護。」孔子說：
「樂舞開始時為什麼要詠歎歌唱，歌聲綿延不絕，這是為什麼呢？」賓牟
賈回答說：「這是象徵武王擔憂伐紂失敗。」孔子說：「舞蹈開始後突
然而又劇烈地手舞足蹈起來，這是為什麼呢？」賓牟賈回答說：「這象徵
武王抓住有利時機正在討伐紂王。」孔子說：「《武》舞時，表演者右膝
跪地而左腿高抬，這是為什麼呢？」賓牟賈回答說：「那未必是《武》舞
裡的跪。」孔子說：「《武》樂中似乎有很多的商音，這是為什麼呢？」
賓牟賈回答說：「這不是《武》中所包含的樂。」孔子追問說：「這不是
《武》中的樂，又是哪裡的樂呢？」賓牟賈回答說：「這恐怕是樂官傳授
過程中的失誤。如果不是樂官傳授失誤，那就是武王年老昏聵了。」孔子
說：「正是如此，我從周大夫萇弘那裡聽到的，正如你所說的。」

## ▶原文

21.賓牟賈起，免席而請曰<sup>①</sup>：「夫《武》之備戒之已久，則既聞命矣，敢問遲之遲而又久，何也？」子曰：「居！吾語汝。夫樂者，象成者也。總干而山立，武王之事也。發揚蹈厲，大公之志也<sup>②</sup>。《武》亂皆坐，周、召之治也。」

### 注釋

①免席：離開座位，以示恭敬。
②大公：即太公望，輔佐武王滅商。

### 譯文

賓牟賈離開座位，恭敬地向孔子請教說：「對於《武》舞開始前總要擊鼓準備很長的時間這一現象，我的回答已經得到了您的肯定。請問《武》樂的每一部分都非常的長，這又是為什麼呢？」孔子說：「請坐吧！讓我來慢慢告訴你吧。本來樂舞就是模仿以前的事情的，跳舞時手拿著干戚像高山一樣屹立不動，這象徵著武王伐紂前等待著諸侯的到來。舞蹈開始後突然又劇烈地手舞足蹈表示投入戰爭，這是姜太公的主意。《武》舞結束時表演者都全體坐下，表示伐紂取得勝利，周公和召公將用文德來治理天下。」

## ▶原文

22.「且夫《武》，始而北出，再成而滅商。三成而南，四成而南國是疆，五成而分周公左召公右，六成復綴以崇。天子夾振之而駟伐<sup>①</sup>，盛威於中國也。分夾而進，事早濟也，久立於綴，以待諸侯之至也。且女獨未聞牧野之語乎<sup>②</sup>？武王克殷反商。未及下車而封黃帝之後於薊，封帝堯之後於祝，封帝舜之後於陳。下車而封夏后氏之後於杞，投殷之後於宋。封王子比干之墓，釋箕子之囚，使之行商容而復其位。庶民弛政，庶士倍祿。濟河而西，馬散之華山之陽，而弗復乘；牛散之桃林之野，而弗復服。車甲釁而藏之府庫<sup>③</sup>，而弗復用。倒載干戈<sup>④</sup>，包之以虎皮。將帥之士，使為諸侯。名之曰建櫜<sup>⑤</sup>。然後知武王之不復用兵也。散軍而郊射<sup>⑥</sup>，左射《貍首》<sup>⑦</sup>，右射《騶虞》，而貫革之射息也。裨冕搢笏<sup>⑧</sup>，而虎賁之士說劍也

⑨。祀乎明堂而民知孝。朝覲然後諸侯知所以臣，耕藉然後諸侯知所以敬⑪。五者，天下之大教也。食三老五更於大學⑪，天子袒而割牲，執醬而饋，執爵而酳⑫，冕而總干，所以教諸侯之弟也⑬。若此則周道四達，禮樂交通。則夫《武》之遲久，不亦宜乎！」

## 注釋

①駟伐：即四伐，一擊一刺為一伐，象徵征伐四方。

②女：通「汝」。

③釁：血祭，指殺生取血塗物以祭。

④倒（ㄉㄠˇ）載干戈：倒著藏放兵器，表示不再打仗。

⑤建櫜（ㄍㄠ）：建，通「鍵」。將兵甲收藏於武庫。

⑥郊射：周制，天子到郊外祭天，命士習射，以選拔人才。

⑦左射：指在東學射宮習射。

⑧裨冕：古代諸侯卿大夫朝覲或祭祀所穿冕服的通稱。　搢笏(ㄐㄧㄣˋ ㄏㄨˋ)把笏版插在腰帶上。

⑨虎賁：賁，通「奔」。勇士之稱。　說：通「脫」。

⑩耕藉：即耕藉禮，古時每年春耕前，天子、諸侯，親耕藉田，種植供祭祀用的穀物，並以示勸農。

⑪三老五更：古代設三老五更之位，天子以父兄之禮養之。

⑫酳（ㄧㄣˋ）：食畢以酒漱口。古代宴會時的一種禮節。

⑬弟：通「悌」。

## 譯文

「再說《武》舞的章節內容，第一章象徵武王整飭隊伍揮師北上，第二章象徵武王滅商紂。第三節象徵武王率兵南下，第四章象徵武王在南方拓展了疆土，第五章象徵把國家一分為二，周公負責治理東邊，邵公治理西邊。第六章表演者又回到原來起步的位置，象徵天下的諸侯都集聚到國都，尊崇天子。在六章節的表演過程中，武王與大將會夾著隊伍振動金鐸，戰士們手持戈矛，隨著節奏刺擊四次，顯示周的強大與威武。隨後舞蹈的隊伍分成兩列，象徵伐紂的戰爭早已取得勝利，至於舞蹈最初的時候，表演者久立不動，象徵武王在等待諸侯的到來。再說你沒聽說過牧野的故事嗎？武王打敗殷紂後，駕車到達商都，還沒來得及下車，就把薊地封給黃帝的後代，把祝地封給帝堯的後代，把陳地封給帝舜的後代。下

車後，把杞地封給夏后氏的後代，把宋地封給殷人的後代。下令重修王子比干的墓，釋放了遭囚禁的箕子，允許他去探望賢臣商容並恢復其原有職位，廢除商朝舊有的暴政苛刑，給當差的發放成倍的俸祿。渡過黃河，到達黃河的西邊後，將所有的戰馬散養在華山的南邊且不再用於征戰；將所有的牛都散養在桃林的原野上，不再用於戰爭。殺生取血塗抹在戰車和盔甲上，並收藏到庫房，不再用於戰爭。用虎皮把兵器包裹起來並倒著放置到庫房。把軍隊裡的將帥分配給各諸侯。上述作法叫作建橐。這表示武王不再使用武力作戰了。解散軍隊並舉行郊射禮，如果郊射禮在東學舉行就演奏《狸首》來配合射箭，如果在西學舉行就演奏《騶虞》來配合射箭，此時那種貫穿皮革的射箭方式也就停止了。臣子們身上穿著褘衣，頭上戴著冕，腰間插著搢笏，勇猛的武士不再佩劍。在明堂裡祭祀祖先，讓百姓懂得孝道。諸侯定期朝見天子，讓諸侯知道為臣的道理，天子親自耕作，諸侯就知道敬事天地鬼神了。上述五個方面，是教化天下的重要舉措。天子在大學裡舉行食禮來宴請三老、五更，即使已身為天子，但仍要親自為長者分割牲肉，拿著醬給長者分食，端著酒杯向長者進獻酯酒，戴著帽子拿著舞具給長者表演，這是天子在教導諸侯要尊敬長輩。這樣，使得周的教化傳播到四方，禮樂在天下廣泛地實行。（武王的功勞如此的盛大），所以《武》舞表演也要使用較長的時間。」

## ▶原文

23.君子曰：「禮樂不可斯須去身。」致樂以治心，則易、直、子、諒之心油然生矣[01]。易、直、子、諒之心生則樂，樂則安，安則久，久則天，天則神。天則不言而信，神則不怒而威，致樂以治心者也。致禮以治躬則莊敬，莊敬則嚴威。心中斯須不和不樂，而鄙詐之心入之矣。外貌斯須不莊不敬，而易慢之心入之矣。故樂也者，動於內者也；禮也者，動於外者也。樂極和，禮極順，內和而外順，則民瞻其顏色而弗與爭也；望其容貌，而民不生易慢焉。故德輝動於內，而民莫不承聽；理發諸外，而民莫不承順。故曰致禮樂之道，舉而錯之，天下無難矣。樂也者，動於內者也；禮也者，動於外者也。故禮主其減，樂主其盈。禮減而進，以進為文[02]；樂盈而反，以反為文。禮減而不進則銷，樂盈而不反則放；故禮有報而樂有反。禮得其報則樂，樂得其反則安。禮之報，樂之反，其義一也。

## 注釋

①子：慈愛。　諒：誠信。
②文：美，善。

## 譯文

　　君子說：「人的身心片刻都離不開禮樂。」深入理解樂的功用並用樂來調節修養人的內心，那麼平和、正直、慈愛、誠信的心就會油然而生。有平和、正直、慈愛、誠信的心就會快樂，內心快樂就會安定，內心安定就能平和長久的修養，能平和長久的修養就能體達天理，體達天理就能與神明相通。天雖然不言語但四時的變化從沒有失信，神明從來沒有發過怒，但是人人都非常敬畏他，這就是深入理解樂的功用並用其修養內心所取得的成效。深入研究禮的功用並用禮來端正人的言行舉止，就會變得莊重恭敬，莊重恭敬就會有威嚴。人的內心只要片刻覺得不和樂，那麼卑鄙奸詐就會侵入人的內心。如果人的外貌只要有片刻不莊重恭敬，那麼驕縱傲慢的心就會侵入。所以樂影響著人的內心；禮影響著人的言談舉止、服飾等外在行為表現。樂讓人的內心平和，禮讓人的外表莊重恭敬，一個人如果內心能平和而外表又莊重恭敬，那麼其他人看見這樣的神情，就不會與他爭奪抗爭；看見他的謙謙外表，就不敢輕視違逆他。因此美好德行的光輝從人的內心生發出來，人們都會聽其指揮；理從外貌表現出來，人們就會聽從他的領導。所以說深入探究禮樂的道理，並在天下廣泛實行，那麼實現天下大治就不是難事了。樂，影響著人的內心；禮，影響著人的言談舉止、服飾等外在行為表現。所以禮重在收斂謙讓，而樂重在豐富充盈。禮收斂謙讓，並努力實行，百姓就會變得美善；樂的內容豐富充盈，人們的心性就會受到陶冶而返歸本性，人們返歸本性就會變得心性純美。如果禮的內容雖收斂謙讓，卻得不到實行就會逐漸消失；樂的內容雖豐富充盈，卻沒有返歸人的本性那麼人們就會逐漸放縱；所以禮要求回報，而樂要求返本。所謂的禮要求回報、樂要求返本，二者的內在意義實質上都是一樣的。

## ▶原文

　　24.夫樂者，樂也。人情之所不能免也。樂必發於聲音，形於動靜，人

之道也。聲音動靜，性術之變，盡於此矣。故人不耐無樂[01]，樂不耐無形。形而不為道，不耐無亂。先王恥其亂，故制《雅》、《頌》之聲以道之[02]，使其聲足樂而不流，使其文足論而不息，使其曲直繁瘠、廉肉節奏足以感動人之善心而已矣[03]。不使放心邪氣得接焉，是先王立樂之方也。是故樂在宗廟之中，君臣上下同聽之則莫不和敬；在族長鄉里之中，長幼同聽之則莫不和順；在閨門之內，父子兄弟同聽之則莫不和親。故樂者審一以定和，比物以飾節；節奏合以成文。所以合和父子君臣，附親萬民也，是先王立樂之方也。故聽其《雅》、《頌》之聲，志意得廣焉；執其干戚，習其俯仰詘伸[04]，容貌得莊焉；行其綴兆[05]，要其節奏，行列得正焉，進退得齊焉。故樂者天地之命，中和之紀，人情之所不能免也。夫樂者，先王之所以飾喜也；軍旅鈇鉞者，先王之所以飾怒也。故先王之喜怒，皆得其儕焉。喜則天下和之，怒則暴亂者畏之。先王之道，禮樂可謂盛矣。

（注釋）

①耐：通「能」，能夠。

②道：通「導」，指導。

③曲直：謂歌聲的回曲與平緩。　繁瘠：繁多與省約。　廉肉：指樂聲的高亢激越與婉轉圓潤。

④詘：通「屈」。

⑤綴(ㄓㄨㄟˋ)兆：古代樂舞中舞者的行列位置。

【譯文】

　　所謂的樂就是快樂，是人情所不能避免的。人有了快樂的事情，一定要透過外在的聲音抒發出來，並外化到動作上，這是人的天性。聲音和動作，人內心情感的變化要透過上述二者表現出來。所以人不能沒有樂，樂不能沒有其可表現的外在形式。如果外在的表現形式不合於道義就會發生混亂。先王會因樂混亂而倍感羞恥，所以先王制定了《雅》、《頌》這樣的聲音用來引導人內心情感的表達，讓樂曲的聲音洪亮而不放縱，歌詞讓人有所領悟但不讓人胡思亂想，讓回曲與平緩、繁多與省約、高亢激越與婉轉圓潤的音樂節奏激發人心向上。不讓放縱之心和邪惡之氣對人產生不良的影響，這是先王作樂的目的。所以樂在宗廟演奏時，君臣上下同聽，感情融洽、相互敬重；在族長鄉里演奏時，男女老少同聽，感情融洽且恭順；在家裡演奏時，父子兄弟同聽，感情融洽且相親相愛。這樣的音樂，

需要事先審定人的聲音才能確定適當的樂調，再用各種樂器配合演奏；按照一定的節奏合和著五聲就形成了樂曲，用以融洽君臣、父子間的關係，讓天下百姓都親附自己，這是先王制定樂的宗旨。因此聽到《雅》、《頌》音樂，人的心胸就會寬廣；手拿著干戚等武具，學習了俯身、仰面、曲體、伸肢等各種舞姿，人的容貌就端正了；舞者和著節奏跳舞，那麼舞蹈的行列就會端正，舞蹈隊伍的前進後退都會整齊劃一。因此樂是天地大道的表現，讓人性符合中庸之道，是人的情感表達所不能缺少的。樂，先王用來表達內心的喜悅之情；軍隊和武器，先王用來表達內心的憤怒之情。所以先王喜怒哀樂的情感，都有相應的表達方式。如果先王喜悅，那麼全天下都會跟著和樂，如果先王憤怒，那麼暴亂的人都會感到害怕。可以說禮樂是先王治理天下最為重要的方法了。

## ▍原文

25.子贛見師乙而問焉，曰：「賜聞聲歌各有宜也，如賜者，宜何歌也？」師乙曰：「乙賤工也，何足以問所宜？請誦其所聞，而吾子自執焉。寬而靜、柔而正者宜歌《頌》。廣大而靜、疏達而信者宜歌《大雅》。恭儉而好禮者宜歌《小雅》。正直而靜、廉而謙者宜歌《風》。肆直而慈愛者宜歌《商》；溫良而能斷者宜歌《齊》。夫歌者，直己而陳德也。動己而天地應焉，四時和焉，星辰理焉，萬物育焉。故《商》者，五帝之遺聲也，商人識之，故謂之《商》。《齊》者三代之遺聲也，齊人識之，故謂之《齊》。明乎《商》之音者，臨事而屢斷，明乎《齊》之音者，見利而讓。臨事而屢斷，勇也；見利而讓，義也。有勇有義，非歌孰能保此？故歌者，上如抗，下如隊，曲如折，止如槁木，倨中矩，句中鉤，累累乎端如貫珠。故歌之為言也，長言之也。說之，故言之；言之不足，故長言之；長言之不足，故嗟歎之；嗟歎之不足，故不知手之舞之，足之蹈之也。」《子貢問樂》。

## ▍譯文

子贛遇見師乙，並向其請教問題說：「我聽說每個人都有適合自己唱的歌，比如我適合唱什麼樣的歌呢？」師乙回答說：「我只是一個卑賤的樂工，怎配勞您詢問我應該唱什麼歌這樣的問題，請允許我把我所知道

的知識陳述給您聽，究竟應該要聽什麼樣的音樂，還是由您自己來定奪吧。為人寬厚嫻靜、溫柔而正直，適宜歌唱《頌》。為人心胸博大而安靜、通達且守信，適宜歌唱《大雅》。為人恭敬、節儉且好禮，適宜歌唱《小雅》。為人正直而安靜、清廉而自謙適宜歌唱《齊》。人們唱歌，就是要直抒胸意、歌功頌德。歌唱者內心情動而與天地大道相合，並使四時相和、星辰的運行都有規律，萬物健康的生長。《商》樂，是五帝留傳下來的，商人熟知其內容，所以叫作《商》。《齊》樂，是三代時期留傳下來的，齊人熟知其內容，所以叫作《齊》。深刻理解《商》樂的人，遇事果斷，這是勇敢；深刻理解《齊》樂的人，能見利而讓，這是義。既勇敢而又有義氣，如果不是這些詩歌，先人美好的品德又怎麼能保留下來呢？所以唱歌的人，高音愈唱愈高亢，低音愈唱愈低，音樂轉折處就好像被快要折斷似的，終止的時候就像枯木，歌聲直轉如同曲尺，歌聲曲折就像彎鉤，歌聲連續不斷就好像穿起來的珍珠。所以用歌唱來表達內心的情感。內心喜悅時，就想用語言表達出來；而語言不足以表達時，就用用拉長的歌聲來表達自己的情感；如果歌聲不足以表達內心的情感，就會籲嗟歎息；如果籲嗟歎息還不足以表達內心情感時，就會在不知不覺中手舞足蹈起來。」上述內容出自《子貢問樂》篇。

## ◎祭　義

### ◆題解

　　孔穎達《禮記正義》云：「名曰『祭義』者，以其記祭祀齋戒薦羞之義也。」具體來說，本篇主要　述祭祀以敬為主的意義，以及遵行孝道來孝敬雙親，遵行悌道來敬奉兄長。

## ▌原文

1.祭不欲數⑴，數則煩，煩則不敬。祭不欲疏，疏則怠，怠則忘。是故君子合諸天道，春禘秋嘗。霜露既降，君子履之，必有悽愴之心，非其寒之謂也。春，雨露既濡⑵，君子履之，必有怵惕之心，如將見之。樂以迎來，哀以送往，故禘有樂而嘗無樂。致齊於內⑶，散齊於外⑷。齊之日，思其居處，思其笑語，思其志意，思其所樂，思其所嗜。齊三日，乃見其所為齊者。祭之日，入室，僾然必有見乎其位⑸，周還出戶⑹，肅然必有聞乎其容聲，出戶而聽，愾然必有聞乎其歎息之聲⑺。是故，先王之孝也，色不忘乎目，聲不絕乎耳，心志嗜欲不忘乎心。致愛則存，致慤⑻則著。著存不忘乎心，夫安得不敬乎？禘

### 注釋

①數（ㄕㄨㄛˋ）：屢次。
②濡（ㄖㄨˊ）：滋潤。
③致齊：齊，通「齋」。古代在舉行祭祀前清心潔身的禮式。
④散齊：古禮於祭祀父母前七日不御不樂不弔。
⑤僾（ㄞˋ）然：彷彿，隱約貌。
⑥周還：即周旋。
⑦愾（ㄒㄧˋ）然：感慨貌；歎息貌。
⑧慤(ㄑㄩㄝˋ)：恭謹、敬謹。

### 譯文

祭祀時的禮節不能太過繁瑣，過於繁瑣人就會覺得厭煩，厭煩時就失去祭祀時應有的虔敬之情。祭祀時的禮節也不能太過簡單，過於簡單人就會怠慢，怠慢了就漸漸忘記祭祀時應有的禮節。因此君子根據天地四時的變化進行祭祀，如春天舉行的禘祭，秋天舉行的嘗祭。秋天霜露覆蓋著大地，君子踩在上面，就會產生一種悲傷的心情，這種悲傷的心情並不是因為天氣的寒冷，（而是為失去的親人而產生的）。春天雨露降臨浸潤大地，君子踩在上面，心裡就會產生一種驚懼的心情，好像將要見到失去的親人。人們用喜悅的心情迎接逝去親人的到來，用悲傷的心情送別逝去的親人，所以春天禘祭時有樂舞而在秋天嘗祭時沒有樂舞。致齋在內室進行，散齊在外室進行。致齋的時候要想著逝去親人生前的居所、音容笑

貌、志向及其喜歡和愛好的事情。只有這樣齋戒三天，才能使逝去親人的音容笑貌浮現眼前。到了祭祀那天，進入宗廟，在祭祀的神位上彷彿看到了逝去的親人，轉身出去時，心中蕭然彷彿看到逝去親人的音容笑貌，到了戶外，彷彿聽到逝去親人的歎息聲。因此，先王對逝去親人的孝敬，親人的容顏永遠不離開他的眼裡，親人的聲音永遠迴響在他的耳畔，對親人嗜好喜愛的事情，永遠了然於心。對逝去親人的愛達到了極點，所以親人在他心中永存，對逝去親人的恭敬之情達到了極點，所以親人的容顏就浮現在他眼前，這樣逝去的親人就在他心中永存，這樣做對親人怎麼能不虔誠呢？

## ▶原文

　　2.君子生則敬養，死則敬享，思終生弗辱也。君子有終生之喪，忌日之謂也。忌日不用，非不祥也。言夫日，志有所至，而不敢盡其私也。唯聖人為能饗帝[01]，孝子為能饗親。饗者，鄉也[02]。鄉之，然後能饗焉。是故孝子臨屍而不怍。君牽牲，夫人奠盎[03]。君獻屍，夫人薦豆。卿大夫相君，命婦相夫人。齊齊乎其敬也，愉愉乎其忠也，勿勿諸其欲其饗之也。文王之祭也，事死者如事生，思死者如不欲生，忌日必哀，稱諱如見親。祀之忠也，如見親之所愛，如欲色然；其文王與？《詩》云：「明發不寐，有懷二人。」文王之詩也。祭之明日，明發不寐，饗而致之，又從而思之。祭之日，樂與哀半；饗之必樂，已至必哀。

### 注釋

①饗：通「享」，祭祀。
②鄉：通「向」。
③盎：即盎齋，祭祀時用的一種白色的酒。

### 譯文

　　君子對待父母，父母在世時就恭敬的贍養，父母去世後就虔敬的祭拜，要想著終生都不敢做有辱父母名聲的壞事。君子有終生的喪事，也就是說不能忘記每年父母的忌日。在父母忌日的時候不做其他的事情，並不是這一天不吉祥。而是這一天，君子虔敬地一心一意的悼念逝去的父母，不敢分心去做私事。只有聖人才能祭祀天帝，只有孝子才能祭祀父母。

饗，即向的意思。只有心神嚮往，鬼神才會接受饗祭。因此孝子站在屍的
面前，不會有不和悅的神色。祭祀時國君牽著牲，夫人把祭祀用的盎齊
放在屍的席前，國君向屍獻酒，夫人向屍進獻美食。卿、大夫輔助國君進
行祭祀，命婦輔助國君夫人進行祭祀。祭祀時的整個場面，整整齊齊非常
虔敬，和諧歡樂極盡虔誠，一心一意只希望受祭者能享受到自己的敬意。
文王祭祀時，侍奉死去的父母就如他們在世時一樣，思念逝去的父母就會
覺得痛不欲生，每逢忌日時就心生哀傷，聽到父母的名字就好像見到他們
一樣。供奉祭品是如此的虔誠，就像見到了父母生前所喜好的東西，好像
看到了父母的神色；大概也只有文王能做到這些吧？《詩經》上說：「醒
來後就再也無法入睡，想到父母就覺得內心無比的沉重。」這說的就是文
王。文王在祭祀後的第二天，整晚睡不著，舉行祭祀讓父母享用祭品，從
而又思念父母。祭祀當天，喜悅與哀傷的情感並存；讓父母享受到生前所
喜愛的美食覺得很高興，但想到父母已經去世了就覺得很悲傷。

## ▋原文

3.仲尼嘗，奉薦而進其親也慤，其行趨趨以數①。已祭，子贛問曰：
「子之言祭，濟濟漆漆然②；今子之祭，無濟濟漆漆，何也？」子曰：「濟
濟者，容也遠也；漆漆者，容也自反也。容以遠，若容以自反也，夫何神
明之及交，夫何濟濟漆漆之有乎？回饋，樂成，薦其薦俎，序其禮樂，備
其百官。君子致其濟濟漆漆，夫何慌惚之有乎③？夫言，豈一端而已？夫各
有所當也。」

### 注釋

①慤(ㄑㄩㄝˋ)：恭謹、敬謹。趨（ㄘㄨˋ）趨：急匆匆的樣子。
②濟（ㄐㄧˇ）濟：整齊美好貌。　漆（ㄑㄩˋ）漆：恭敬謹慎貌。
③慌惚：模糊不明貌。

### 譯文

仲尼在秋天舉行嘗祭，當他捧著祭品放到父母的靈位前時神情非常的
虔誠，行走時步伐快而急促。祭祀結束後，子貢向仲尼請教說：「先生您
談到祭祀，說祭祀時就應講究威儀並流露出恭敬謹慎的表情；但是您今天

祭祀時，卻沒有講究威儀並流露出恭敬謹慎的表情，這是為什麼呢？」孔子回答說：「講究威儀，是容貌表示關係疏遠；恭敬謹慎也是容貌，是自我內心外在表現，如果有了這樣的容貌，又怎麼與親人的靈魂溝通呢？我祭祀父母，為什麼要有這樣的容貌呢？（至於說到天子、諸侯的祭祀），進熟食的時候，樂舞同時開始，向神明進獻籩豆和肉俎，有序地按排禮樂及助祭地官員。身為助祭的官員，處在這樣的環境裡，自然要講究威儀並流露出恭敬謹慎的表情，怎麼能有模糊不明的表情呢？我說的關於祭祀的話，不可以一概而論，對不同的人、不同的場合有不同的要求。」

## ▶原文

4.孝子將祭，慮事不可以不豫①；比時具物②，不可以不備；虛中以治之③。宮室既修，牆屋既設，百物既備，夫婦齊戒沐浴，盛服奉承而進之，洞洞乎④，屬屬乎⑤，如弗勝，如將失之，其孝敬之心至也與！薦其薦俎，序其禮樂，備其百官，奉承而進之。於是諭其志意，以其恍惚以與神明交，「庶或饗之，庶或饗之」，孝子之志也。孝子之祭也，盡其愨而愨焉，盡其信而信焉，盡其敬而敬焉，盡其禮而不過失焉。進退必敬，如親聽命，則或使之也。孝子之祭可知也，其立之也敬以詘，其進之也敬以愉，其薦之也敬以欲；退而立，如將受命；已徹而退，敬齊之色不絕於面。孝子之祭也，立而不詘，固也；進而不愉，疏也；薦而不欲，不愛也；退立而不如受命，敖也；已徹而退，無敬齊之色，而忘本也。如是而祭，失之矣。孝子之有深愛者，必有和氣；有和氣者，必有愉色；有愉色者，必有婉容。孝子如執玉，如奉盈，洞洞屬屬然，如弗勝，如將失之。嚴威儼恪，非所以事親也，成人之道也。

## 注釋

①豫：事先準備。
②具物：謂所備祭品。指酒牲食具等祭物。
③虛中：沒有雜念，心神專注。
④洞洞：恭敬虔誠貌。
⑤屬屬：專心謹慎貌。

**譯文**

　　孝子即將舉行祭祀，要事先考慮到一些必要的事情；及時的準備好祭祀時的祭品，必須準備周全；要心神專注的處理各種事情。宗廟已經修繕完畢，牆壁與房屋都已經佈置好了，各種祭祀用品也都準備齊全了，那麼夫婦就應當齋戒沐浴，穿上祭祀的服裝，捧著祭品進入宗廟，神情是那樣地恭敬虔誠、專心謹慎，就像捧著自己捧不動的重物，害怕掉了一樣的小心翼翼，這應該是孝敬之心的最高表現了吧！進獻熟食時，樂舞同時開始，向神明進獻籩豆和肉俎，有序地按排禮樂及助祭地官員，捧著祭品祭獻給神明。於是祝官就把孝子的孝行告訴給先人，孝子似乎與神明交語，「父母或許在享用祭品了，父母或許在享用祭品了。」這只是孝子祭祀的用心，而並不是迷信。孝子祭祀時，盡他的誠心而表現出對神明的誠心，盡他的信任而表現出對神明的信任，盡他的敬重而表現出對神明的敬重，恪守祭祀的禮數而沒有任何過失。前進後退一定要恭敬，如同聽到逝去父母的命令，像是他們在指揮著自己。孝子舉行祭祀時的情況是可以知道的，站立的時候恭敬而身體微屈，前進的時候恭敬而高興，進獻祭品時恭敬並希望父母歡喜；進獻完祭品，後退站著時彷彿在聽逝去父母的教導；撤下祭品走出宗廟時，還保留著恭敬虔誠的神色。反過來說，如果孝子、祭祀時站直身體而不屈身，就顯得粗鄙；前進的時候面無喜色，就顯得生疏了；進獻祭品卻不希求父母高興，就是不愛父母；撤下祭品走出宗廟時而沒有恭敬虔誠的神色，就是忘本。如果是這樣祭祀的話，那失去祭祀的意義了。孝子對父母有深厚感情時就必然有和順的態度；有和順的態度就會有高興的神色；有高興的神色，就有和順的儀容。孝子捧著祭品時，就像捧著美玉，就像捧著滿杯的水，謹慎小心的樣子，好像重到自己捧不動，唯恐自己一不小心把捧著的祭品掉了。至於威嚴莊重的神情，並不是祭祀父母時應該有的神情，而是成人相交時的神情。

**原文**

　　5.先王之所以治天下者五：貴有德，貴貴，貴老，敬長，慈幼。此五者，先王之所以定天下也。貴有德，何為也？為其近於道也。貴貴，為其近於君也。貴老，為其近於親也。敬長，為其近於兄也。慈幼，為其近

於子也。是故至孝近乎王[01]，至弟近乎霸[02]。至孝近乎王，雖天子，必有父；至弟近乎霸，雖諸侯，必有兄。先王之教，因而弗改，所以領天下國家也。子曰：「立愛自親始，教民睦也。立教自長始，教民順也。教以慈睦，而民貴有親；教以敬長，而民貴用命。孝以事親，順以聽命，錯諸天下[03]，無所不行。」

### 注釋

①王（ㄨㄤˋ）：統治；稱王。
②弟：通「悌」。
③錯：通「措」。

### 譯文

先王治理天下特別重視五個方面：一、尊重有德行的人，二、尊重地位高貴的人，三、尊重老人，四、敬愛年長者，五、愛護年幼者。先王依靠這五個方面平定天下。為什麼這樣做呢？因為有德行的人最接近做人的正道，有地位的人最接近國君，老年人近似自己的父母，年長的人近似自己的兄長，年幼者近似自己的孩子。所以至孝的人最接近天下人所嚮往的王道，至悌的人能抑強扶弱，最接近天下人所嚮往的霸道。所以最孝敬的人就最接近天子，因為天子地位雖高，但也身為人子，必然也有雙親，有雙親就應該盡孝道；所以最友愛兄弟的人也最接近霸主，因為諸侯地位雖高，必然也有兄長，有兄長就應該友愛。先王的教化，要沿襲且不做任何的改動，就可以用這些來領導天下國家了。孔子說：「確立愛心要從愛自己的父母開始，這樣可以教化百姓和睦。確立敬心要從敬愛自己的兄長開始，這樣可以教化百姓和順。用慈愛和睦來教化百姓，百姓就以尊重父母為貴；用敬愛兄長教導百姓，百姓就以順從聽命為貴。用孝心侍奉父母，恭順的聽從長輩的命令，將孝敬和恭順在天下廣泛的推行，那麼就沒有行不通的事情了。」

### ▶原文

6.郊之祭也，喪者不敢哭，凶服者不敢入國門，敬之至也。祭之日，君牽牲，穆答君，卿大夫序從。既入廟門，麗於碑[01]，卿大夫袒，而毛牛

尚耳，鸞刀以刲<sup>②</sup>，取膟膋<sup>③</sup>，乃退。爓祭<sup>④</sup>，祭腥而退，敬之至也。郊之
祭，大報天而主日，配以月。夏后氏祭其闇，殷人祭其陽，周人祭日，以
朝及闇。祭日於壇，祭月於坎，以別幽明，以制上下。祭日於東，祭月於
西，以別外內，以端其位。日出於東，月生於西。陰陽長短，終始相巡，
以致天下之和。天下之禮：致反始也，致鬼神也，致和用也，致義也，
致讓也。致反始，以厚其本也；致鬼神，以尊上也；致物用，以立民紀
也。致義，則上下不悖逆矣。致讓，以去爭也。合此五者，以治天下之禮
也，雖有奇邪，而不治者則微矣。宰我曰：「吾聞鬼神之名，而不知其所
謂。」子曰：「氣也者，神之盛也；魄也者，鬼之盛也；合鬼與神，教之
至也。眾生必死，死必歸土，此之謂鬼。骨肉斃於下，陰為野土；其氣發
揚於上，為昭明，焄蒿<sup>⑤</sup>，悽愴，此百物之精也，神之著也。因物之精，制
為之極，明命鬼神，以為黔首則。百眾以畏，萬民以服。」

(注釋)

①麗：繫，拴。
②刲（ㄎㄨㄟ）：宰殺。
③膟（ㄌㄩ丶）刲：指腸部的脂肪。　膋(ㄐㄧㄢ)：蜀葵，一種草本植物，
花供觀賞，根入藥。
④爓（一ㄢ丶）：用熱水燙肉使半熟。古代用為祭品。同焰。
⑤焄（ㄒㄩㄣ）蒿：祭祀時祭品所發出的氣味。同燻。

(譯文)

　　舉行郊祀祭天時，有喪事的人不敢哭，披麻戴孝的人不敢從國門進
入，這就是對天神敬意的最高表現了。郊祭當天，國君牽著牲，兒子輩的
人站著對面輔助國君牽牲，聊大夫尾隨在國君身後。進入廟門後，把牲繫
在特定的石碑上，卿大夫袒露胳膊開始殺牲，先取牲耳上的毛來獻祭，然
後用鸞刀開始宰殺牲，取出腸部的脂肪，然後退下。然後用熱水燙過的肉
祭祀神明，用生牲肉祭神，而後退下。這些也是對神明敬意的最高表現。
郊祀祭天時，是報答上天的恩賜，祭祀以太陽神為主，但配以月神配祭。
夏后氏在天未亮前舉行祭祀，殷人在天亮後舉行祭祀，周人祭太陽從天亮
一直到黃昏。在壇上祭祀太陽，在坑內祭祀月亮，這是因為陰陽的區別，
用來制定上下。在東方祭祀太陽，在西方祭祀月亮，用來區別內外，端正
方位。太陽從東方升起，月亮從西方升起。晝夜長短，周而復始不停地循

環，使天下萬物和諧相生。天下的禮，有五個作用：一、讓人不忘本，二、讓人敬畏鬼神，三、讓天下的人和睦相處財物豐足，四、建立人道倫常，五、發揚謙讓。人不忘本，所以增厚根基；人敬畏鬼神，所以尊敬長上；財物豐足，提高百姓生活。建立人倫道常，所以社會井然有序；人與人相互謙讓，免去相互間的爭奪。如果用這五個方面來治理天下的禮，即使有奇邪的事情得不到治理，那也是極少的。宰我說：「我只聽說鬼神的名稱，而不知道鬼神的內在涵義。」孔子說：「氣是神的充盈的外在表現；魄是鬼的充盈的外在表現；將鬼與神合起來，這就是教化的極致。人最後都會死，死後都會埋入土裡，這就叫作鬼。骨肉在地下腐爛，化為泥土；然而魂魄浮在上面，成為各種顯著的光影，發出各種可以聞到的氣息，讓人傷心難受，這是各種生物的氣息，是看得見的神。就生物至高無上的精氣制定名稱，這就是鬼神，是百姓崇拜的對象。讓百姓畏懼，萬民敬服。」

## ▆原文

　　7.曾子曰：「孝有三：大孝尊親，其次弗辱，其下能養。」公明儀問於曾子曰：「夫子可以為孝乎？」曾子曰：「是何言與！是何言與！君子之所為孝者：先意承志，諭父母於道。參，直養者也，安能為孝乎？」曾子曰：「身也者，父母之遺體也。行父母之遺體，敢不敬乎？居處不莊，非孝也；事君不忠，非孝也；莅官不敬，非孝也；朋友不信，非孝也；戰陳無勇，非孝也；五者不遂，災及於親，敢不敬乎？亨孰膻薌<sup>01</sup>，嘗而薦之，非孝也，養也。感君子之所謂孝也者，國人稱願然曰：『幸哉有子！』如此，所謂孝也已。眾之本教曰孝，其行曰養。養，可能也，敬為難；敬，可能也，安為難；安，可能也，卒為難。父母既沒，慎行其身，不遺父母惡名，可謂能終矣。仁者，仁此者也；禮者，履此者也；義者，宜此者也；信者，信此者也；強者，強此者也。樂自順此生，刑自反此作。」曾子曰：「夫孝，置之而塞乎天地，溥之而橫乎四海<sup>02</sup>，施諸後世而無朝夕，推而放諸東海而准，推而放諸西海而准，推而放諸南海而准，推而放諸北海而准。《詩》云：『自西自東，自南自北，無思不服。』此之謂也。」曾子曰：「樹木以時伐焉，禽獸以時殺焉。夫子曰：『斷一樹，殺一獸，不以其時，非孝也。』孝有三：小孝用力，中孝用勞，大孝不匱。思慈愛

忘勞，可謂用力矣。尊仁安義，可謂用勞矣。博施備物，可謂不匱矣。父母愛之，嘉而弗忘；父母惡之，懼而無怨；父母有過，諫而不逆；父母既沒，必求仁者之粟以祀之。此之謂禮終。」

### 注釋

①膻薌：即馨香，指古代祭祀時燒牛羊脂的氣味。

②溥（ㄆㄨˇ）：分佈。

### 譯文

　　曾子說：「孝有三等：最大的孝是讓父母得到全社會的尊敬，其次是自己的言行不至於辱沒父母的名聲。最下等的孝就是能很好的贍養父母。」公明儀聽了後問曾子說：「像老師您這樣的，可以稱得上孝了吧？」曾子說：「這是哪兒的話啊！這是哪兒的話啊！君子所謂的孝：就是父母還沒有指示，就知道父母的心意，並按照父母的心意把事情做完，並讓父母知道那是做事的正理。對於我來說，只算得上是好好的贍養父母了，怎麼能稱得上孝呢？」曾子說：「每個人的身體，都是父母遺留下來的，用父母遺留下來的身體來做事，怎麼敢不謹慎小心呢？日常生活中不莊重，是不孝；侍奉國君不忠誠，是不孝；為官辦事不認真，是不孝；與朋友相處不誠信，是不孝；臨陣作戰不英勇，是不孝；上述五個方面如果都無法做到的話，災難就會降臨到雙親的身上，怎麼敢不謹慎小心呢？香氣撲鼻的食物，自己嘗過後再進獻給父母，是不孝，最多只能算是供養。君子所說的孝，就是全國的人都稱讚說：『有這樣的兒子，真是有福氣啊！』只有這樣了，才算得上是孝。大眾最基本的教育就是孝，而贍養父母是孝最基本的行為表現。做到贍養父母非常容易，難得是要尊敬父母；尊敬父母能做到，難的是讓父母安樂卻不容易。讓父母安樂能做到，難的是終生都讓父母安樂。父母死後，自己的言行舉止能謹慎小心，使自己的言行不至於辱沒父母的名聲，可以稱得上是終生行孝了。所謂的仁，就是要講究這一點；所謂的禮，就是要在這一點上身體力行；所謂的義，就是要合於這一點；所謂的信，就是要證明這一點；所謂的強，就是這一點上超過他人。快樂因為實行了孝道而產生，刑罰就是因為違背孝道而產生。」曾子說：「這孝道，用他來充滿天地，分佈在四海，在後世片刻不停地廣泛實施，推及到東海作為準則，推及到西海作為準則，推及到南海

作為準則，推及到北海作為準則。《詩經》上說：『從西到東，從南到北，沒有想著不服從的。』說的就是這個道理吧。」曾子說：「樹木要依據時令砍伐，禽獸也要依據時令捕殺。孔子說：『砍一棵樹，殺一隻動物，如果沒有按照時令進行，就是不孝。』孝有三等：小孝用力，中孝用心智，大孝用誠心行孝，並能終生行孝。一心想著父母對自己的慈愛而努力供養父母，忘記疲累，可以稱得上用力了。尊崇仁道，安於仁義，使自己的言行不至於辱沒父母的名聲，可以稱得上用勞了。推廣自己的受心，讓其他的人也受到恩惠，等到父母去世了，其他的人都準備祭品前來助祭，可以稱得上不匱了。父母疼愛自己，內心高興且永不忘記；父母厭惡自己，內心謹慎小心但沒有一句怨言；父母有了過錯，要努力的婉言勸諫，但不違逆頂撞父母；父母去世，要依據自己的實力、用自己的合法收入為父母辦理喪事，這就叫作能依禮將孝道貫徹到底。」

## ▶原文

8.樂正子春下堂而傷其足，數月不出，猶有憂色。門弟子曰：「夫子之足瘳矣[01]，數月不出，猶有憂色，何也？」樂正子春曰：「善如爾之問也！善如爾之問也！吾聞諸曾子，曾子聞諸夫子曰：『天之所生，地之所養，無人為大。』父母全而生之，子全而歸之，可謂孝矣。不虧其體，不辱其身，可謂全矣。故君子頃步而弗敢忘孝也[02]。今予忘孝之道，予是以有憂色也。壹舉足而不敢忘父母，壹出言而不敢忘父母。壹舉足而不敢忘父母，是故道而不徑，舟而不遊，不敢以先父母之遺體行殆。壹出言而不敢忘父母，是故惡言不出於口，忿言不反於身。不辱其身，不羞其親，可謂孝矣。」

### 注釋

①瘳（ㄔㄡ）：病癒。
②頃步：半步。頃，通「跬」。（ㄎㄨㄟˇ）

### 譯文

樂正子春下堂的時候不小心傷了腳，幾個月都沒有出門，臉上有憂傷的神色。他的門人弟子看見了就問：「老師您的腳傷現在已經痊癒了，幾

個月不出門，臉上還有憂傷的神色，這是為什麼呢？」樂正子春回答說：
「你問的好啊！你問的好啊！我聽曾子說，曾子聽孔子說：『天之所生，
地之所養，沒有比人更偉大的了。』父母給了我們一個健全的身體，到最
後我們要將一個健全的身體歸還給父母，這叫作孝。不損壞自己的身體，
不使自己受辱，可以稱得上是完整的保全了父母給予自己的身體了。因
此，君子半步也不敢忘記孝道。現在我忘了孝道而扭傷了腳，所以我面有
憂色。不論走路還是說話都不能忘記父母，所以走路時不走幽僻的小路，
過河時要乘船而不游泳，不敢拿父母給予的身體去做冒險的事。說話時不
敢忘記父母，所以惡言就不會從自己的口中說出，別人也就不會用惡語來
回擊自己。不讓自己的身體受辱，不讓父母因自己的不當行為而蒙羞，可
以稱得上孝了。」

◎祭　統

◆題解

　　本篇從各個方面記述祭祀的內在意義。

▶原文

　　1.凡治人之道，莫急於禮。禮有五經，莫重於祭。夫祭者，非物自外至
者也，自中出生於心也；心怵而奉之以禮。是故，唯賢者能盡祭之義。賢
者之祭也，必受其福，非世所謂福也。福者，備也；備者，百順之名也。
無所不順者，謂之備。言內盡於己，而外順於道也。忠臣以事其君，孝子
以事其親，其本一也。上則順於鬼神，外則順於君長，內則以孝於親，如
此之謂備。唯賢者能備，能備然後能祭。是故，賢者之祭也，致其誠信與
其忠敬，奉之以物，道之以禮，安之以樂，參之以時。明薦之而已矣。不

求其為。此孝子之心也。

### 譯文

管理百姓，沒有比禮更為重要的了。日常的禮有五種，沒有比祭禮更為重要的了。並不是外在的事物迫使人去做的，而是發自內心要去做的；內心悲傷懷念死去的親人，就表現為外在的祭禮。因此，只有賢能的人才能瞭解祭禮的內在意義。賢能的人祭祀，必然會受到祭祀的福，但此處所說的福，並不是世人所說的福。福，是備的意思；所謂的備，就是百事順利的一種稱呼。所有的事情都很順當，就叫作備。就是說從內心來講能竭盡自己的心意，從外來講合乎情理。忠臣能順著情理為國君做事，孝子順著情理為父母做事，忠與孝二者本質上都是一樣的。對上要恭順鬼神，對外要敬順君長，對內要孝順父母，像這樣就叫作備。只有賢能的人才能備，做到備才能恭敬的進行祭祀。所以，賢能的人進行祭祀，能表現出他的誠信與忠敬，用祭器進獻祭品，並依照祭禮行事，奏樂來安慰神靈，依據時節進獻新鮮的祭品，並且從不請求鬼神給予自己任何福祐。這就是孝子的心意。

### ▶原文

2.祭者，所以追養繼孝也。孝者畜也，順於道不逆於倫，是之謂畜。是故，孝子之事親也，有三道焉：生則養，沒則喪，喪畢則祭。養則觀其順也，喪則觀其哀也，祭則觀其敬而時也。盡此三道者，孝子之行也。既內自盡，又外求助，昏禮是也。故國君取夫人之辭曰：「請君之玉女與寡人共有敝邑①，事宗廟社稷。」此求助之本也。

### 注釋

①玉女：對他人之女的美稱。　敝邑：謙辭，稱自己的國家。

### 譯文

所謂的祭，就是為了補足父母生前未盡的孝道而延長為父母盡孝的時間。所以孝就是蓄，要順於天道而不違背人倫，這就是所謂的蓄。因此，孝子侍奉雙親，有三個原則：父母生前要好好贍養，死後要依禮服喪，喪期完了要祭祀。贍養父母時看他對父母是否敬順，服喪時看他是否有哀傷

之情，祭祀時看他是否虔敬而適時。履行了這三個原則，就是孝子的行為了。（祭祀時）在內能盡心竭力，在外求助於異姓，就是婚禮了。所以國君娶夫人向女方的父親致辭說：「請求您美麗的女兒，與我共有我的國家，來祭祀宗廟、社稷的神靈。」這就是求助於異姓的目的。

## ▍原文

3.夫祭也者，必夫婦親之，所以備外內之官也，官備則具備。水草之菹①，陸產之醢，小物備矣；三牲之俎，八簋之實②，美物備矣。昆蟲之異，草木之實，陰陽之物備矣。凡天之所生，地之所長，苟可薦者，莫不咸在，示盡物也。外則盡物，內則盡志，此祭之心也。是故，天子親耕於南郊，以共齊盛③；王后蠶於北郊，以共純服④。諸侯耕於東郊，亦以共齊盛；夫人蠶於北郊，以共冕服。天子諸侯非莫耕也，王后夫人非莫蠶也，身致其誠信，誠信之謂盡，盡之謂敬，敬盡然後可以事神明，此祭之道也。

### 注釋

①菹（ㄐㄩ）：醃菜。　菹醢（ㄐㄩ　ㄏㄞˇ）：古時一種殘酷的刑罰，將人殺死後剁成肉醬

②簋（ㄍㄨㄟˇ）：古代祭祀宴享時盛黍稷的器皿。

③齊：通「齋」。

④純服：純，通「緇」，古代帝王用的黑色祭服。

### 譯文

祭祀，必須是夫婦二人共同進行，這樣內外的職責才算齊全了。水產的醃菜，陸產的醬菜，這些祭祀的小物準備齊全了；用俎盛著的牛、羊、豬，用八簋盛放著黍米，美味的食物也就準備齊全了。同時還準備了可以食用的昆蟲以及各種果子，這樣陰陽兩類的食物也就具備了。凡是天生的，地長的，只要是能用來進獻的，都準備好作為祭物，傾盡所有的物品用於祭祀。從外表看來，似乎是用盡所有的物品，從內心來說，是竭盡內心的誠意，這是祭祀應當擁有的心理。因此，天子在南郊親自耕種籍田，用來供給祭祀用的糧食；王后在北郊養蠶，用來製作祭祀時穿的祭服。諸侯在東郊親自耕種籍田，用來供給祭祀用的糧食；諸侯的夫人北郊養蠶，

用來製作祭祀時穿的祭服。天子和諸侯並不是沒有人幫他們種田，王后和夫人並不是沒有人幫她們養蠶，只是要竭盡自己的誠信，誠信才叫作盡，盡才是敬，只有做到了敬盡，才能侍奉神明，這是祭祀應該要遵循的原則。

# ◎哀公問

## ◆題解

　　本篇主要　述魯哀公向孔子詢問有關禮、政的問題，以及孔子的詳細解答。

## ▲原文

　　1.哀公問於孔子曰：「大禮何如？君子之言禮，何其尊也？」孔子曰：「丘也小人，不足以知禮。」君曰：「否！吾子言之也。」孔子曰：「丘聞之：民之所由生，禮為大。非禮無以節事天地之神也，非禮無以辨君臣上下長幼之位也，非禮無以別男女父子兄弟之親[01]，昏姻疏數之交也[02]，君子以此之為尊敬然。然後以其所能教百姓，不廢其會節。有成事，然後治其雕鏤、文章、黼黻以嗣[03]。其順之，然後言其喪算，備其鼎俎[04]，設其豕臘[05]，修其宗廟，歲時以敬祭祀，以序宗族，即安其居，節醜其衣服，卑其宮室，車不雕幾，器不刻鏤，食不貳味，以與民同利。昔之君子之行禮者如此。」公曰：「今之君子胡莫行之也？」孔子曰：「今之君子，好實無厭，淫德不倦，荒怠傲慢，固民是盡，午其眾以伐有道[06]，求得當欲，不以其所。昔之用民者由前，今之用民者由後。今之君子莫為禮也。」

⬭ 注釋

　　①昏：通「婚」。

②疏數：指親疏。

③文：古代禮服上紅與青相間的花紋。　章：古代禮服上紅與白相間的花紋。　黼（ㄈㄨˇ）：古代禮服上白與黑相間的花紋。　黻（ㄈㄨˊ）：古代禮服上黑與青相間的花紋。

④鼎俎(ㄗㄨˇ)：古代祭祀、燕饗陳置牲體或其他食物的禮器。

⑤豕（ㄕˇ）臘（ㄌㄚˋ）：指乾豬肉。

⑥午：通「忤」。

## 譯文

　　魯哀公向孔子詢問說：「大禮是什麼樣的？為什麼君子在談到禮的時候，都那樣的尊敬呢？」孔子謙虛地回答說：「我也是一個平庸的人，對禮還不夠瞭解。」哀公說：「不，還是請先生您說說吧！」孔子說：「我聽說：在人們的日常生活中，禮是最為重要的。沒有禮就無法指導祭祀天地神明，沒有禮就無法區分君臣、長幼間的順序，沒有禮就無法區分男女、父子、兄弟間的親情關係，以及區分在婚姻社會生活中彼此間的親疏關係，因此君子把禮看的很重。然後君子依據自己對禮的瞭解來教導百姓，讓百姓知道彼此間的親疏關係。教到一定程度有了成效時，然後就置辦雕有鏤飾的禮器，繪製各種圖色的祭服，並繼續推行禮教。百姓逐漸順應了禮，然後告訴百姓服喪的期限，準備好盛放祭品的鼎、俎，準備好祭祀用的乾豬肉，修繕宗廟，按時節舉行相關的祭祀活動，按輩分、長幼、親疏來排定親屬秩序，而自己要安於自己所居住的地方，端正自己所穿的衣服，對自己所住的房屋不要求高大，乘坐的車子不雕刻花紋，使用的器物也不雕刻鏤飾，吃飯時不同吃兩樣菜，用來表明自己與百姓同享利益。以前賢能的君子就是這樣行禮的。」哀公問：「現在的君子為什麼不行這樣的禮呢？」孔子回答說：「現在的君子，愛好財富且貪得無饜，言行放縱而不知收斂，心荒體懶而又態度傲慢，執意地搜刮民財，違背民意而討伐好人，不擇手段滿足自己的私欲。以前的君子對待百姓如前所述，現在的君子對待百姓如後所述，所以現在的君子也就不再行禮了。」

## ▶原文

　　2.孔子侍坐於哀公，哀公曰：「敢問人道誰為大？」孔子愀然作色而對

曰⑴：「君之及此言也，百姓之德也！固臣敢無辭而對？人道，政為大。」公曰：「敢問何謂為政？」孔子對曰：「政者正也。君為正，則百姓從政矣。君之所為，百姓之所從也。君所不為，百姓何從？」公曰：「敢問為政如之何？」孔子對曰：「夫婦別，父子親，君臣嚴。三者正，則庶物從之矣。」公曰：「寡人雖無似也，願聞所以行三言之道，可得聞乎？」孔子對曰：「古之為政，愛人為大；所以治愛人，禮為大；所以治禮，敬為大；敬之至矣，大昏為大⑵。大昏至矣！大昏既至，冕而親迎，親之也。親之也者，親之也。是故，君子興敬為親；舍敬，是遺親也。弗愛不親；弗敬不正。愛與敬，其政之本與！」公曰：「寡人願有言。然冕而親迎，不已重乎？」孔子愀然作色而對曰：「合二姓之好，以繼先聖之後，以為天地宗廟社稷之主，君何謂已重乎？」公曰：「寡人固！不固，焉得聞此言也？寡人欲問，不得其辭，請少進！」孔子曰：「天地不合，萬物不生。大昏，萬世之嗣也，君何謂已重焉！」孔子遂言曰：「內以治宗廟之禮，足以配天地之神明；出以治直言之禮，足以立上下之敬。物恥足以振之，國恥足以興之。為政先禮，禮其政之本與！」孔子遂言曰：「昔三代明王之政，必敬其妻子也，有道。妻也者，親之主也，敢不敬與？子也者，親之後也，敢不敬與？君子無不敬也，敬身為大。身也者，親之枝也，敢不敬與？不能敬其身，是傷其親；傷其親，是傷其本；傷其本，枝從而亡。三者，百姓之象也。身以及身，子以及子，妃以及妃，君行此三者，則愾乎天下矣，大王之道也⑶。如此，國家順矣。」

（注釋）

①愀(ㄑㄧㄠˇ)然：容色改變貌。
②大昏：即大婚，指天子或諸侯的婚娶。
③大王：即太王。

譯文

　　孔子陪坐在魯哀公的身邊，魯哀公說：「請問治理百姓最重要的是什麼呢？」孔子正色回答說：「國君您有這樣的話，實在是百姓的福分啊！我哪敢不認真回答呢？要說治理百姓最重要的就在政教。」哀公說：「請問什麼是政呢？」孔子回答說：「所謂的政就是正的意思。國君實行正道，百姓就會服從政教。國君所做的，就是百姓效仿的榜樣。君子無所作為，那麼百姓將要效仿什麼呢？」哀公說：「請問先生要怎麼去施

行政教呢？」孔子回答說：「夫婦有別，父子相親，君臣相互敬重。這三件事情做好了，那麼其他的事情也就跟著做好了。」哀公說：「我雖然沒有什麼才能，但我還是想聽聽用來實行那三句話的辦法，先生您能說給我聽嗎？」孔子回答說：「古代實施政教時，最重要的是愛戴他人；愛戴他人最重要的是行禮；而行禮最重要的是敬重他人；敬重他人最重要的表現於國君的大婚禮。國君的大婚禮最能表明『敬』了！婚期即到，國君頭戴冠冕，身穿冕服親自迎娶新娘，這是為了親近新娘，親近新娘就是愛戴新娘。因此，君子內心懷有敬意，目的就是為了親近新娘；如果捨棄敬意，就失去了親近的誠意了。不愛慕就不能親近；不敬就不能行正道。愛與敬，可以說是實行政教的根本吧！」哀公說：「我想插句話，穿著冕服去迎親是不是過於隆重了？」孔子正色回答說：「婚姻是合兩姓之好，並為祖先延綿子嗣，擔當天地宗廟社稷的主人，你怎麼能說太過於隆重了呢？」哀公說：「我真是孤陋寡聞啊！如果我不孤陋寡聞，怎麼能聽到這樣的話呢？我還有些問題要問，但還沒有想到合適的言辭，先生您繼續說吧！」孔子說：「如果天地二氣不能融合，那麼萬物就沒有辦法生長。國君的婚禮，是為了延綿子嗣，國君您怎麼能說穿著冕服迎親就過於隆重了呢？」孔子接著說：「（夫婦）在內共同主持宗廟祭祀的禮節，彼此間相互配合祭祀天地間的神明；（夫婦）在外主持發佈政教之禮，足以建立起上下相敬的典範。有這典範就可以糾正臣子失職的事情，可以復興國政的失敗。進行政教必須先有這樣的禮，所以說夫婦之禮是政教的起點！」孔子接著說：「以前夏、商、周的國君，當他們執政時，必定敬重他們的妻子，這是有道理的。妻子，是祭祀祖先的主祭人之一，怎麼敢不敬重呢？而所謂的子，是傳宗接代的人怎麼敢不敬重呢？所以國君對妻、子沒有不敬重的。敬，尤其以敬重自身最為重要。自己的身體，是父母的分枝，怎麼敢不敬重呢？不敬重自己的身體，就是傷害自己的父母；傷害父母，就是傷害根本；傷害根本，分枝就會滅亡。自身、妻、子這三者，是百姓的象徵。能敬重自身並推及到百姓自身，能敬重自己的孩子並推及到百姓的孩子，能敬重自己的妻子並推及到百姓的妻子，君子如果能做到這三敬，那麼全天下的人也可以做到這三敬了。這是周的祖先太王施行的大道啊。也只有這樣做，國家才可以昌順。」

## ▌原文

3.公曰：「敢問何謂敬身？」孔子對曰：「君子過言，則民作辭；過動，則民作則。君子言不過辭，動不過則，百姓不命而敬恭，如是，則能敬其身；能敬其身，則能成其親矣。」公曰：「敢問何謂成親？」孔子對曰：「君子也者，人之成名也。百姓歸之名，謂之君子之子。是使其親為君子也，是為成其親之名也已！」孔子遂言曰：「古之為政，愛人為大。不能愛人，不能有其身；不能有其身，不能安土⓵；不能安土，不能樂天；不能樂天，不能成其身。」公曰：「敢問何謂成身？」孔子對曰：「不過乎物。」公曰：「敢問君子何貴乎天道也？」孔子對曰：「貴其不已，如日月東西相從而不已也，是天道也；不閉其久，是天道也；無為而物成，是天道也；已成而明，是天道也。」公曰：「寡人蠢愚，冥煩子志之心也。」孔子蹴然辟席而對曰⓶：「仁人不過乎物，孝子不過乎物。是故，仁人之事親也如事天，事天如事親，是故孝子成身。」公曰：「寡人既聞此言也，無如後罪何？」孔子對曰：「君之及此言也，是臣之福也。」

### 注釋

①安土：安居本土。
②蹴（ㄘㄨˋ）然：恭敬貌。　辟席：即避席。

### 譯文

哀公說：「請問先生怎樣才能敬重自身呢？」孔子回答說：「國君說錯了話，百姓仍舊當作是對的去執行；國君做錯了事情，百姓依舊當作行事的準則。國君說的話正確，做的事情沒有過錯，不用下令百姓就會恭敬的服從，如果這樣，就算是敬重自身了；能敬重自身，也就成就了雙親的名聲了。」哀公說：「請問如何才能成就雙親的名聲呢？」孔子回答說：「所謂的『君子』，是他們給予的名稱。能敬重自身的人，百姓就加給他名稱，叫作『君子之子』，這樣就使他的雙親成為君子了，這就叫作是成就雙親的名聲！」孔子接著說：「古人在施行政教時，把敬愛別人看的非常重要。不能愛別人，就不能敬重自身；不能敬重自身，就不能安居本土；不能安居本土，就不能以上天賜予的事物為樂；不能以上天賜予的事物為樂，就不能成就自身。」哀公說：「請問先生，什麼是成就自身呢？」孔子回答說：「無論做什麼事情都不要踰越禮節。」哀公說：

「請問先生，君子為什麼要尊重天道呢？」孔子回答說：「尊重其讓萬物不停息地有規律運行，譬如太陽和月亮從東到西不停運行，這就是天道；不阻塞而又永恆地生育萬物，這就是天道；看起來似乎什麼也沒有做就成就了萬物，這就是天道；已成就的萬物清楚而分明地呈現在我們面前，這就是天道。」哀公說：「我比較愚鈍，這一點先生您是清楚的。」孔子恭敬地離席站在哀公的對面說：「仁人做事不踰越事理，孝子做事也不踰越事理。因此仁人侍奉父母就如同侍奉天，侍奉天就如同侍奉父母，因此孝子能成就自身。」哀公說：「聽了您的這番言論，只怕以後還會有什麼過錯，我如何做才好呢？」孔子回答說：「您有這樣的話，就是臣子的福氣啊。」

## ◎孔子閒居

### ◆題解

　　本篇記述子夏與孔子圍繞「王者之德」展開的一系列問答，其中引用了不少《詩經》原文，引用內容與後來廣泛流傳的《毛詩》有不同之處，我們可以從中窺見漢代《詩經》的面貌。

### ▶原文

　　1.孔子閒居，子夏侍。子夏曰：「敢問《詩》云：『凱弟君子，民之父母』，何如斯可謂民之父母矣？」孔子曰：「夫民之父母乎，必達於禮樂之原，以致五至⑴，而行三無，以橫於天下。四方有敗，必先知之。此之謂民之父母矣。」子夏曰：「民之父母，既得而聞之矣。敢問何謂『五至』？」孔子曰：「志之所至，詩亦至焉。詩之所至，禮亦至焉。禮之所至，樂亦至焉。樂之所至，哀亦至焉。哀樂相生。是故，正明目而視之，

不可得而見也；傾耳而聽之，不可得而聞也；志氣塞乎天地，此之謂五至。」子夏曰：「五至既得而聞之矣，敢問何謂三無？」孔子曰：「無聲之樂，無體之禮，無服之喪，此之謂三無。」子夏曰：「三無既得略而聞之矣，敢問何詩近之？」孔子曰：「『夙夜其命宥密[02]』，無聲之樂也。『威儀逮逮，不可選也』，無體之禮也。『凡民有喪，匍匐救之』，無服之喪也。」子夏曰：「言則大矣！美矣！盛矣！言盡於此而已乎？」

### 注釋

①五至：謂志、詩、禮、樂、哀達到的最高境界。
②其：通「基」。

### 譯文

　　孔子閒居在家，子夏陪伴左右。子夏說：「先生，《詩經》裡有這樣一句話說：『平易和樂的大人君子，對百姓像父母般愛護』，怎樣才能稱得上是百姓的父母？」孔子說：「百姓的父母，必須要通曉禮樂的原理，以達到五至，進而施行三無，並在天下廣泛施行。四方有災難發生，身為國君一定要預先知道，這樣就稱得上是百姓的父母了。」子夏說：「現在我知道了怎樣才稱得上是百姓的父母。那請問先生什麼是『五至』呢？」孔子說：「心裡所想的，可以用詩歌表達出來，詩歌表達的，透過外在的禮能表現出來；禮能表現出來的，樂也能表達出來；樂能表達出來的，哀情也隨之而來，哀與樂是相伴而生的。因此，上述內容，睜大眼睛看不見，側耳聽不到，內心的志氣充乎天地間，這就是所謂的『五至』。」子夏說：「我現在知道什麼是『五至』了，那請問先生什麼是『三無』呢？」孔子說：「沒有聲音的樂，沒有儀節的禮，沒有服飾的喪禮。」子夏說：「對『三無』的意思我也大概有所瞭解了，那請問老師哪個詩句與此最接近呢？」孔子說：「『日夜不停地謀劃如何順天命安定百姓』，這是沒有聲音的樂。『我的容止是何等的雍容閒雅，絕不能低三下四地屈從！』，這句就是沒有儀節的禮。『鄰里有了災難，我會竭盡全力去幫忙』，這就是沒有禮服的喪禮。」子夏說：「先生您的這番解釋真的是太偉大！太美好！太充分了！話說到這裡，也算是徹底了吧？」

## ▶原文

2.孔子曰：「何為其然也！君子之服之也，猶有五起焉。」子夏曰：「何如？」子曰：「無聲之樂，氣志不違；無體之禮，威儀遲遲；無服之喪，內恕孔悲①。無聲之樂，氣志既得；無體之禮，威儀翼翼；無服之喪，施及四國②。無聲之樂，氣志既從；無體之禮，上下和同；無服之喪，以畜萬邦。無聲之樂，日聞四方；無體之禮，日就月將；無服之喪，純德孔明。無聲之樂，氣志既起；無體之禮，施及四海；無服之喪，施於孫子。」子夏曰：「三王之德，參於天地③，敢問何如斯可謂參於天地矣？」孔子曰：「奉三無私以勞天下。」子夏曰：「敢問何謂三無私？」孔子曰：「天無私覆，地無私載，日月無私照。奉斯三者以勞天下，此之謂三無私。其在《詩》曰：『帝命不違，至於湯齊。湯降不遲，聖敬日齊。昭假遲遲，上帝是祗。帝命式於九圍。』是湯之德也。天有四時，春秋冬夏，風雨霜露，無非教也。地載神氣，神氣風霆，風霆流形④，庶物露生，無非教也。清明在躬，氣志如神，嗜欲將至，有開必先。天降時雨，山川出雲。其在《詩》曰：『嵩高惟嶽，峻極於天。惟嶽降神，生甫及申。惟申及甫，惟周之翰。四國於蕃，四方於宣。』此文武之德也。三代之王也，必先令聞，《詩》云：『明明天子，令聞不已。』三代之德也。『弛其文德，協此四國。』大王之德也。」子夏蹶然而起，負牆而立曰：「弟子敢不承乎？」

## 注釋

①內恕：謂存心寬厚。
②施（一、）：延續；延伸。
③參：通「三」，指天、地、人。
④流形：謂萬物受自然之滋育而運動變化其形體。

## 譯文

孔子說：「尚且不能這樣說啊！君子實行『三無』，其中還有五起啊。」子夏說：「這五起的內容是什麼呢？」孔子說：「第一，沒有聲音的樂，不能違反意志；沒有儀節的禮，要態度端正；沒有服飾的喪禮，內心同情且充滿哀傷。第二，沒有聲音的樂，說明志得意滿；沒有儀節的禮，要態度恭順；沒有服飾的喪禮，要將仁愛遍及全國；第三，沒有

聲音的樂，表明意志融合；沒有儀節的禮，要上下和睦同心；沒有服飾的喪禮，能容納萬國；第四，沒有聲音的樂，傳播到四方；沒有儀節的禮，日益完善；沒有服飾的喪禮，說明美好的德行傳遍天下；第五，沒有聲音的樂，說明意志充盛；沒有儀節的禮，表明已經遍及天下；沒有服飾的喪禮，說明恩德遍及子孫後代。」子夏說：「三王的盛德，與天、地相配而為三，請問什麼樣的德行就可以與天、地相配而為三呢？」孔子說：「施行三無私來撫慰天下百姓。」子夏說：「請問什麼叫作是三無私呢？」孔子說：「上天無私地覆蓋著天下萬物，大地無私地承載著萬物，日月無私地照射著萬物。用這種無私的精神來安撫天下，就叫作三無私。《詩經》中曾說：『我們的祖先從不違背天命，傳到那成湯王終於完成。湯王的降生正好不早不晚，他的明智和謹慎與日俱增。召請神靈的保佑持久不懈，他對上帝的恭敬專一精誠，上帝指令他作九州的典範。』這就是商湯的美好德行。天有四時，春夏秋冬，並用風雨霜露來潤澤萬物，這些都在對人進行著教化。大地承載著神氣，這種神氣生成風雷，風雷流動滋育萬物，這些也顯示了對人的教化。聖王擁有清明的德行，氣質心態如神，這些雖然都看不見，但是在發生前都會有預兆。如上天要降雨時，山川一定會吐出雲氣。《詩經》中曾說；『那崇高巍峨的太嶽山，高高地聳立直達上蒼。是太嶽山降下了神靈，生下呂、申二氏他們姓姜。惟這姜姓的呂、申二氏，他們是周邦王國的棟樑。是四方國家依賴的保障，又好像四方邊疆的城牆。』這說的是文王美好的德行。三代的領袖，必定先是美名傳揚天下，《詩經》曾說：『我們光明正大的君王天子，他美好的聲譽將萬古永傳。』這說的是三代領袖美好的德行。『他施行了一套文明的德政，四方國家與我們和睦相安。』這說的是太王美好的德行。」子夏聽到這裡突然高興的跳起來，背靠著牆說：「我敢不接受教導嗎？」

# ◎坊　記

## ◆題解

　　本篇主要記述孔子關於百姓失德、失禮、不忠、不孝、亂倫、犯上、見利忘義等方面的言論。孔穎達疏引鄭玄《三禮目錄》云：「名『坊記』者，以其記六藝之久以防人之失者也。」因為篇首有「辟則坊與，坊民之所不足者也」等語，因此以「坊」名篇。

## ▶原文

　　1.子言之：「君子之道，辟則坊與①，坊民之所不足者也。大為之坊，民猶逾之。故君子禮以坊德，刑以坊淫，命以坊欲。」子云：「小人貧斯約②，富斯驕；約斯盜，驕斯亂。禮者，因人之情而為之節文，以為民坊者也。故聖人之制富貴也使民富不足以驕，貧不至於約，貴不慊於上，故亂益亡。」子云：「貧而好樂，富而好禮，眾而以寧者，天下其幾矣。《詩》云：『民之貪亂，寧為荼毒。』故制國不過千乘，都城不過百雉③，家富不過百乘。以此坊民，諸侯猶有畔者④。」子云：「夫禮者，所以章疑別微，以為民坊者也。故貴賤有等，衣服有別，朝廷有位，則民有所讓。」子云：「天無二日，土無二王，家無二主，尊無二上，示民有君臣之別也。《春秋》不稱楚越之王喪，禮君不稱天，大夫不稱君，恐民之惑也。《詩》云：『相彼盍旦⑤，尚猶患之。』」

### 注釋

　　①辟：通「譬」。　坊：通「防」。
　　②約：貧困。
　　③百雉：指城牆的長度達三百丈。
　　④畔：通「叛」。
　　⑤盍（厂ㄜˊ）旦：即旦，鳥名。

### 譯文

　　孔子說：「君子的治國之道，就如同防洪堤壩，是用來防止百姓德

行不足的。即使嚴加防範，百姓尚且還有踰越的。所以君子用禮教來防止百姓失德，用刑罰來防止百姓做奸邪的事情，用政令來阻止百姓的貪念。」孔子說：「小人貧了就會窮困，富了就會驕縱；小人窮困了就會偷盜，驕縱了就會淫亂。禮，就是順著人的情欲並用禮加以節制，對百姓加以防範。所以聖人對富貴進行節制，讓人富足但不驕縱，讓人貧但不至於窮困，尊貴的人不埋怨君主，因此混亂的日子就日漸減少以至於消失。」孔子說：「雖貧窮但樂於道，雖富貴但好禮，家族人員眾多，但都相安無事，這在天下都是很少見的。《詩經》曾說：『許多的人都惟恐天下不亂，寧受荼毒也要這政權完蛋。』因此禮法規定，諸侯國的軍車不能超過千輛，諸侯國城牆的長度不能超過三百丈，卿大夫家的軍車不能超過百輛。即使這樣來防範百姓，諸侯仍然有造反的。」孔子說：「禮，就是用來辨別嫌疑區分細微的，並對百姓加以防範。因此貴賤有等級，服飾有差別，朝廷有位次，也只有這樣，人們相互間才能謙讓。」孔子說：「天上沒有兩個太陽，國家不能有兩個君主，家裡不能有兩個主子，最受尊敬的人不能有兩個，這是告訴百姓君臣的不同。《春秋》不記載楚、越兩國國君的喪禮。依照禮法的規定，對諸侯國的君主不能稱天，大夫不能稱君，害怕讓百姓迷惑不解。《詩經》曾說：『那鶹旦鳥，尚且還厭惡它。』」

## ▌原文

2.子云：「君不與同姓同車，與異姓同車不同服，示民不嫌也。以此坊民，民猶得同姓以弒其君。」子云：「君子辭貴不辭賤，辭富不辭貧，則亂益亡。故君子與其使食浮於人也，寧使人浮於食。」子云：「觴酒豆肉讓而受惡，民猶犯齒；衽席之上讓而坐下[01]，民猶犯貴；朝廷之位讓而就賤，民猶犯君。《詩》云：『民之無良，相怨一方；受爵不讓，至於已斯亡。』」子云：「君子貴人而賤己，先人而後己，則民作讓。故稱人之君曰君，自稱其君曰寡君。」子云：「利祿，先死者而後生者，則民不偝[02]；先亡者而後存者，則民可以托。《詩》云：『先君之思，以畜寡人。』以此坊民，民猶?死而號無告。」

### 注釋

①衽(ㄖㄣˋ)席：宴席；座席。

②偝：通「背」。

## 譯文

孔子說：「國君不與同姓的人同坐一輛車，與異姓的人可以同車，但要穿著不同的服裝，目的是為了有所區別而不至於讓人誤解。用這樣的制度規範百姓，尚且還有同姓人殺害國君的事情發生。」孔子說：「君子推辭顯貴而不推辭卑賤，推辭富貴而不推辭貧賤，這樣就會減少人與人之間因爭名奪利而相互殘害的事情。因此君子與其讓所得俸祿超過自己的才能，還不如讓自己的才能超過自己所拿的俸祿。」孔子說：「哪怕是一杯酒一碗肉也要教育百姓要相互謙讓，謙讓後，自己要拿其中最差的，即使這樣教化百姓尚且還會侵犯年長者的事情發生；在座席中要反覆的給地位高的謙讓，自己要坐在下位，如此反覆教化百姓，依然有侵犯地位高的人的事情發生；在朝廷中依據爵位進行排位，排列在卑賤的位子上，如此來教化百姓，仍有觸犯國君威嚴的事情發生。《詩經》上曾說：『人們的心地假如不善，就會造成一方的怨憤。受爵受封如不知相讓，事關自己就忘記謙遜。』」孔子說：「君子要看重別人而貶低自己，讓別人在先而自己隨後，這樣整個社會就會產生相互謙讓的良好風氣，因此稱別國的國君為，向別國稱自己的國君為寡君。」孔子說：「利祿要先給死去的人然後才給活著的人，這樣來教化百姓，百姓才不會背棄死者；利祿要先給出亡在外的人，再給國內的人，這樣來教化百姓，百姓就會變得仁厚而內心有所寄託。《詩經》曾說：『對先君的懷念，時刻勉勵著寡人。』這樣對百姓加以防範，尚且還有背棄死者，使得老弱者痛苦哀號而無處控告的事情發生。」

## 原文

3.子云：「有國家者，貴人而賤祿，則民興讓；尚技而賤車，則民興藝。故君子約言，小人先言。」子云：「上酌民言[01]，則下天上施；上不酌民言，則犯也；下不天上施，則亂也。故君子信讓以蒞百姓，則民之報禮重。《詩》云：『先民有言，詢於芻蕘[02]。』」子云：「善則稱人，過則稱己，則民不爭；善則稱人，過則稱己，則怨益亡。《詩》云：『爾卜爾筮，履無咎言。』」子云：「善則稱人，過則稱己，則民讓善。《詩》

云：『考卜惟王，度是鎬京；惟龜正之，武王成之。』」子云：「善則稱君，過則稱己，則民作忠。《君陳》曰：『爾有嘉謀嘉猷[03]，入告爾君於內，女乃順之於外[04]，曰：此謀此猷，惟我君之德。於乎！是惟良顯哉。』」子云：「善則稱親，過則稱己，則民作孝。《大誓》曰：『予克紂，非予武，惟朕文考無罪[05]；紂克予，非朕文考有罪，惟予小子無良！』」

## 注釋

①酌：聽取。
②芻蕘（ㄔㄨˊ ㄖㄠˊ）：指砍柴的人。
③猷（一ㄡˊ）：謀略；計畫。
④女：通「汝」。
⑤文考：周文王死後，武王頌之為文考。後用為帝王亡父的尊稱。

## 譯文

　　孔子說：「掌管國家的人，如果能重視人品才學而輕視爵位俸祿，那麼民眾就會興起謙讓的風氣；如果尊重有技藝的人並且不吝惜車馬衣服，民眾就會興起學習技藝的良好風氣。因此君子往往會先做後說，而小人常常是夸夸其談，而無所行動。」孔子說：「身為國君如裡能聽取下層百姓的意見，那麼下層百姓就會依從國君頒布的各項措施；身為國君卻不聽取百姓的意見，就會違背民心；下層百姓就會牴觸國君頒布的各項措施，那麼就會天下大亂。因此，如果國君能用誠信謙讓的態度面對百姓，百姓就會依禮來厚重的回報國君。《詩經》上曾說：『古人有句老話：即使是砍柴的也可向其徵求意見。』」孔子說：「好的事情就歸功於別人，不好的事情就歸咎於自己，那麼百姓就會相互謙讓；好的事情就歸功於別人，不好的事情就歸咎於自己，那麼百姓間的怨恨就會逐漸消亡。《詩經》上曾說：『你請來巫師反覆地占卜，行為上沒有什麼過錯。』」孔子說：「好的事情就歸功於別人，不好的事情就歸咎於自己，那麼百姓就會推讓功德一心向善。《詩經》上曾說：『周王占卜叩問吉凶，看能不能定都在那鎬京。龜兆做出了吉祥定奪，武王完成了建都工程。』」孔子說：「好事就歸功於國君，壞事就歸咎於自己，那麼百姓就會興起忠君之心。《君陳》上說：『有好的謀略計畫，就會進獻給國君，並且依照國君的命令認真地

在天下施行，並謙遜地說：有這樣好的計謀，都因為我們有聖明的國君啊。啊！是忠臣讓國君名揚天下。』」孔子說：「好事就歸功於父母，壞事就歸咎於自己，那麼百姓就會興起孝心。《太誓》說：『我打敗商紂，並不是因為我的武功強大，而是因為我的父親有盛大的德行且沒有什麼過錯。如果紂打敗我，並不是我的父親有什麼過錯，只是我這個做兒子的沒能奈啊！』」

## ▶原文

4.子云：「君子弛其親之過，而敬其美。《論語》曰：『三年無改於父之道，可謂孝矣。』《高宗》云：『三年其惟不言，言乃歡。』」子云：「從命不忿，微諫不倦，勞而不怨，可謂孝矣。《詩》云：『孝子不匱。』」子云：「睦於父母之党，可謂孝矣。故君子因睦以合族。《詩》云：『此令兄弟，綽綽有裕；不令兄弟，交相為瘉①。』」子云：「於父之執，可以乘其車，不可以衣其衣。君子以廣孝也。」子云：「小人皆能養其親，君子不敬，何以辨？」子云：「父子不同位，以厚敬也。《書》云：『厥辟不辟，忝厥祖②。』」子云：「父母在，不稱老，言孝不言慈；閨門之內，戲而不歎。君子以此坊民，民猶薄於孝而厚於慈。」子云：「長民者，朝廷敬老，則民作孝。」子云：「祭祀之有屍也，宗廟之主也，示民有事也。修宗廟，敬祀事，教民追孝也。以此坊民，民猶忘其親。」

### 注釋

①瘉（ㄩˋ）：病。引指相互嫉恨。
②忝（ㄊㄧㄢˇ）：羞辱；有愧於。

### 譯文

孔子說：「君子要寬容父母所犯的錯誤，並且要有敬重父母的美德。《論語》上說：『父母死後三年，仍然不改變父母生前的所作所為，可以說是孝了。』《尚書•高宗》說：『高宗為父親守喪的三年內，不談論政治上的事情，三年後頒布各項政令，百姓都欣然接受。』」孔子說：「服從父母的命令，但內心不惱恨，父母有過錯時，要柔聲細語地勸諫，而不心生厭倦，侍奉父母，即使非常辛苦，但也沒有半句怨言，可以稱得上孝

順了。《詩經》上說：『孝順的子孫不停地努力。』」孔子說：「能與父母的族親和睦相處，可以稱得上孝了。因此君子透過和睦之情來聚集全族的人。《詩經》上說：『兄弟有和睦相處的美德，相互間就感到寬鬆愉快。兄弟們沒有這樣的美德，相互間也就會懷恨為害。』」孔子說：「與父母的同輩好友，可以乘坐他的車子，但不可以穿他的衣服，君子用這種方式來推廣孝心。」孔子說：「連小人都可以贍養他的父母，君子如果同小人一樣只贍養父母，而不敬重父母，與小人又有什麼區別呢？」孔子說：「父與子不能處在一樣的位置上，目的是為了增加對父親的敬意。《尚書》上說：『身為人君卻沒有人君應有的樣子，就辱沒了祖先。』」孔子說：「父母在世時，不可以稱自己老了，只談如何去盡孝，而不談論如何去疼愛兒女；在家裡，可以談笑，但不可以唉聲歎氣。君子用這種方式來教化百姓，但依然有孝順父母淡薄而疼愛兒女深厚的情況出現。」孔子說：「治理百姓的君長，如果能夠在朝堂上尊敬年老的人，那麼民間就會興起敬老的良好風氣。」孔子說：「祭祀的時候設有屍，宗廟裡設有神主，這是在告訴百姓有敬事的物件。修繕宗廟，虔敬地舉行祭祀活動，這是在教化百姓要追孝祖先。用這種方式來教化百姓，依然會有忘記父母的情況出現。」

## ▶原文

5.子云：「敬則用祭器。故君子不以菲廢禮<sup>01</sup>，不以美沒禮。故食禮<sup>02</sup>，主人親饋，則客祭；主人不親饋，則客不祭。故君子?無禮，雖美不食焉。《易》曰：『東鄰殺牛，不如西鄰之禴祭<sup>03</sup>，實受其福。』《詩》云：『既醉以酒，既飽以德。』以此示民，民猶爭利而忘義。」子云：「七日戒<sup>04</sup>，三日齊<sup>05</sup>，承一人焉以為屍，過之者趨走，以教敬也。醴酒在室，醍酒在堂，澄酒在下，示民不淫也。屍飲三，眾賓飲一，示民有上下也。因其酒肉，聚其宗族，以教民睦也。故堂上觀乎室，堂下觀乎上。《詩》云：『禮儀卒度，笑語卒獲。』」子云：「賓禮每進以讓，喪禮每加以遠：浴於中霤<sup>06</sup>，飯於牖下<sup>07</sup>，小斂於戶內，大斂於阼，殯於客位，祖於庭<sup>08</sup>，葬於墓，所以示遠也。殷人吊於壙<sup>09</sup>，周人吊於家，示民不偝也。」子云：「死，民之卒事也，吾從周。以此坊民，諸侯猶有薨而不葬者。」子云：「升自客階，受吊於賓位，教民追孝也。未沒喪不稱君，示民不爭

也。故《魯春秋》記晉喪曰：『殺其君之子奚齊，及其君卓。』以此坊民，子猶有弒其父者。」

## 注釋

①菲：微薄。

②食禮：古代宴請之禮的一種。

③禬（ㄩㄝˋ）祭：即祊祭，古代宗廟時祭名。

④戒：指散齋，古禮於祭祀父母前七日不御不樂不弔。

⑤齊：即致齋，古代在舉行祭祀前清心潔身的禮式。

⑥中霤（ㄌㄧㄡˋ）：室的中央。

⑦飯：指飯含，古喪禮以玉、珠等物納於死者口中。

⑧祖：即祖奠，出殯前一天晚上的祭奠。

⑨壙（ㄎㄨㄤˋ）：墓穴。

## 譯文

孔子說：「對客人尊敬，宴請客人時就應使用祭器。因此不因物品不好就失去應有的禮節，也不因物品過好就踰越應有的禮節。因此用食禮款待客人時，如果主人親自向客人進獻食品，那客人就要行食前祭禮，如果主人沒有親自向客人進獻食品，那客人就不用行食祭禮了。因此君子如果沒有受應有的禮節待遇，即使食物再可口也不吃。《易》說：『東邊的鄰國殺牛祭祀，還不如西邊鄰國舉行禬祭，更能受到神靈的福佑。』《詩經》中說：『神屍已經喝醉了酒，飽嘗了美味的祭品。』用這種方式來教化百姓，仍然有見利忘義的事情發生。」孔子說：「進行七天的致散齋，三天的致齋，是為了要侍奉做『屍』的人，士大夫在路上碰到扮屍的人，要下車迴避，這樣做的目的是為了教導百姓要敬事自己的祖先。醴酒放在內室，醍酒放在堂上，澄酒放在堂下，這是為了教化百姓祭祀進要虔敬不能貪圖美酒。屍飲三次獻酒，而眾賓客飲一次獻酒，這是為了教化百姓尊卑有別。因此用祭祀時的酒肉來聚會全族的人，教化百姓要和睦相處。所以堂上的人看室內的人如何行禮，堂下的人看室外的人如何行禮。《詩經》中說：『每一種禮儀都符合法度，言談說笑也都不亂規則。』」孔子說：「行迎賓禮時，每前進一段賓主都要相互謙讓，舉行喪禮時每前進一步就離家遠一步：在室中央為死者沐浴，在窗戶下給死者飯含，小斂在室門內，大斂在阼階上，停放在西階上，出殯前一天晚上在庭院裡時行

祖奠，最後安葬到墓地，這樣來表示親人已經逐漸遠去。殷人到墓地去弔唁死者，而周人到死者家裡去弔唁，用這種方式來教化百姓不要背棄先人。」孔子說：「死，是人終結的事。我遵從周代的喪禮。用這種方式來教化百姓，但還有諸侯死了不安葬的情況出現。」孔子說：「葬後回家，要從西階進入廳堂，並在賓位上接受來訪者的弔唁，這是教化百姓要追孝去世的先人。喪期還未服完，嗣子就不稱君，向人表示自己不爭奪父親的位子。因此《魯春秋》中記載晉國的喪禮說：（里克）殺了他君主的兒子奚齊以及他的國君卓。』這樣來教化百姓，仍然有殺害父親的事情出現。」

## ▶原文

6.子云：「孝以事君，弟以事長，示民不貳也，故君子有君不謀仕，唯卜之日稱二君。喪父三年，喪君三年，示民不疑也。父母在，不敢有其身，不敢私其財，示民有上下也。故天子四海之內無客禮，莫敢為主焉。故君適其臣，升自阼階，即位於堂，示民不敢有其室也。父母在，饋獻不及車馬，示民不敢專也。以此坊民，民猶忘其親而貳其君。」子云：「禮之先幣帛也，欲民之先事而後祿也。先財而後禮，則民利；無辭而行情，則民爭。故君子於有饋者，弗能見則不視其饋。《易》曰：『不耕獲，不菑畬①，凶。』以此坊民，民猶貴祿而賤行。」子云：「君子不盡利以遺民。《詩》云：『彼有遺秉，此有不斂穧，伊寡婦之利。』故君子仕則不稼，田則不漁；食時不力珍，大夫不坐羊，士不坐犬。《詩》云：『採葑採菲，無以下體？德音莫違，及爾同死。』以此坊民，民猶忘義而爭利，以亡其身。」

## 注釋

①畬（ㄩˊ）：指耕種了二年的田。

## 譯文

孔子說：「用對待父親的孝心侍奉國君，用敬順兄長的心侍奉長上，是在告知百姓對君長不能有二心，因此國君的兒子有父親健在時就不謀求官職，只有在占卜的時候才能稱自己是君父的助手。為父親服喪三年，為

國君服喪三年，表明君主尊敬的地位毋庸質疑。父母健在時，不敢把身體看作是自己一個人的，不敢擁有自己的財物，以向百姓表明有上下的區別。因此天子無論到哪裡都不行客禮，因為沒有人膽敢做天子的主人。因此國君造訪臣子時，要由阼階進入廳堂，並坐在廳堂的上位，以向百姓表明不敢把家庭看作是個人私有的。父母健在時，贈送別人禮物時，不能贈送車馬，以向百姓表明自己不敢專有家庭的財物。《易》中說：『不耕種不收割就獲得豐收，不開墾土地而得到豐收，不吉利。』用這種方式來教化百姓，仍有重視利祿而輕視德行的情況出現。」孔子說：「君子不能佔盡所有的利益，要遺留一部分給百姓。《詩經》中說：『那裡有一把把丟棄的禾捆，這裡有一個個散落的禾穗，讓孤苦的寡婦們來拾來揀。』因此君子如果出仕做官了就不種莊稼，種田的就不去打漁；吃飯時不求珍異，大夫無故不殺羊，士無故不殺狗。《詩經》中說：『有誰採集蔓菁和芥菜，會放棄它的塊根不收？不該放棄美德走斜路，真想同生共死到白頭。』用這種方式來教化百姓，仍有見利忘義以至於亡身的事情發生。」

# ▋原文

7.子云：「夫禮，坊民所淫，章民之別，使民無嫌，以為民紀者也。故男女無媒不交，無幣不相見，恐男女之無別也。以此坊民，民猶有自獻其身。《詩》云：『伐柯如之何？匪斧不克；取妻如之何？匪媒不得；蓺麻如之何[01]？橫從其畝；取妻如之何？必告父母。」子云：「取妻不取同姓，以厚別也。故買妾不知其姓，則卜之。以此坊民，《魯春秋》猶去夫人之姓曰吳，其死曰孟子卒。」子云：「禮，非祭，男女不交爵。以此坊民，陽侯猶殺繆侯而竊其夫人。故大饗廢夫人之禮。」子云：「寡婦之子，不有見焉，則弗友也，君子以辟遠也。故朋友之交，主人不在，不有大故，則不入其門。以此坊民，民猶以色厚於德。」子云：「好德如好色。諸侯不下漁色。故君子遠色以為民紀。故男女授受不親。御婦人則進左手。姑姊妹女子子已嫁而反，男子不與同席而坐。寡婦不夜哭。婦人疾，問之不問其疾。以此坊民，民猶淫泆而亂於族。」子云：「婚禮，婿親迎，見於舅姑，舅姑承子以授婿，恐事之違也。以此坊民，婦猶有不至者。」

### 注釋

①蓺（一ヽ）：種。

### 譯文

孔子說：「禮就是用來防止百姓淫亂，彰顯男女間的不同，讓男女間不生嫌疑，並以此來作為百姓的綱紀。因此男女間如果不經過媒人，不能主動互通姓名，沒有聘禮相互間就不能見面，這麼做是害怕男女無別。用這種方式來教化百姓，仍有自獻其身求得異性的事情發生。《詩經》中說：『怎樣砍斧頭的柄？沒有斧頭也做不成；怎樣才能娶到妻子？沒有媒人也辦不成；怎麼樣種麻呢？橫的直的去開墾田地。怎樣才能娶到妻子？必須先告訴父母。』」孔子說：「不能迎娶同姓人做妻子，目的是為了加強血緣的區別。因此買妾而不知道妾的姓時，就用占卜的方法來決定吉凶。用這種方式來教化百姓，《魯春秋》中記載魯召公所娶的夫人，去掉了夫人的姓，而只是說其來自吳國，到夫人死時，也不記載夫人的姓，而只是說『孟子卒』。」孔子說：「依據禮法的規定，如果不是祭祀，那麼男女間就不相互敬酒。用這種方式來教化百姓，仍然還發生了陽侯殺死繆侯奪取其夫人的事情。因此後來諸侯行大饗禮時就不讓諸侯的夫人參加了。」孔子說：「寡婦的兒子，如果不是才氣出眾的，就不與他交朋友，君子用這種方式來遠避嫌疑。因此朋友間相互交往，主人不在家時，如果不是朋友家有重大的事情發生，就不要到朋友家。用這種方式來教化百姓，仍然有好色而超過好美德的情況出現。」孔子說：「（我還沒有發現）像愛好女色那樣的愛好美德。諸侯不迎娶本國的女子為妻。因此君子以遠離美色而作為百姓的榜樣。因此男女間不親手傳遞物品。因此車上載著女人時，車夫的左手要放在身前，身體微微背著車上的人。出嫁的女子回家省親時，家裡的男子就不要與她們同席而坐。寡婦不在半夜時哭泣。女人生病，問候時不要尋問是什麼病。用這種方式來教化百姓，仍有淫蕩放縱而在家庭中出現亂倫的事情。」孔子說：「婚禮的禮法規定，女婿親自到女方家迎娶，並拜見女方父母。女方父母親手把女兒交給女婿，並對女兒進行教導，害怕她違背婦道。用這樣的方式來教化百姓，仍然還有不守婦道的情況發生。」

# ◎表　記

## ◆題解

　　本篇主要記述君子行為的根本、仁與義的內容及虞、夏、商、週四代的政教等內容。

## ▶原文

　　1.子言之：「歸乎！君子隱而顯，不矜而莊，不厲而威，不言而信。」子曰：「君子不失足於人，不失色於人，不失口於人，是故君子貌足畏也，色足憚也，言足信也。《甫刑》曰⑴：『敬忌而罔有擇言在躬。』」子曰：「裼襲之不相因也，欲民之毋相瀆也。」子曰：「祭極敬，不繼之以樂；朝極辨，不繼之以倦。」子曰：「君子慎以辟禍，篤以不揜⑵，恭以遠恥。」子曰：「君子莊敬日強，安肆日偷⑶。君子不以一日使其躬儳焉⑷，如不終日。」子曰：「齊戒以事鬼神，擇日月以見君，恐民之不敬也。」子曰：「狎侮，死焉而不畏也。」子曰：「無辭不相接也，無禮不相見也；欲民之毋相褻也。《易》曰：『初筮告，再三瀆，瀆則不告。』

## 注釋

　　①《甫刑》：即《呂刑》，《尚書》的篇名。
　　②揜（一ㄢˇ）：困迫；急迫。
　　③安肆：安樂放縱。
　　④儳（ㄔㄢˋ）：輕率不慎。

## 譯文

　　孔子說：「回去吧！君子歸隱起來而聲名昭著，不驕矜而莊重，不疾聲厲色卻很有威嚴，不說話卻能取信於人。」孔子說：「君子在舉止、言行沒有失禮的地方，因此君子的儀容讓人敬畏，神色讓人警惕，言行足以讓人信服。《尚書•甫刑》上說：『要心情敬戒，不要有可挑剔的言論出現在自己的身上。』」孔子說：「行禮時或者穿好衣服為敬，或者以露出外裼衣為敬，或者以掩好外服的前襟為敬，不相依從，那是為了讓百姓彼

此不褻瀆。」孔子說：「祭祀時一定要恭敬不能在結束時尋歡作樂，朝政治理一定要竭盡全力，不能到最後表現出厭倦。」孔子說：「君子行事要謹慎小心，要竭力避免沾惹禍端，切實履行善道，而不至於讓自己陷入窘境，極端恭敬而讓自己遠離恥辱。」孔子說：「君子莊重虔敬，使得自己德業日進，安樂放縱，德行就會日益淺薄。君子一天也不能讓自己表現出輕率不慎的樣子，像是遑遑不可終日的樣子。」孔子說：「齋戒後再去侍奉鬼神，挑選好的時日後再去拜見國君，這樣做是害怕百姓不恭敬。」孔子說：「有的人輕慢侮弄，至死都不知道什麼叫害怕。」孔子說：「（朝聘時）沒有言詞就不交接，沒有禮物就不相見；目的是希望百姓彼此間不要褻瀆。《周易》上說：『初次占卜以吉凶相告，如果一而再、再而三地進行卜筮，就是對神明的褻瀆，就不能相告了。』」

## ▲原文

2.子言之：「仁者，天下之表也；義者，天下之制也；報者，天下之利也。」子曰：「以德報德，則民有所勸；以怨報怨，則民有所懲。《詩》曰：『無言不仇，無德不報。』《太甲》曰：『民非后無能胥以寧；后非民無以辟四方。』」子曰：「以德報怨，則寬身之仁也；以怨報德，則刑戮之民也。」子曰：「無欲而好仁者，無畏而惡不仁者，天下一人而已矣。是故君子議道自己，而置法以民。」子曰：「仁有三：與仁同功而異情；與仁同功，其仁未可知也；與仁同過，然後其仁可知也。仁者安仁，知者利仁，畏罪者強仁。仁者右也，道者左也。仁者人也，道者義也。厚於仁者薄於義，親而不尊；厚於義者薄於仁，尊而不親。道有至，義有考。至道以王，義道以霸，考道以為無失[01]。」

### 注釋

①考道：謂取仁或義以成其道。

### 譯文

孔子說：「仁，是天下人行事的標準；義，是天下裁斷事物的標準；禮尚往來是天下行禮的好處。」孔子說：「用好的德行來回報別人給予自己的恩惠，那麼百姓就會相互勸善；用怨恨來回報別人對自己的仇怨，百

姓就會受到刑罰的懲戒。《詩經》上說：『沒有什麼話不會引起反應，沒有什麼德不能得到報答。』《太甲》說：『百姓如果沒有帝王就不能安居樂業，君王沒有百姓就不能君臨四方。』」孔子說：「用善行來回報別人的怨恨，是宅心仁厚的仁人；用怨恨來回報別人的恩惠，是應該受到懲戒的人。」孔子說：「沒有私念卻廣施仁愛，無所畏懼的憎恨那些心懷不仁的人，天下沒有幾個人能做到。因此君子論仁道要從自身先做起，設立相關法度要依據民情。」孔子說：「實行仁愛有三種情況：一、施行仁道的功效相同但目的不同；二、施行仁道的功效相同，但就不知道各自的目的；三、施行仁道時都犯了過錯，這樣就可以知道他們施行仁道的目的了。心懷仁愛的人安心行仁，聰明的人為了得到利益而行仁，害怕犯罪的人勉強行仁。仁如同人的右手，道如同人的左手。仁就是人情，而道就是道義。強調人情而忽視道義的人，人就會親近卻不受尊敬；重視義理但忽視人情的人，人就會尊敬他但卻不敢靠近。道，有至極的道，有裁斷適當的義道，有盡於稽察的考道。實行至道，就可以在天下稱王，實行義道就可以稱霸天下，實行考道，就可以避免過錯。」

## ▌原文

　　3.子言之：「仁有數，義有長短小大。中心憯怛[01]，愛人之仁也；率法而強之，資仁者也。《詩》云：『豐水有芑，武王豈不仕！詒厥孫謀，以燕翼子，武王烝哉！』數世之仁也。《國風》曰：『我今不閱，皇恤我後。』終生之仁也。」子曰：「仁之為器重，其為道遠，舉者莫能勝也，行者莫能致也，取數多者仁也；夫勉於仁者不亦難乎？是故君子以義度人，則難為人；以人望人，則賢者可知已矣。」子曰：「中心安仁者，天下一人而已矣。《大雅》曰：『德輶如毛[02]，民鮮克舉之；我儀圖之，惟仲山甫舉之，愛莫助之。』《小雅》曰：『高山仰止，景行行止。』」子曰：「《詩》之好仁如此；鄉道而行[03]，中道而廢，忘身之老也，不知年數之不足，俛焉日有孳孳[04]，斃而後已。」子曰：「仁之難成久矣！人人失其所好；故仁者之過易辭也。」子曰：「恭近禮，儉近仁，信近情，敬讓以行此，雖有過，其不甚矣。夫恭寡過，情可信，儉易容也；以此失之者，不亦鮮乎！《詩》曰：『溫溫恭人，惟德之基。』」

## 注釋

①慘（ちㄢˇ）怛（ㄌㄚˊ）：悲痛；傷痛。
②輶（ㄧㄡˊ）：輕車。
③鄉：通「向」。
④俛（ㄇㄧㄢˇ）：勤勞貌。　孳(ㄗ)：通「孜」，勤勉。

## 譯文

　　孔子說：「仁有程度上的深淺，而義有長短大小之分。遇到不好的事情，就會產生發自內心的悲痛，是愛人的人；依從法律行仁，這不是真正的仁，這只是以仁為手段而達成心中的目的。《詩經》上說：『豐水東岸被洪水沖毀，武王難道會考察不清？為子孫留下長遠規劃，像燕子庇護後代安寧。武王啊真是偉大聖明！』這就是惠及幾條的仁。《詩經•國風》中說：『可我自己還不能被你容納，哪裡還顧得上身後那麼多。』這說的是有關終生的仁。」孔子說：「仁就好像是一件沉重的器物，一條悠長的道路，提舉的人沒有誰能夠完美麗的去勝任，行走的人沒有誰能夠走到盡頭，所以君子如果以義的標準來衡量一個人，那做人就很達到標準了；如果以一般人的標準來要求別人，那個踐行多的人就可以稱作賢人了。」孔子說：「如果一個人的內心安於行仁的人非常的少，天下也只有一個。《詩經•大雅》中說：『道德雖然像羽毛一樣的輕細，一般人卻很難將它舉起來。我曾經仔細地揣摩尋思，只有仲山甫才能把道德高舉起來，我們雖然愛它但卻無能為力。』《詩經•小雅》中說：『崔嵬的高山我抬頭瞻望，寬闊的大道我闊步向前。』」孔子說：「《詩經》中愛好仁德到了這種地步；都會順正道而行，到了半途筋疲力盡而不能繼續前進時，都忘了自己年事已高，不計算自己的年歲，依然努力不懈地順著仁道前行，至死方休。」孔子說：「施行仁義而難以有所成就，是由來已久的一種事實了！從而使得人所愛好的仁道在理解和實踐上都會存在很大的偏頗，所以實行仁道所犯下的錯誤，因為不屬於品德範疇的問題，所以容易解脫。」孔子說：「恭敬而近禮法，簡樸而近仁義，誠信而近人情，恭敬謙讓地處世為人，這樣即使犯錯，也不至於太嚴重。恭敬能減少過錯，真情讓人信任，簡樸讓人容易容身。這樣做了，即使有失敗的也是很少的一部分！《詩經》上說：『溫厚柔和的謙恭長者，是全社會道德的根基。』」

## ▌原文

　　4.子曰：「仁之難成久矣，惟君子能之。是故君子不以其所能者病人，不以人之所不能者愧人。是故聖人之制行也，不制以己，使民有所勸勉愧恥，以行其言。禮以節之，信以結之，容貌以文之，衣服以移之，朋友以極之，欲民之有壹也。《小雅》曰：『不愧於人，不畏於天。』是故君子服其服，則文以君子之容；有其容，則文以君子之辭；遂其辭，則實以君子之德。是故君子恥服其服而無其容，恥有其容而無其辭，恥有其辭而無其德，恥有其德而無其行。是故君子衰絰則有哀色[01]；端冕則有敬色[02]；甲冑則有不可辱之色。《詩》云：『惟鵜在梁[03]，不濡其翼；彼記之子，不稱其服。』」子言之：「君子之所謂義者，貴賤皆有事於天下；天子親耕，粢盛秬鬯以事上帝[04]，故諸侯勤以輔事於天子。」子曰：「下之事上也，雖有庇民之大德，不敢有君民之心，仁之厚也。是故君子恭儉以求役仁，信讓以求役禮，不自尚其事，不自尊其身，儉於位而寡於欲，讓於賢，卑己尊而人，小心而畏義，求以事君，得之自是，不得自是，以聽天命。《詩》云：『莫莫葛藟[05]，施於條枚；凱弟君子，求福不回。』其舜、禹、文王、周公之謂與！有君民之大德，有事君之小心。《詩》云：『惟此文王，小心翼翼，昭事上帝，聿懷多福，厥德不回，以受方國。』」子曰：「先王諡以尊名，節以壹惠，恥名之浮於行也。是故君子不自大其事，不自尚其功，以求處情；過行弗率，以求處厚；彰人之善而美人之功，以求下賢。是故君子雖自卑，而民敬尊之。」子曰：「后稷，天下之為烈也，豈一手一足哉！唯欲行之浮於名也，故自謂便人[06]。」

### 注釋

　①衰（ㄘㄨㄟ）絰（ㄉㄧㄝˊ）：喪服。
　②端冕：玄衣和大冠。古代帝王、貴族的禮服。
　③鵜（ㄊㄧˊ）：水鳥名。
　④粢（ㄗ）盛：古代盛在祭器內以供祭祀的穀物。　秬（ㄐㄩˋ）鬯（ㄔㄤˋ）：古代以黑黍和鬱金香草釀造的酒，用於祭祀降神及賞賜有功的諸侯。
　⑤葛藟（ㄌㄟˇ）：藤本植物。
　⑥便人：熟練其事的人。

### 譯文

　　孔子說：「施行仁義的人難以成功，這樣的事情由來已久，只有君子

才能成功。因此君子不會用自己能做到的事情去責備他人,不用他人做不到的事情去羞辱他人。因此聖人在制定行為準則時不以自己為標準,而是讓百姓能夠受到勸勉,懂得廉恥羞愧,來實行聖人的教導。用禮法來節制他們,用誠心來團結他們,用溫和的容貌來潤澤他們,用端莊的服飾來改變他們,用朋友來提高他們,目的都是為了讓他們一心向善。《詩經•小雅》中說:『為人做事內心不感到羞愧,不畏懼上天的冥報。』因此君子穿上了他們的服飾,還要用君子的儀容進行文飾;有了儀容,還要用君子的談吐來文飾;談吐優雅了,還要用道德來修養充實自己。所以君子常常會因為自己虛有服飾沒有應有的儀容而感到羞愧,因為虛有儀容而沒有優雅的談吐而感到羞愧,因為虛有優雅的談吐而沒有美德而感到羞愧,因為虛有美德而沒有好的行為而感到羞愧。因此君子穿著喪服服喪時,一定要有悲傷的表情;身上穿著玄衣、頭上戴著大冠,要有虔敬的表情;穿著軍服,就要有威武而不可侵犯的表情。《詩經》中說:『那隻淘河鳥站在魚梁,沒有沾濕它的翅膀。那個我心愛的青年,實在配不上那身服裝。』」孔子說:「君子說義的意思,就是無論尊貴還是卑賤人,在世上總會有一些要敬行的事情;天子親自在籍田裡耕種,然後用穀物和黍子釀造的酒來祭祀上天,所以諸侯也不敢有絲毫的懈怠,專心勤勉的侍奉國君。」孔子說:「身分地位低下的人侍奉身分地位高的人,是理所當然的事情。地位在上的人雖然有庇護百姓的大德,但是不敢懷有統治百姓的心理,這才是最純厚的仁恩。因此君子以恭敬節儉服務於仁,用誠信謙讓服務於禮。把私事放在後邊,拋棄個人的利益,不妄求功績,不過分地放縱自己的欲望,要禮讓賢士,看低自己而尊敬他人,小心做人謹慎做事,希望用這樣的態度得到國君的信任。得意的時候要這樣做,失意的時候也要這樣做,聽天由命。《詩經》上說:『看那葛藟繁茂的藤條,已爬滿了山楸的樹梢。我們平和快樂的君王,求福不會用邪門歪道。』這是對舜、禹、文王、周公的真實寫照啊!因為他們都有治理百姓的大德,都有侍奉君王的小心。《詩經》上說:『就是這位偉大的文王,他做事總是謹慎周詳。光明正大地敬奉上帝,也就招來眾多的福祥。他品德高尚端正不邪,才受封為一國的君王。』」孔子說:「先王給死去的人追加諡號,目的是為了讓那人的名號受到尊敬,只是節取死者最突出的一項來定立諡號,恥於讓死者的名號超過死者生前的功德。因此君子不會誇大自己的德和,不對自己的功德進行標榜,目的是為了做到實事求是;有了超常的行為並不要求別

人依照著去做，目的是為了怕別人做不來而顯出別人的短處；表揚別人的長處並讚美別人的功勞，目的是為了對賢能的人表示敬意。」孔子說：「后稷始創農業，這本是天地間偉大的功業，因為從中受益的豈止是一兩個人啊！但他只想著要使自己的行為超出自己的名聲，所以自稱自己只是個熟悉農業的人。」

## ▶原文

5.子言之：「君子之所謂仁者其難乎！《詩》云：『凱弟君子，民之父母。』凱以強教之；弟以說安之①。樂而毋荒，有禮而親，威莊而安，孝慈而敬。使民有父之尊，有母之親。如此而後可以為民父母矣，非至德其孰能如此乎？今父之親子也，親賢而下無能；母之親子也，賢則親之，無能則憐之。母，親而不尊；父，尊而不親。水之於民也，親而不尊；火，尊而不親。土之於民也，親而不尊；天，尊而不親。命之於民也，親而不尊；鬼，尊而不親。」子曰：「夏道尊命，事鬼敬神而遠之，近人而忠焉，先祿而後威，先賞而後罰，親而不尊；其民之敝：蠢而愚②，喬而野③，樸而不文。殷人尊神，率民以事神，先鬼而後禮，先罰而後賞，尊而不親；其民之敝：蕩而不靜，勝而無恥。周人尊禮尚施，事鬼敬神而遠之，近人而忠焉，其賞罰用爵列，親而不尊；其民之敝：利而巧，文而不慚，賊而蔽。」子曰：「夏道未瀆辭，不求備，不大望於民④，民未厭其親；殷人未瀆禮，而求備於民；周人強民，未瀆神，而賞爵刑罰窮矣。」子曰：「虞、夏之道，寡怨於民；殷周之道，不勝其敝。」子曰：「虞、夏之質，殷周之文，至矣。虞夏之文不勝其質；殷周之質不勝其文。」子言之曰：「後世雖有作者，虞帝弗可及也已矣。君天下，生無私，死不厚其子；子民如父母，有憯怛之愛⑤，有忠利之教；親而尊，安而敬，威而愛，富而有禮，惠而能散；其君子尊仁畏義，恥費輕實，忠而不犯，義而順，文而靜，寬而有辨。《甫刑》曰：『德威惟威，德明惟明。』非虞帝其孰能如此乎？」

## 注釋

①弟：通「悌」。　說：通「悅」。
②蠢（ㄔㄨㄣˇ）：愚笨。

③喬：通「驕」，驕縱。

④大望：苛求，奢望。

⑤慘(ㄘㄢˇ)：憂傷、慘痛

## 譯文

孔子說：「要做到君子所說的仁是多麼的難啊！《詩經》中說：『平易和樂的君子，對待百姓就如同對父母一樣的愛護。』君子用快樂教育百姓，使得百姓自強並受到教化；用平易感化百姓，使得百姓喜悅而安寧。百姓快樂但不荒廢事業；有禮貌但彼此間不疏遠，威嚴莊重但不失安寧，孝順慈愛但不失恭敬。使百姓像尊敬父親一樣的對待自己，像親近母親一樣的對待自己。只有這樣才能當好百姓的父母官，如果沒有非常好的德行，誰又能做到這一點呢？現在父親對待兒子也是分情況的，如果兒子賢能就親近，如果兒子無能就遠離。母親對待兒子就不一樣了，如果兒子賢能就親近，如果兒子無能就萬般憐惜。這種作法，使得兒子對母親足夠親近但缺少尊敬；對父親足夠尊敬但缺少親近。水對百姓來說，足夠親近但缺少尊敬；火照耀萬物，百姓對其尊敬但不親近。土地承載萬物，卻被百姓踐踏，百姓親近但不尊敬土地；上天覆蓋著萬物，百姓尊敬但親近上天。政令是用來教導百姓的，須要百姓親近而不能遠離百姓；鬼神存在於人的內心，則是高高在上而不可以親近的。」孔子說：「夏代的政令尊崇政令，敬奉鬼神，但卻不把鬼神參雜到教化中，政令能親近百姓且待百姓忠厚，重俸祿而輕威嚴，重獎賞而輕處罰，雖親切但沒有尊嚴；在這種政令實施下百姓的弊端是：笨拙而愚蠢，驕縱而野蠻，質樸卻不重視文飾。殷代的人尊敬鬼神，君主率領百姓敬事鬼神，重視鬼神而輕視禮法，重視處罰而輕視獎賞，有尊嚴但不親切；在這種政令實施下百姓的弊端是：放縱不能守靜，好勝而無廉恥。周代的人尊禮好施，尊奉鬼神但敬而遠之，政令能親近百姓且待百姓忠厚，賞罰的輕重依據爵位的高低，親近卻沒有尊嚴；在這種政令實施下百姓的弊端是：貪利而投機取巧，重文飾卻不知廉恥，相互殘害而不講事理。」孔子說：「夏代的政令簡單而不繁瑣，對百姓徵稅不求完備，並且不苛責百姓，百姓能親近且不厭惡君主；殷代沒有繁瑣的禮儀，在徵稅上卻力求完備；周代強行對百姓施行才華，雖不煩瀆神靈，但獎賞、處罰、加爵等政治手段能用的都用盡了。」孔子說：「虞、夏治理國家的方法，很少受到百姓的怨恨；殷、周的治國方法，弊

病很多，百姓頗多怨言。」孔子說：「虞、夏的政教簡樸，殷、周政教中的文飾，二者都達到了極點。虞、夏的禮文比不上他們的質樸，而殷周的質樸比不上他們的文飾。」孔子說：「後世雖然有創制政令的明君，但也比不上虞帝大舜中。虞帝治理天下，沒有一點兒私心，到死也沒有厚待自己的子孫；對待百姓就像父母對待自己的孩子一樣，有出自內心深處的愛護，對百姓有利的進行教化；親近而有尊嚴，讓百姓安樂而恭敬，威嚴而有愛心，使得百姓生活富裕卻愛好禮節，能廣泛的施惠給百姓；他的臣子，都尚仁而謹守義，雖以浪費為恥，但卻不會斤斤計較，能忠心而不犯上，守義順理，溫文而沉靜，為人寬厚而知變通。《尚書•甫刑》中說：『道德的威嚴讓人敬畏，道德的光輝讓人英明。』除了虞帝誰還能做到這一點呢？」

## ▶原文

6.子言之：「事君先資其言①，拜自獻其身，以成其信。是故君有責於其臣，臣有死於其言。故其受祿不誣，其受罪益寡。」子曰：「事君大言入則望大利，小言入則望小利；故君子不以小言受大祿，不以大言受小祿。《易》曰：『不家食，吉。』」子曰：「事君不下達，不尚辭，非其人弗自。《小雅》曰：『靖共爾位，正直是與；神之聽之，式穀以女。』」子曰：「事君遠而諫，則諂也；近而不諫，則尸利也。」子曰：「邇臣守和②，宰正百官，大臣慮四方。」子曰：「事君欲諫不欲陳。《詩》云：『心乎愛矣，瑕不謂矣；中心藏之，何日忘之。』」子曰：「事君難進而易退，則位有序；易進而難退則亂也。故君子三揖而進，一辭而退，以遠亂也。」子曰：「事君三違而不出竟，則利祿也；人雖曰不要，吾弗信也。」子曰：「事君慎始而敬終。」子曰：「事君可貴可賤，可富可貧，可生可殺，而不可使為亂。」子曰：「事君，軍旅不辟難③，朝廷不辭賤；處其位而不履其事則亂也。故君使其臣得志，則慎慮而從之；否，則孰慮而從之。終事而退，臣之厚也。《易》曰：『不事王侯，高尚其事。』」子曰：「唯天子受命於天，士受命於君。故君命順則臣有順命；君命逆則臣有逆命。《詩》曰：『鵲之姜姜，鶉之賁賁；人之無良，我以為君。』」

子曰：「君子不以辭盡人。故天下有道，則行有枝葉；天下無道，則

辭有枝葉。是故君子於有喪者之側，不能賻焉④，則不問其所費；於有病者之側，不能饋焉，則不問其所欲；有客，不能館，則不問其所舍。故君子之接如水，小人之接如醴；君子淡以成，小人甘以壞。《小雅》曰：『盜言孔甘，亂是用餤⑤。』」

**注釋**

①資：通「咨」，商量；諮詢。
②邇臣：指近臣。　守和：謂行諧和之職。
③辟：通「避」。
④賻（ㄈㄨˋ）：贈送財物助人治喪。
⑤餤（ㄊㄢˊ）：本意是進食，引申為「進」。

**譯文**

　　孔子說：「侍奉君主，要先讓君主知道自己的政治主張，受到君主的賞識後，再接受官職為君主效命。因此君主可向臣子問責，臣子必須鞠躬盡瘁實現自己許下的諾言。因此臣子接受的俸祿要與自己的能力相符，有多大能力就擔任多大的重任，這樣失職的事自然也就少了。」孔子說：「身為臣子侍奉君主，進諫大的建議，就希望給國家帶來大的利益，進諫小的建議，就希望給國家帶來小的利益；因此臣子不會以小的建議，而獲取大的報酬。也不會以大利益的實現而獲取小的報酬。《周易》上說：『君主有大的積蓄，不止與家人分享，還要與賢能的人分享，這樣才吉利。』」孔子說：「事俸國君，不把內容低下的事情稟報給國君，不說過於浮誇的話，不是正派的人就不接近他。《詩經•小雅》中說：『謹慎地忠於你的職守，與正直的人親近為伍。神靈會察知你的行為，也就會賜給你們福祿。』」孔子說：「事俸國君，如果地位疏遠卻越級進諫，就是諂媚；如果是身處君主左右的大臣，卻不應時進諫，就是尸位素餐 (佔著職位享受俸祿而不做事)。」孔子說：「近臣的職責是輔助君主處理國事，冢宰的職責是統管百官，各部大臣的職責是為解決國家四方的事出謀劃策。」孔子說：「事奉君主，就是在君主有過失時及時進諫，而不是四處宣揚君主的過失。《詩經》上曾說：『心中對他充滿愛慕，為何不勸告他。心時深深地想著他，何曾有一天將他忘懷。』」孔子說：「事奉君主，晉升難而罷官易，那麼為官的人就賢愚分明，官位就有序了；如果晉

升易而罷官難，那麼為官的人就賢愚不分，官位就混亂無序了。因此君子
外出做客，要與主人相互作揖三次後才進門，而離去時僅告辭一次，目的
是為了遠避混亂。」孔子說：「從政的人，與君主意見不合，達三次之
多，但仍不辭職就是貪圖俸祿，即便有人說他並不貪求什麼，我也不會相
信了。」孔子說：「事奉君主做官的人，開始時要謹慎而不隨便接受官
職，接受了官職就要盡心盡力地做到底。」孔子說：「事奉君主，無論君
主讓自己高貴還是卑賤，富貴還是貧窮，甚至於活著還是處死，這些都可
以接受，但唯獨不能拋棄事奉君主應有的禮節。」孔子說：「事奉君主的
人，在軍隊中不避艱險的任務，在朝廷不推辭卑賤的工作；如果官員在其
位不謀其政的話，就會導致政治混亂。因此君主任命臣子做職責內的事
情，臣子就要深思熟慮然後竭盡全力地完成；如果君主任命的事情超出了
自己的能力範圍，那麼臣子謹慎的考慮，安排妥當並認真的完成，然後引
退，這是身為臣子忠厚的地方。《周易》上說：『不是事奉，而是尊重事
業。』」孔子說：「天子是由上天任命的，而臣子是由天子任命的；因此
天子施行的政令如果順應人道，臣子就會認真執行；天子施行的政令如果
倒行逆施，臣子就會違命不從。《詩經》中說：『喜鵲的叫聲唧唧喳喳，
鵪鶉的羽毛花花搭搭。這個人沒有一點良心，憑什麼當作國君稱他。』」
孔子說：「君子不依據言論作為評判人的標準。因此天下治理有方，百姓
做的比說的多；天下治理無方，百姓說的比做的多。因此君子在有喪事人
的旁邊，如果不能贈送財物助人治喪，就不詢問治喪的費用；在有病的人
旁邊，如果不能資助財物，就不要問他想要什麼；如果有來客，不能給人
安排住宿，就不要問人家將要住在哪裡。因此君子之交淡如水，小人之交
甘如醴；君子間的交情雖然淡如水，但能相互輔助；小人的交情雖然濃
厚，但卻不長久。《詩經•小雅》中說：『盜賊的言語特別甜蜜，禍亂就因
此日見囂張。』」

## ▊原文

7.子曰：「君子不以口譽人，則民作忠。故君子問人之寒，則衣之[01]；
問人之饑，則食之[02]；稱人之美，則爵之。《國風》曰：『心之憂矣，於我
歸說[03]。』」子曰：「口惠而實不至，怨災及其身。是故君子與其有諾責
也，寧有已怨。《國風》曰：『言笑晏晏，信誓旦旦，不思其反；反是不

思，亦已焉哉！』」子曰：「君子不以色親人；情疏而貌親，在小人則穿窬之盜也與[04]？」子曰：「情欲信，辭欲巧。」子言之：「昔三代明王皆事天地之神明，無非卜筮之用，不敢以其私，褻事上帝。是故不犯日月，不違卜筮。卜筮不相襲也。大事有時日；小事無時日，有筮。外事用剛日[05]，內事用柔日[06]。不違龜筮。」子曰：「牲牷禮樂齊盛[07]，是以無害乎鬼神，無怨乎百姓。」子曰：「后稷之祀易富也；其辭恭，其欲儉，其祿及子孫。《詩》曰：『后稷兆祀，庶無罪悔，以迄於今。』」子曰：「大人之器威敬[08]。天子無筮；諸侯有守筮。天子道以筮；諸侯非其國不以筮。卜宅寢室。天子不卜處大廟。」子曰：「君子敬則用祭器。是以不廢日月，不違龜筮，以敬事其君長，是以上不瀆於民，下不褻於上。」

（注釋）

①衣（一ㄟ）：此處指給人衣服穿。

②食（ㄙㄟ）：給人食物吃。

③說：通「稅」，停止。

④窬(ㄩˊ)：通「逾」。

⑤外事：古代指郊祭或田獵之事。亦指對外聯合或用兵。　剛日：即單日。

⑥內事：宗廟祭祀的事。　柔日：即偶日。

⑦牲牷（ㄑㄩㄢˊ）：指純色的全牲。　齊盛：齊，通「粢」。古代盛在祭器內供祭祀的穀物。

⑧大人：指在高位者。

[譯文]

孔子說：「君子不空口稱讚人，百姓就會興起忠實的風氣。因此君子詢問別人寒冷就給他衣服穿，問別人的饑餓就給他飯吃，稱讚別人的品行，就授予官職。《詩經‧國風》中說：『我的心裡充滿了憂傷，何處是我生命的終極。』」孔子說：「如果只口頭給人恩惠而實際又做不到，怨恨和災禍就會降臨到他身上。因此君子與其遭受不能兌現諾言的責備，還不如遭受不輕許諾言的怨恨。《詩經‧國風》中說：『那時有說有笑多麼的高興。我們也明明白白發過誓，沒想到如今會違反誓言。不加考慮就違背了誓言，算了罷！還有什麼可說的！』」孔子說：「君子不裝模作樣的親近他人，感情疏遠而表面親近，這在百姓看來不就是打洞翻牆的小偷嗎？」

孔子說：「感情要真摯，說話要有技巧。」孔子說：「古時夏、商、周三代明君都事奉天地神明，做任何事都要透過占卜、占筮來決定，不敢私自決定而褻瀆神明，因此做事的時候不敢沖犯天地時令，不違背占卜、占筮的結果。占卜、占筮也不可以重複使用。大的祭祀活動有固定的日期；而小的祭祀活動就沒有固定的日期，透過占筮來決定日期。如果是郊祭或田獵的事情，就在單日進行，如果是宗廟祭祀的事情，就在偶日進行。並且不違背龜筮占卜的結果。」孔子說：「祭祀的時候，祭牲的毛色要純正，禮樂齊備，穀物盛在祭器內供祭祀，這些作法對鬼神都無害，使得百姓無怨。」孔子說：「后稷的祭祀是很容易置辦的；因為他的言辭恭敬，欲望簡單，他的福祿遍及子孫。《詩經》中說：『自后稷開始祭祀神靈，有幸我們無怨無悔，以至於今天的鼎盛。』」孔子說：「地位高的人使用的祭器威重而莊敬。天子不占筮；諸侯有事時要占筮。天子在外出行臨時有事就占筮；諸侯不是在自己的國家就不占筮，如果出行在國外，就要用占卜決定自己的住處。天子到諸侯國，一定要住在太廟裡，且不用占卜。」孔子說：「君子尊敬賓客，款待賓客時要用祭器。所以，身處下位的人不曠廢規定的時間，並且不違背龜筮的結果，能恭敬地事奉自己的君長，這樣身處上位的人就不煩瀆百姓，身處下位的人也不敢褻瀆身處上位的人。」

## ◎緇 衣

### ◆題解

本篇名為《緇衣》，僅是因為文章開頭有「緇衣」的文字出現，並無其他特殊意義。本篇主要以好惡言行為旨，談論有關治國安民的道理。

## ▌原文

　　1.子言之曰：「為上易事也，為下易知也，則刑不煩矣。」子曰：「好賢如《緇衣》①，惡惡如《巷伯》②，則爵不瀆而民作願，刑不試而民咸服。《大雅》曰：『儀刑文王，萬國作孚。』」子曰：「夫民教之以德，齊之以禮，則民有格心③；教之以政，齊之以刑，則民有遁心④。故君民者，子以愛之，則民親之；信以結之，則民不倍⑤；恭以蒞之，則民有孫心⑥。《甫刑》曰：『苗民匪用命，制以刑，惟作五虐之刑曰法⑦。』是以民有惡德，而遂絕其世也。」子曰：「下之事上也，不從其所令，從其所行。上好是物，下必有甚者矣。故上之所好惡，不可不慎也，是民之表也。」子曰：「禹立三年，百姓以仁遂焉，豈必盡仁<sup>亶</sup>？《詩》云：『赫赫師尹，民具爾瞻。』《甫刑》曰：『一人有慶，兆民賴之。』《大雅》曰：『成王之孚，下土之式。』」子曰：「上好仁，則下之為仁爭先人。故長民者章志、貞教、尊仁，以子愛百姓；民致行己以說其上矣。《詩》云：『有梏德行⑧，四國順之。』」子曰：「王言如絲，其出如綸；王言如綸，其出如綍⑨。故大人不倡游言。可言也，不可行，君子弗言也；可行也，不可言，君子弗行也。則民言不危行，而行不危言矣。《詩》云：『淑慎爾止，不愆於儀。』」子曰：「君子道人以言⑩，而禁人以行⑪。故言必慮其所終，而行必稽其所敝；則民謹於言而慎於行。《詩》云：『慎爾出話，敬爾威儀。』《大雅》曰：『穆穆文王，於緝熙敬止。』」子曰：「長民者，衣服不貳，從容有常，以齊其民，則民德壹。《詩》云：『彼都人士，狐裘黃黃，其容不改，出言有章，行歸於周，萬民所望。』」子曰：「為上可望而知也，為下可述而志也，則君不疑於其臣，而臣不惑於其君矣。《尹吉》曰⑫：『惟尹躬及湯，咸有壹德。』《詩》云：『淑人君子，其儀不忒。』」子曰：「有國者章善癉惡⑬，以示民厚，則民情不貳。《詩》云：「靖共爾位，好是正直。」子曰：「上人疑則百姓惑，下難知則君長勞。故君民者，章好以示民俗，慎惡以御民之淫，則民不惑矣。臣儀行，不重辭，不援其所不及，不煩其所不知，則君不勞矣。《詩》云：『上帝板板，下民卒癉。』《小雅》曰：『匪其止共，惟王之卭。』」子曰：「政之不行也，教之不成也，爵祿不足勸也，刑罰不足恥也。故上不可以褻刑而輕爵。《康誥》曰：『敬明乃罰。』《甫刑》曰：『播刑之不迪。』」

**注釋**

①《緇衣》：《詩經•鄭風》篇名，詩中主要歌頌鄭武公好賢。緇(卩)：黑色。

②《巷伯》：《詩經•小雅》篇名，詩中細緻描寫進讒者的醜態，表現作者極大的怨怒及對朝廷百官的告誡。

③格心：指歸正的心。

④遁心：猶言逃避苟免之心。

⑤倍：通「背」。

⑥孫：通「遜」，謙順、恭順的心。

⑦五虐：指大辟、割鼻、斷耳、宮、黥等五種酷刑。

⑧梏（ㄍㄨ丶）：大。

⑨綍（ㄈㄨˊ）：引棺的大繩索。綸(ㄍㄨㄢ)：糾　絲綬也。

⑩道：通「導」，教導。

⑪禁：牽制；約束。

⑫《尹吉》：「吉」是「誥」字之誤，《尚書》篇名。

⑬　（ㄊㄢˊ）：病。

**譯文**

孔子說：「如果君主可以寬厚待人，那麼臣子就容易事奉君主，君主也就不會過多的動用刑罰了。」孔子說：「喜愛賢人就如同《緇衣》中所寫的那樣，憎恨壞人就如同《巷伯》中所寫的那樣，那麼就不會濫授爵位，百姓會興起誠實的風氣，無需運用刑法百姓就都服從。《詩經•大雅》中說：『按照文王的榜樣去做事，擔起天下的信任和崇敬。』」孔子說：「用道德教化百姓，用禮法約束百姓，百姓才會有向善的心；有政令教化百姓，用刑法約束百姓，百姓就有苟且逃避的僥倖心。因此國君統治百姓，如果能像愛子女一樣的愛護百姓，百姓就會親近他；用誠信來團結百姓，那麼百姓就不會背叛他；國君恭敬的對待百姓，那麼百姓就懷有恭順的心。《尚書•甫刑》中說：『苗民不服從政令，就用刑罰來管制他們，制定了五種酷刑，叫作法。』因此苗民的德行日益敗壞，最後絕了後代。」孔子說：「下級事奉上級，不是聽從上級的命令，而是追隨上級的行為。上級喜歡的事，下級會加倍的喜歡。因此上級要注意自己的好惡，一定要謹慎小心，因為自己是百姓的榜樣。」孔子說：「禹即位三年，仁義在百姓間通行，難道所有的百姓都喜歡行仁道嗎？《詩經》中說：『地位顯赫

的太師尹氏，百姓都在看著您。』《尚書•甫刑》中說：『天子一人有了善德，那麼天下的百姓就都有了依靠。』《詩經•大雅》中說：『成王的誠信，是天下人的榜樣。』孔子說：「上級能夠愛好仁道，那下級就會爭先恐後的去行仁。因此領導百姓的長官，要表明志向、重視教育、尊崇仁道，用愛兒女的心去愛護百姓；百姓就會認真踐行仁道，以討上級歡心。《詩經》中說：『有了正直的品德和行為，四方諸侯才能歸順服膺。』」

孔子說：「國君說的話，本來只有絲線那麼細小的意思，但傳到臣子那兒意思就像綬帶那麼粗大；如果國君說話的意思本身就像綬帶那樣粗大，傳到到臣子那裡意思就像引棺的大繩一樣的粗大。因此身居高位的人不贊成那些浮誇不實的言論。這些言論只能夸夸其談，但具體無法實行的行動中，因此君子不能說這樣的話；那些可做但不能說出來的事，君子不做。這樣教導百姓，百姓就會言行一致，做事才不會陷入危難中。《詩經》中說：『要謹慎你的舉止，禮儀上不要出錯後悔。』」孔子說：「君子用言語教導百姓向善，用行動禁止人們作惡。因此說話一定要考慮後果，行動必須知道即將導致的結果；所以百姓才會謹言慎行。《詩經》中說：『公開講話要特別地謹慎，言行舉止要把握尺度。』《詩經•大雅》中說：『那莊嚴持重偉大的文王，啊，敬天謹慎光明磊落！』」孔子說：「領導百姓的人，要有統一的服裝，儀態要從容有常，用這種方式來教導百姓，百姓的德行才會統一。《詩經》中說：『那當日西都的人士，穿著狐裘堂堂皇皇。他的儀容沒有改變，他的言談有模有樣。他回到了西周舊都，引得我們萬民仰望。』」孔子說：「君上的心意做臣子的望而可知，做臣下的言行足以稱述記載，君主就不會懷疑他的臣下，臣下就不會不瞭解他的君主了。《尚書•尹誥》中說：『伊尹自身和湯，都有純一不變的德行。』《詩經》『賢明的人和高尚的君子，他們的儀容總不差分毫。』」孔子說：「治理國家的人懲惡揚善，引導百姓多行善事，這樣百姓的德行會劃一。《詩經》中說：『謹慎地忠於你的職守，要喜愛跟正直的人在一起。』」孔子說：「居上位的人多疑，百姓就會迷惑而不知所從；處下位的人居心叵測，居上位的人就格外的操心。所以統治百姓的人，必須明確自己的喜好以指示百姓的風俗趨向，謹慎地不做人們所厭惡的事情以控制百姓的欲望和貪念，這樣百姓就不會迷惑而不知所從了。臣子效法君主的言行，不空談，不包攬自己能力以外的事情，不為自己不知道的事情煩惱，這樣君主就不會辛勞了。《詩經》中說：『君主的想法已經反常，天下的百姓痛

苦勞傷。』《詩經·小雅》中說：『那小人進讒且容貌恭順，只會危害偏聽的君王。』」孔子說：「政令不能推行，教化不能很好的實行，這是因為賞賜不當不足以鼓勵百姓向善，刑罰使用不當，不足以讓百姓知道恥辱，因此在上位的人不能濫用刑罰而且不能輕易的實施賞罰。《尚書·康誥》中說：『要謹慎嚴明地引用刑罰。』《尚書·甫刑》中說：『要將刑罰用於那些不守道義的人。』」

## ▶原文

2.子曰：「大臣不親，百姓不寧，則忠敬不足，而富貴已過也；大臣不治而邇臣比矣。故大臣不可不敬也，是民之表也；邇臣不可不慎也，是民之道也。君毋以小謀大，毋以遠言近，毋以內圖外，則大臣不怨，邇臣不疾，而遠臣不蔽矣。葉公之顧命曰①：『毋以小謀敗大作，毋以嬖御人疾莊后，毋以嬖御士疾莊士、大夫、卿士②。』」子曰：「大人不親其所賢，而信其所賤；民是以親失，而教是以煩。《詩》云：『彼求我則，如不我得；執我仇仇，亦不我力。』《君陳》曰：『未見聖，若己弗克見；既見聖，亦不克由聖。』」子曰：「小人溺於水，君子溺於口，大人溺於民，皆在其所褻也。夫水近於人而溺人，德易狎而難親也，易以溺人；口費而煩，易出難悔，易以溺人；夫民閉於人，而有鄙心，可敬不可慢，易以溺人。故君子不可以不慎也。《太甲》曰：『毋越厥命以自覆也；若虞機張，往省括於厥度則釋。』《兌命》曰③：『惟口起羞，惟甲冑起兵，惟衣裳在笥④，惟干戈省厥躬。』《太甲》曰：『天作孽，可違也；自作孽，不可以逭⑤。』《尹吉》曰：『惟尹躬天，見於西邑；夏自周有終，相亦惟終。』」

## 注釋

①顧命：指臨終遺命。
②嬖（ㄅㄧˋ）：寵愛。　御人：侍妾。　莊士：正人君子。
③《兌命》：《尚書》篇名，兌，當為「說」。
④笥（ㄙˋ）：盛衣物或飯食等的方形竹器。
⑤逭（ㄏㄨㄢˋ）：逃避。

## 譯文

孔子說：「大臣不親近國君，百姓就不會安寧，這是因為大臣對國君的忠誠不足，國君對大臣的敬重不足，大臣的財富地位超過了其應有的限度；這樣，大臣就不能專心治理國政，就會勾結國君身邊的近臣欺騙國君。因此身為國君不可以不尊敬大臣，而且要把大臣作為百姓的楷模；對身邊的近臣不可以不謹慎，因為近臣是百姓聯繫國君的便利途徑。國君不能同小臣商量大臣的事，不能和遠臣談論近臣的事，不能和外臣商議內臣的事，這樣大臣就不會怨恨君主，近臣不會心生嫉妒，遠臣不會被阻塞了。葉公臨終遺言中說：『不要用小臣的計謀破壞大臣的謀略，不要聽信寵妾的非議而厭惡皇后，不要聽信近臣的話而厭惡有才德的莊士、大夫、卿士。』」孔子說：「執政者不親近賢能的人，而聽信卑鄙的小人；百姓因此親近失德的人，對百姓的教化也就紊亂了。《詩經》中說：『當初他求我謀劃的時候，好像是惟恐得不到我。到手後卻又閒置一旁，不能用我為國效勞。』《尚書·君陳》中說：『沒有見到聖人時，好像自己不可能見到；見到聖人後，卻又不用聖人。』」孔子說：「小人會被水淹沒，君子被眾人的口水淹沒，執政者被百姓淹沒，這都是因為輕慢；侮弄造成的。水與人親近而淹沒人，道德的細微處還容易讓人理解，但高深處就讓人難於理解，讓人有溺水的感覺；喜歡胡說而且絮叨，但要清楚，說出的話難於收回，所以百姓容易陷入口舌之爭；普通百姓對人情事理漠不關心，而且會懷有卑鄙之心，對這些人只可敬重而不可輕慢，因為這些人的口水容易淹死上級。因此君子對這些人不可不謹慎小心。《太甲》中說：『不要輕易發佈政令，這樣會自取滅亡。就如同虞人拉開了弓箭，當箭頭對準了獵物再發射。』《說命》中說：『嘴本來是用來說話的，但容易招致羞辱；盔甲是用來抵禦侵略的，但容易引起戰爭。朝服、祭服是用來賞賜給功臣的，如果胡亂的獎賞，還不如放在竹器裡。盾牌和戈矛是用來打仗的，但戰前要自我反省，看自己是否有同樣的錯誤，方可發動戰爭。』《太甲》中說：『天造成的災難還可以避開，但人造成的災難是不能逃避的。』《尹誥》中說：『伊尹我以前曾經親眼看到夏代西邑的政治，夏代的君主，自始至終都用忠信治人，所以輔助他的臣子也能享受天命。』」

## ▌原文

3.子曰：「民以君為心，君以民為體；心莊則體舒，心肅則容敬。心好之，身必安之；君好之，民必欲之。心以體全，亦以體傷；君以民存，亦以民亡。《詩》云：『昔吾有先正①，其言明且清，國家以寧，都邑以成，庶民以生；誰能秉國成，不自為正，卒勞百姓。』《君雅》曰：『夏日暑雨，小民惟曰怨；資冬祁寒，小民亦惟曰怨。』」子曰：「下之事上也，身不正，言不信，則義不壹，行無類也。」子曰：「言有物而行有格也；是以生則不可奪志，死則不可奪名。故君子多聞，質而守之；多志，質而親之；精知，略而行之。《君陳》曰：『出入自爾師虞，庶言同。』《詩》云：『淑人君子，其儀一也。』」子曰：「唯君子能好其正，小人毒其正。故君子之朋友有鄉，其惡有方；是故邇者不惑，而遠者不疑也。《詩》云：『君子好仇。』」子曰：「輕絕貧賤，而重絕富貴，則好賢不堅而惡惡不著也。人雖曰不利，吾不信也。《詩》云：『朋有攸攝，攝以威儀。』」子曰：「私惠不歸德②，君子不自留焉。《詩》云：『人之好我，示我周行③。』」子曰：「苟有車，必見其軾；?有衣，必見其敝；人?或言之，必聞其聲；?或行之，必見其成。《葛覃》曰：『服之無射④。』」子曰：「言從而行之，則言不可飾也；行從而言之，則行不可飾也。故君子寡言，而行以成其信，則民不得大其美而小其惡。《詩》云：『白圭之玷，尚可磨也；斯言之玷，不可為也！』《小雅》曰：『允也君子，展也大成。』《君奭》曰：『昔在上帝，周田觀文王之德，其集大命於厥躬。』」子曰：「南人有言曰：『人而無恒，不可以為卜筮。』古之遺言與？龜筮猶不能知也，而況於人乎？《詩》云：『我龜既厭，不我告猶。』《兌命》曰：『爵無及惡德，民立而正事，純而祭祀，是為不敬；事煩則亂，事神則難。』《易》曰：『不恒其德，或承之羞。恒其德偵⑤，婦人吉，夫子凶。』」

### 注釋

①先正：前代的君長。
②私惠：私自饋贈。
③周行（ㄏㄤˊ）：大道。
④射（一ˋ）：厭棄。
⑤偵：問，卜問。

## 譯文

孔子說：「百姓把國君當作一個人的心臟，國君把百姓當作一個人的身體；心情莊重，身體才會舒服，內心肅穆容貌才恭敬。心中有所喜好，身體一定會去適應；國君所喜好的事物，百姓也想得到。心因為身體而得到保護，同時也因身體而受到傷害；國君因為百姓而存在，也因為百姓而滅亡。《詩經》中說：『從前，我們有賢能的君長，他講的話通達事理而且公正清明，將國家治理的安定有序，都城建設起來，百姓安居樂業；現如今，是誰掌握著國家的權力，自己不親自處理國政，最終使百姓遭受苦痛。』《君雅》中說：『夏天炎熱潮濕，百姓埋怨上天；到了冬天天氣寒冷，百姓也埋怨上天。』」孔子說：「下級事奉上級，如果下級行不正，說話就不足以為信，道義就會不專一，言行就不像樣了。」孔子說：「說話要有根據，做事要有依據；活著時不能剝奪志向，死去時名聲不能受到侮辱。因此君子要多聽取他人的意見，正確的就堅守；多結識賢能的人，精選賢能的人去親近；知識要博大精深，選擇主要的內容去學習。《君陳》中說：『政教的制定，要由眾臣謀劃，意見一致後再實施。』《詩經》中說：『賢明的雅人高尚的君子，保持著始終如一的儀表。』」孔子說：「只有君子才喜歡正直的德行，小人反而厭惡正直的德行。君子有志同道合的朋友，對所厭惡的事情有一定的原則；因此與他接近的人不會迷惑，遠離他的人不懷疑。《詩經》上說：『真是君子的好配偶。』」孔子說：「能輕易地與貧賤的朋友絕交，而難與富貴的人絕交，這就是尚賢的態度不堅定而疾惡的態度不明顯。即使他說自己不貪利，我也不信了。《詩經》中說：『助祭的朋友以禮自持，循規蹈矩不差分毫。』」孔子說：「私自饋贈不符合德義，身為君子不能把這樣的人留在身邊。《詩經》中說：『賓客們對我滿懷善意，指我平坦的大道。』」孔子說：「人如果有車，就必定會看到車前的橫木；人如果有衣服，就必定會看到衣服被他穿到破舊；人如果在說話，就一定會聽到聲音；人如果有行動，就會看到成效。《葛覃》中說：『穿著它真是其樂無窮。』」孔子說：「依照所說的話去做事，那麼說出的話就無從掩蓋；把所做的事說出來，那麼所做的事就無從掩蓋。因此君子少說多做來成就自己的信用，這樣百姓就不會誇大自己的優點而掩飾自己的缺點了。《詩經》中說：『要知道白玉圭版的瑕疵，還可以打磨去掉那玷污。要是你講的話有了問題，那就是不可

挽救的錯誤。』《小雅》中說：『你這位顯赫而又偉大的君王，這會兒確實取得了巨大成功！』《君奭尸ヽ》中說：『從前，上天詳細的審查了文王的德行，才將偉大的天命集中的降臨到他身上。』」孔子說：「南方人有這樣一句話說：『人如果不能一心一意，就不能給他卜筮。』這大概是古人的遺訓吧。透過卜筮還不能知道這些人的吉凶，何況是人呢？《詩經》中說：『反覆地占卜連神龜也感到煩厭，它已經不再告知謀劃是吉還是凶。』《說命》中說：『不能把爵位賜給德行惡劣的人，百姓會將他立為自己效仿的榜樣，事情煩雜而進行祭祀，這是對神靈的極大不敬；事情煩雜就會雜亂無章，祭拜鬼神就難以得到庇佑。』《周易》中說：『不能恒久的保持好德行，就會蒙受羞辱。如果卜問恒久的德行，對婦女來說就吉利，對男子來說就兇險。』」

# ◎三年問

## ◆題解

　　本篇內容以設問為主，圍繞「三年之喪」展開問答，整篇內容解釋服喪期限的依據及長短的緣由。本篇內容與《荀子•禮論》篇大同小異，可參考閱讀。

## ▌原文

　　1.三年之喪何也？曰：稱情而立文，因以飾群⑴，別親疏貴賤之節，而不可損益也。故曰「無易之道」也。創鉅者其日久⑵，痛甚者其愈遲。三年者，稱情而立文，所以為至痛極也。斬衰苴杖⑶，居倚廬，食粥，寢苫枕塊⑷，所以為至痛飾也。三年之喪，二十五月而畢；哀痛未盡，思慕未忘，然而服以是斷之者，豈不送死者有已，復生有節哉？凡生天地之間者，有血

氣之屬必有知，有知之屬莫不知愛其類；今是大鳥獸，則失喪其群匹，越月逾時焉，則必反巡，過其故鄉，翔回焉，鳴號焉，蹢躅焉⑤，踟躕焉，然後乃能去之；小者至於燕雀，猶有啁噍之頃焉⑥，然後乃能去之；故有血氣之屬者，莫知於人，故人於其親也，至死不窮。將由夫患邪淫之人與，則彼朝死而夕忘之，然而從之，則是曾鳥獸之不若也，夫焉能相與群居而不亂乎？將由夫修飾之君子與，則三年之喪，二十五月而畢，若駟之過隙，然而遂之，則是無窮也。故先王焉為之立中制節，壹使足以成文理，則釋之矣。然則何以至期也？曰：至親以期斷。是何也？曰：天地則已易矣，四時則已變矣，其在天地之中者，莫不更始焉，以是象之也。然則何以三年也？曰：加隆焉爾也，焉使倍之，故再期也。由九月以下何也？曰：焉使弗及也。故三年以為隆，緦小功以為殺⑦，期九月以為間。上取象於天，下取法於地，中取則於人，人之所以群居和壹之理盡矣。故三年之喪，人道之至文者也，夫是之謂至隆。是百王之所同⑧，古今之所壹也，未有知其所由來者也。孔子曰：「子生三年，然後免於父母之懷；夫三年之喪，天下之達喪也。」

**注釋**

①飾：顯示。　群：指五服之親。

②鉅：巨大。

③斬衰（ㄓㄨㄟ）：古時五種喪服中最重的一種。用粗麻布製成，左右和下邊不縫，服制三年。　苴（ㄐ）杖：古代居父喪時孝子所用的竹杖。

④苫（ㄕㄢ）：古代居喪時，孝子睡的草墊子。

⑤蹢（ㄉㄧˊ）躅：躑躅。蹢躅(ㄓˊㄓㄨˊ)：徘徊不前。ˊ

⑥啁噍（ㄓㄡ　ㄐㄧㄡ）：象聲詞。鳥蟲鳴聲。一種鳥，指鶺鴒。

⑦緦(ㄙ)：即緦麻，古代喪服名。五服中之最輕者，孝服用細麻布製成，服期三月。　小功：舊時喪服名，五服之第四等。其服以熟麻布製成，服期五月。

殺（ㄕㄞˋ）：減省。

⑧百王：歷代帝王。

**譯文**

　　服喪三年依據是什麼呢？回答說：這是根據人情的輕重制定的禮，並以此來顯示親屬間的關係，區分親疏、貴賤的關係，是不可任意增減的。因此說是「不可更改制度」。傷痛越巨大，平復傷痛的時間就越長。居喪

三年是依據孝子的哀情制定的。穿著不縫邊的粗麻布製成的喪服，拄著竹杖，住在臨時搭建的草屋裡，喝著稀飯，晚上睡在草墊子上，頭枕著土塊，這種種作法，都是哀痛至極的表現。居喪三年，二十五個月後結束；哀痛之情還遠沒有結束，盡管對先人的追慕思念之情還很濃厚，但服期就此中斷了，這難道不是表示送死者總會結束，恢復正常的生活總有一定的期限嗎？凡是生於天地間的生物，只要有血氣，就會有知覺，有知覺就會愛自己的同類；現在這些飛翔的鳥獸，喪失自己的夥伴後，即使過了些時間，也一定會返回舊地巡視，經過故鄉，就會在故鄉的上空飛翔盤旋，鳴叫哀號，盤旋了又盤旋，然後才依依不捨的飛走；小到燕雀，尚且還會為自己死去的夥伴哀鳴一會兒，然後才會飛走；但在所有的生物中，最有血氣的莫過於人了，所以對親人的感情，到死都不會窮盡的。不能由著那些淫亂邪僻的人，他們早晨死了父母晚上就什麼都忘記了，如果由著這些人，那就連鳥獸都不如了，如果與這些人住在一起怎麼能不淫亂呢？如果由著那些有修養的君子，居喪三年，二十五個月喪期結束後，還覺得時間像白駒過隙，如果順從他們的心思，就會無限期地服喪。因此先王確立了一個折中的服喪期限，讓人們完成一定的禮節後，就除去喪服。為什麼會有降服一年喪的呢？回答說：父母至親，服喪期限是一年。這是為什麼呢？回答說：一年中，天地已經發生了變化，四季也已輪回了一次，天地間的萬物都重新開始了，因此用服喪一年來表示這種變化。既然如此，那為什麼又要服喪三年呢？回答說：目的是為了更加隆重，因此就加一倍，再服喪兩周年。為什麼有的喪服時間在九月以下呢？回答說：有些親屬的關係較為疏遠，因此服喪的期限就不用超過周年了。因此服喪三年是最為隆重的，服緦麻、小功表示關係疏遠、恩義減輕。（五服喪期的規定）上效法天，下效法地，中間效法人，人之所以能夠與眾人和睦相處，道理就隱含在其中了。因此居喪三年，是人情在喪禮中的完美表現，這就叫作是最隆重。服喪三年是歷代帝王都贊同的，自古至今在這點上都是一致認同，但還沒有人知道這種喪期的由來。孔子說：人出生後三年，才能脫離父母的懷抱；給父母守喪三年，是天下通行的禮節。

# ◎儒　行

## ◆題解

　　本篇假託孔子之口，歷述儒者行為，因此名為《儒行》，　述了儒者的十五項儒行，包括儒者的自立、容貌、近人、特立、剛毅、憂思、寬裕等內容。

## ▶原文

　　1.魯哀公問於孔子曰：「夫子之服，其儒服與？」孔子對曰：「丘少居魯，衣逢掖之衣①，長居宋，冠章甫之冠②。丘聞之也：君子之學也博，其服也鄉；丘不知儒服。」哀公曰：「敢問儒行？」孔子對曰：「遽數之不能終其物，悉數之乃留，更僕未可終也。」哀公命席，孔子侍曰：「儒有席上之珍以待聘，夙夜強學以待問，懷忠信以待舉，力行以待取，其自立有如此者。儒有衣冠中，動作慎，其大讓如慢，小讓如偽；大則如威③，小則如愧，其難進而易退也，粥粥若無能也④。其容貌有如此者。儒有居處齊難⑤，其坐起恭敬，言必先信，行必中正，道塗不爭險易之利⑥，冬夏不爭陰陽之和，愛其死以有待也，養其身以有為也。其備豫有如此者。儒有不寶金玉，而忠信以為寶；不祈土地，立義以為土地；不祈多積，多文以為富。難得而易祿也，易祿而難畜也，非時不見，不亦難得乎？非義不合，不亦難畜乎？先勞而後祿，不亦易祿乎？其近人有如此者。儒有委之以貨財，淹之以樂好，見利不虧其義；劫之以眾，沮之以兵，見死不更其守；鷙蟲攫搏不程勇者⑦，引重鼎不程其力；往者不悔，來者不豫；過言不再，流言不極；不斷其威，不習其謀；其特立有如此者。儒有可親而不可劫也；可近而不可迫也；可殺而不可辱也。其居處不淫，其飲食不溽⑧；其過失可微辨而不可面數也，其剛毅有如此者。儒有忠信以為甲冑，禮義以為干櫓；戴仁而行，抱義而處，雖有暴政，不更其所；其自立有如此者。儒有一畝之宮，環堵之室⑨，篳門圭窬⑩，蓬戶甕牖⑪；易衣而出，並日而食，上答之不敢以疑，上不答不敢以諂；其仕有如此者。儒有今人與居，古人與稽⑫；今世行之，後世以為楷；適弗逢世，上弗援，下弗推，讒諂之民有比黨而危之者，身可危也，而志不可奪也；雖危起居，竟信其志，猶

將不忘百姓之病也。其憂思有如此者。」

## 注釋

①逢掖：寬大的衣袖。

②章甫：商代的一種冠。

③威：通「畏」，畏懼。

④粥粥：柔弱無能貌。

⑤難（ㄋㄢˋ）：通「戁」，恭敬。

⑥塗：通「途」。

⑦鷙：兇猛。

⑧溽（ㄖㄨˋ）：味濃厚。

⑨環堵：四周環著每面一方丈的土牆。形容狹小、簡陋的居室。

⑩篳門：荊條竹木編的門，又稱柴門。常用以喻指貧戶居室。　圭窬（ㄩ
ˊ）：牆上小門。借指窮人家的門戶。

⑪蓬戶：用蓬草編成的門戶。　甕牖（一ㄡˇ）：以破甕為窗，指貧寒之
家。

⑫稽：相合；相同。

## 譯文

　　魯哀公向孔子請教說：「先生您現在穿的是儒者穿的衣服嗎？」孔
子回答說：「我年少時住在魯國，穿的衣服衣袖寬大，後來住在宋國，頭
上戴著一種名叫章甫的帽子。我曾經聽說：君子的學問要博大，他的衣服
卻要隨俗；我不知道什麼是儒服。」哀公說：「那請問什麼是儒行呢？」
孔子回答說：「儒者的行為很多，如果匆匆忙忙的會講不清楚，如果詳細
述，恐怕到換了奴僕也講不完。」哀公命人擺設座蓆，孔子陪坐在哀公
身邊說：「儒者就像筵席上的珍物，等待著君王的聘用，時刻都在用功學
習等待別人前來請教，滿懷忠信等待別人的引薦，努力實踐等待別人的任
命，這些都是儒者具有的自修立身的品格。儒者穿衣戴帽符合禮法，他們
的大謙讓有如傲慢，小謙讓有如虛偽；做大事時會再三考慮，好像有所畏
懼，做小事時也不敢放縱，好像內心有愧，儒者的難於進取易於退讓，表
現出一副柔弱無能的樣子。這些都是儒者應具有的容貌。儒者的日常起居
非常恭敬，甚至一起一坐都很恭敬，講話守信用，行為沒有任何偏差，行
走在路上不與人爭論，不走那些易走但危險的道路，冬天、夏天的時候，

不與人爭溫暖或者涼快的地方，愛惜自己的生命以等待良好的時機，保養自己的身體以求有大的作為。儒者的預先準備就是這樣的。儒者不把寶金作為寶物，而把忠信作為寶物；不向土地祈福，而把道義作為自己立身的土地；不祈求累積過多的財富，而是把多才多藝作為自己人生的財富。儒者不容易得到但得到後非常容易供養，但容易供養，卻難以蓄養；不是適當的時機，儒者就隱居不見人，這不是很難得到嗎？不遵守道義就不服從他，這不是很難蓄養嗎？建功立業後才會接受俸祿，這不是很好供養嗎？儒者就是如此待人接物的。將財物送給儒者，並用快樂包圍著儒者，即使這樣，儒者也不會見利忘義而做有損道義的事情；依靠眾人的勢力壓迫他，用武器恐嚇他，但儒者即使是死也不會改變自己堅守的道義；遇到兇猛的野獸不考量自己的實力就上前搏鬥，舉重物不思量自己的實力；已經做成的事情就不要後悔，對未來的事情不要事先策劃；講錯的話，下次不要再講錯了，不輕易地聽信那些流言蜚語；要保持自己的威儀，不去研習權術謀略；儒者立身獨特就表現在這些方面。儒者可以親近但不能脅迫；儒者可以親近但不可以威逼；儒者可以殺死但不可以侮辱。他們的住處不奢華，飲食的味道不濃厚；對於他們的過錯可以委婉地指出但不可以當面嚴厲地指責，這些都是儒者剛毅品格的表現。儒者把忠信作為盔甲，把禮義作為盾牌；行動或者居處都謹守仁義，即使國家施行暴政，也不會更改自己所堅守的仁義；這些都是儒者自立品格的表現。儒者居住的房子占地一畝，房子四周環著每面一方丈的土牆，院門用荊條竹木編製而成的面積很小的一個門，屋門用蓬草編成，將破甕作為窗戶；更換衣服後出門，兩天只吃一天的飯。君主答應任用他，就竭盡全力事奉君主而不敢有二心，如果君主不任用他，也不會獻諂媚而博取君主歡心；這就是儒者做官的品格。儒者雖然與現在的人住在一起，但是卻與古人有相同的品行；儒者現在的言行，是後世的楷模；只是生逢亂世，上面的人不任用他，下面的人不推舉他，奸邪小人結夥陷害他，雖然他身處危難，但不會改變自己的操守；雖然身處險境，但一舉一動都要表現自己的志氣，仍然不忘記百姓的疾苦。這就是儒者所具有的憂思品格。」

## ▌原文

2.「儒有博學而不窮，篤行而不倦；幽居而不淫，上通而不困[01]；禮之

以和為貴，忠信之美，優遊之法<sup>02</sup>，舉賢而容眾，毀方而瓦合<sup>03</sup>。其寬裕有如此者。儒有內稱不辟親<sup>04</sup>，外舉不辟怨，程功積事，推賢而進達之，不望其報，君得其志，苟利國家，不求富貴。其舉賢援能有如此者。儒有聞善以相告也，見善以相示也；爵位相先也，患難相死也；久相待也，遠相致也。其任舉有如此者。儒有澡身而浴德，陳言而伏，靜而正之。上弗知也，粗而翹之<sup>05</sup>，又不急為也；不臨深而為高，不加少而為多；世治不輕，世亂不沮；同弗與，異弗非也。其特立獨行有如此者。儒有上不臣天子，下不事諸侯；慎靜而尚寬，強毅以與人，博學以知服；近文章砥厲廉隅；雖分國如錙銖，不臣不仕。其規為有如此者。儒有合志同方，營道同術；並立則樂，相下不厭<sup>06</sup>；久不相見，聞流言不信；其行本方立義，同而進，不同而退。其交友有如此者。溫良者，仁之本也；敬慎者，仁之地也；寬裕者，仁之作也；孫接者<sup>07</sup>，仁之能也；禮節者，仁之貌也；言談者，仁之文也；歌樂者，仁之和也；分散者，仁之施也；儒皆兼此而有之，猶且不敢言仁也。其尊讓有如此者。儒有不隕獲於貧賤<sup>08</sup>，不充詘於富貴，不慁君王<sup>09</sup>，不累長上，不閔有司，故曰『儒』。今眾人之命『儒』也妄，常以『儒』相詬病。」孔子至舍，哀公館之，聞此言也，言加信，行加義，『終沒吾世，不敢以儒為戲』」。

### 注釋

①上通：指出仕。
②優遊：寬厚。
③毀方瓦合：毀去稜(ㄌㄥˊ)角，與瓦礫相合。喻屈己從眾，君子為道不遠離於人。
④辟：通「避」。
⑤翹（ㄑㄧㄠˋ）：啟發。
⑥相下：互相謙讓。
⑦孫：通「遜」。
⑧隕獲：喪失志氣。
⑨慁（ㄏㄨㄣˋ）：污辱。

### 譯文

「儒者廣博地學習而沒有止境，身體力行而不知疲倦；隱居獨處而不淫邪放蕩，出仕做官不會為政務所困窘；遵守禮以和為貴的原則，有

忠信的美德，遵守寬厚法則，能推舉賢能的人且能團結百姓，能屈己從眾。這就是儒者具有的寬厚容眾的品格。儒者舉薦有才能的人，對內不迴避親族，對外不迴避結怨的人，只衡量功績和累積事實，給國君推舉賢能的人，但不祈求他們的回報，國君任用賢人後能實現宏大的志願，能夠給國家做點貢獻，不求榮華富貴。儒者推舉賢能的人就是樣的。儒者聽到好的話便告訴給他人，看到好的事情，要去指示他人；封爵位的時候，就互相推讓，遇到患難，就爭先受死；（如果朋友不能晉升）長久地等待朋友一起受提拔，（如果朋友在其他的國家才能得不到施展）就請他來共事明主，儒者任用和推舉朋友就是這樣的。儒者用德行來清洗身體，向君主陳述自己的見解，並俯首聽從君主的任命，虛靜而謹守正道。如果上級不瞭解自己，就稍微地啟發他瞭解自己，但不急於求成；不因自己站在溝壑上，就認為自己很高，不凌駕在功勞大的人頭上而不自認為功勞很大；治世時不掉以輕心，亂世時不灰心沮喪；不與意見一致的人拉幫結派，也不譭謗與意見不一致的人。這些都是儒者特立獨行遵守的原則。有的儒者上不做國君的臣子，下不事奉諸侯；謹慎守靜而居處寬和，與人相處而堅守處世的原則，堅強剛毅而不拒人，廣博地學習而且知道如何去做；學習禮樂制度而且靜身修養自己的品行；即使分封土地給他，他也會看的微小，也不會（為那些無道昏君）出仕做官，儒者對自己的行為要求就是這樣的。儒者有志向、所學道義相同的朋友，在一起時很快樂，相互謙讓而不覺得厭煩；即使很長時間沒有見面，聽到相關的謠言也不會輕信；儒者的言行以方正為準繩，以道義為根本，志趣相投就共同進取，志趣不同就分開，儒者交友的原則就是這樣的。溫厚善良是仁的根本；恭敬謹慎是仁的實質；寬洪大量是仁的動作，謙遜地待人接物，這是仁的本能；禮節是仁的外在表現；言談是仁的文章；歌樂是仁的和諧；分散仁施與的方法；這些美德都儒者所具有的，但仍不敢稱自己為仁，這些就是儒者恭敬謙讓的品格。儒者不會因為貧窮地位低下就喪失志氣，不會因為富貴就驕奢淫逸散失氣節，不受君主的污辱，不受上級的束縛，不受群吏的困迫，因此可稱為『儒』。現在的人胡亂地稱人為『儒』，常用『儒』這個稱呼相互詬罵。孔子回來後，哀公招待他住，聽了這些言論後，哀公言行更加可信，行為更合於道義，哀公說：『我這一生，再也不敢拿儒者開玩笑了。』」。

# ◎冠　義

## ◆題解

　　古代男子通常到二十歲時要舉行加冠禮，以示成年，意義重大。本篇就主要講述冠禮的意義。

## ▲原文

　　1.凡人之所以為人者，禮義也。禮義之始，在於正容體、齊顏色、順辭令。容體正，顏色齊，辭令順，而後禮義備。以正君臣、親父子、和長幼。君臣正，父子親，長幼和，而後禮義立。故冠而後服備，服備而後容體正、顏色齊、辭令順。故曰：「冠者，禮之始也。」，是故古者聖王重冠。古者冠禮筮日筮賓，所以敬冠事，敬冠事所以重禮；重禮所以為國本也。故冠於阼，以著代也；醮於客位①，三加彌尊，加有成也；已冠而字之，成人之道也。見於母，母拜之；見於兄弟，兄弟拜之；成人而與為禮也。玄冠、玄端奠摯於君②，遂以摯見於鄉大夫、鄉先生，以成人見也。成人之者，將責成人禮焉也。責成人禮焉者，將責為人子、為人弟、為人臣、為人少者之禮行焉。將責四者之行於人，其禮可不重與？故孝弟忠順之行立，而後可以為人；可以為人，而後可以治人也，故聖王重禮。故曰「冠者，禮之始也」，嘉事之重者也③。是故古者重冠，重冠故行之於廟；行之於廟者，所以尊重事；尊重事而不敢擅重事；不敢擅重事，所以自卑而尊先祖也。

### 注釋

　　①醮（ㄐㄧㄠˋ）：即醮禮，古代冠禮中的一種簡單儀節。謂尊者對卑者酌酒，卑者接受敬酒後飲盡，不需回敬。
　　②玄冠：古代朝服冠名，黑色。　玄端：古代的一種黑色禮服。
　　③嘉事：指嘉禮。古代五禮之一。

### 譯文

　　人之所以稱為人，是因為人有禮儀。禮儀的開始，容貌儀態端正、

態度端莊、言語恭敬。只有做到了容貌儀態端正、態度端莊、言語恭敬，然後禮儀才能齊備。用禮來端正君臣、父子、長幼間的關係。只有君臣間的地位端正了、父子相親了、長幼和睦了，禮儀才算是真正建立了。因此舉行冠禮而後服裝才能齊備，服裝齊備後，容貌儀態才能端正、態度才能端莊、言語才能恭敬。所以說「冠禮，是禮的開始。」因此，古代的聖王都很重視冠禮。古代舉行冠禮時，要透過占筮決定日期，決定加冠的貴賓。這是對冠禮的重視，敬重冠禮就是敬重禮法，而敬重禮法是國家的根本。因此在阼階上舉行加冠禮，表示父子相傳。在客位上向尊者向冠者敬酒行醮禮，而且三次加冠一次比一次尊貴，這表示加冠者已經成人；加冠後，就可以給冠者取字了，這是成人的標誌。加冠後，拜見母親時，母親要與他行拜禮；見兄弟時，兄弟要與他行拜禮；這是因為冠者已經成年，所以要施行相應的禮節。戴著的冠、穿著黑色的禮服去拜見國君，把禮物放在地上，表示不敢直接授受，然後再拿著禮物去拜見鄉間的長官及年長有學問的人，都以成人禮相見。舉行完冠禮，就要用成人禮要求他。用成人禮要求他，就是讓他按照成人禮中的要求做人子、做人弟、做人臣、做後輩。加冠者要按照禮的要求做好這四方面的事，對待冠禮來說不是很重要嗎？因此只有在孝順父母、敬愛兄長、忠心國君、順從長者的德行確立後，才可以成為人。成為人後，才可以治理人。因此聖王重視禮，所以說「冠禮，是禮的開始」，冠禮是嘉禮中最重要的禮。因此古代的人很重視冠禮，重視冠禮，所以在宗廟中舉行；在宗廟中舉行，表示對冠禮的尊敬；對冠禮尊敬所以不敢隨意；對冠禮尊敬而不敢隨意，因此主人要表示輩分低下，而尊重祖先。

# ◎昏　義

## ◆題解

本篇講述婚禮的意義，專釋《儀禮·士婚禮》。

## ▍原文

1.昏禮者，將合二姓之好，上以事宗廟，而下以繼後世也。故君子重之。是以昏禮納採、問名、納吉、納徵、請期，皆主人筵幾於廟，而拜迎於門外，入，揖讓而升，聽命於廟，所以敬慎重正昏禮也。父親醮子①，而命之迎，男先於女也。子承命以迎，主人筵儿於廟，而拜迎於門外。婿執雁入，揖讓升堂，再拜奠雁②，蓋親受之於父母也。降，出禦婦車，而婿授綏③，御輪三周。先俟於門外，婦至，婿揖婦以入。共牢而食④，合卺而酳⑤，所以合體同尊卑以親之也。敬慎重正而後親之，禮之大體，而所以成男女之別，而立夫婦之義也。男女有別，而後夫婦有義；夫婦有義，而後父子有親；父子有親，而後君臣有正。故曰昏禮者，禮之本也。夫禮始於冠，本於昏，重於喪祭，尊於朝聘，和於射、鄉，此禮之大體也。夙興，婦沐浴以俟見；質明，贊見婦於舅姑⑥，執笲、棗、栗、段修以見⑦，贊醴婦，婦祭脯醢⑧，祭醴，成婦禮也。舅姑入室，婦以特豚饋，明婦順也。厥明，舅姑共饗婦以一獻之禮，奠酬⑨。舅姑先降自西階，婦降自阼階，以著代也。成婦禮，明婦順，又申之以著代，所以重責婦順焉也。婦順者，順於舅姑，和於室人；而後當於夫，以成絲麻布帛之事，以審守委積蓋藏。是故婦順備而後內和理；內和理而後家可長久也；故聖王重之。是以古者婦人先嫁三月，祖禰未毀，教於公宮；祖禰既毀，教於宗室。教以婦德、婦言、婦容、婦功。教成祭之，牲用魚，　之以蘋藻，所以成婦順也。

### 注釋

①醮：古代冠禮、婚禮中的一種簡單儀節。謂尊者對卑者酌酒，卑者接受敬酒後飲盡，不需回敬。

②奠雁：古代婚禮，新郎到女家迎親，獻雁為贄禮。

③綏：挽以登車的繩索。

④共牢：古婚禮時，夫婦共食一牲。

⑤合巹（ㄐ一ㄣˇ）：古代婚禮中的一種儀式。剖一瓠為兩瓢，新婚夫婦各執一瓢，斟酒以飲。後多以「合巹」代指成婚。　酳（一ㄣˋ）：獻酒使少飲或漱口。

⑥贊：即贊禮者，舉行典禮時叫人行禮的人。

⑦筓（ㄈㄢˊ）：古代盛放乾果的竹器。　段修：經捶搗並加薑桂的乾肉。

⑧脯醢(ㄈㄨˇ　ㄏㄞˇ)：佐酒的菜餚。

⑨奠酬：古代飲酒的一種禮節。

## 譯文

　　所謂婚禮，就是結合兩姓間的歡好，向上祭祀宗廟，向下延綿子嗣。所以君子重視婚禮。婚禮的納綵、問名、納吉、納徵、請期等禮實施時，女方的父母要在宗廟中擺設筵席，然後親自出廟門拜迎男方媒人，進入廟中，雙方相互做揖後，登上廟堂，在廟堂裡聽媒人轉達男方主人的婚禮之辭，以表示對婚禮的恭敬謹慎。父親親自給兒子斟酒，命令兒子前往迎娶新娘，表示男方親自迎娶，女子隨從而來。兒子接受父命去迎娶新娘，女方父母在廟中擺設筵席，並親自到門外迎接女婿。女婿手裡拿著雁進入大門，向主人行揖讓禮後登上廟堂，向女子行再拜禮後將雁放在奠堂上，這表示男方親自從女方父母那裡接受了女子。女婿走下廟堂，走出廟門（女方跟隨其後）。女婿親自給婦駕車，並把登車的繩索遞給婦，等車輪轉夠三周（便由車夫來駕車）。婿先乘車回家，在家門口親迎新婦，新婦到後，新郎向新婦行揖讓禮，然後迎請新婦進門。夫婦二人共食一牲，（剖一瓠為兩瓢），新婚夫婦各執一瓢，斟酒而飲，表示夫婦合為一體，尊卑相同，表示相互愛慕。經過一系列恭敬、謹慎、莊重的禮節後再去親近新婦，這是禮的基本原則，以此形成男女間的區別，建立夫婦間的道義。男女有區別，夫婦間才會有道義；夫婦間有道義，父子才能相親；父子相親，才能端正君臣間的關係。所以說婚禮，是禮的根本。禮，是從冠禮開始的，以婚禮為根本，以喪禮、祭禮為隆重，以朝禮、聘禮為尊敬，以射禮、鄉飲酒禮相親和，這些都是禮的原則。第二天早晨起來，新婦洗漱完畢後等待拜見公婆；天亮後，贊禮者帶領新婦拜見公婆，新婦端著盛放棗、栗、乾肉的竹器，贊禮者代表公婆賜給新婦醴酒。新婦用脯醢行食

前禮，行食前祭禮，這就完成了做媳婦的一系列禮儀。公婆進入室內，新婦向公婆進獻烹熟的小豬等食物，這表示新婦對公婆的孝順。第二天，公婆用一獻禮款待新婦，公婆將新婦進獻的酒放在一邊不飲（表示禮成）。公婆從廳堂的西階走下，新婦從阼階走下，這表明新婦即將接替主婦的職務。完成了媳婦的禮，表明了媳婦的孝順，表示新婦即將接手家裡主婦的職務，舉行這樣隆重的禮節是為了責求新婦要恭順。所謂新婦的恭順，就是要孝順公婆，與家裡人和睦相處；然後才能讓丈夫稱心，做好養蠶、繅絲、紡麻、織布等事，謹慎地保管好家裡的財物及各種生產生活資料。因此婦女具有孝順的德行，而後家裡才能和睦、家庭才會管理有方，家庭和睦、管理有方，這個家才能長久；所以聖王很重視婦德。因此古代女子出嫁前三個月，如果出嫁女與國君同高祖，神祖的牌位尚未遷到太祖廟中，那麼就要在君王的宮殿中接受婚前教育；如果神祖牌已遷到太祖廟中，那就在宗室接受婚前教育。婚前教育的內容有婦德、婦言、婦容、婦功。教育合格後，先要舉行祭禮以告知祖先，用魚做祭牲，用蘋草、藻草做羹湯，透過祭告祖先表明已具備做新婦的德行。

## ◎鄉飲酒禮

### ◆題解

本篇解釋鄉飲酒的意義。

### ▶原文

1.鄉飲酒之義。主人拜迎賓於庠門之外，入，三揖而後至階，三讓而後升，所以致尊讓也。盥洗揚觶[01]，所以致潔也。拜至、拜洗、拜受、拜送，拜既，所以致敬也。尊讓潔敬也者，君子之所以相接也。君子尊讓則

不爭，潔敬則不慢，不慢不爭，則遠於鬥辨矣；不鬥辨則無暴亂之禍矣，斯君子之所以免於人禍也，故聖人制之以道。鄉人、士、君子，尊於房戶之間，賓主共之也。尊有玄酒[02]，貴其質也。羞出自東房[03]，主人共之也[04]。洗當東榮，主人之所以自潔，而以事賓也。賓主象天地也；介僎象陰陽也[05]；三賓象三光也[06]；讓之三也，象月之三日而成魄也；四面之坐，象四時也。天地嚴凝之氣，始於西南，而盛於西北，此天地之尊嚴氣也，此天地之義氣也。天地溫厚之氣，始於東北，而盛於東南，此天地之盛德氣也，此天地之仁氣也。主人者尊賓，故坐賓於西北，而坐介於西南以輔賓，賓者接人以義者也，故坐於西北。主人者，接人以德厚者也，故坐於東南。而坐僎於東北，以輔主人也。仁義接，賓主有事，俎豆有數曰聖，聖立而將之以敬曰禮，禮以體長幼曰德。德也者，得於身也。故曰古之學術道者，將以得身也。是故聖人務焉。祭薦，祭酒，敬禮也。嚌肺[07]，嘗禮也。啐酒，成禮也。於席末，言是席之正，非專為飲食也，為行禮也，此所以貴禮而賤財也。卒觶，致實於西階上，言是席之上，非專為飲食也，此先禮而後財之義也。先禮而後財，則民作敬讓而不爭矣。鄉飲酒之禮：六十者坐，五十者立侍，以聽政役，所以明尊長也。六十者三豆[08]，七十者四豆，八十者五豆，九十者六豆，所以明養老也。民知尊長養老，而後乃能入孝弟。民入孝弟，出尊長養老，而後成教，成教而後國可安也。君子之所謂孝者，非家至而日見之也；合諸鄉射，教之鄉飲酒之禮，而孝弟之行立矣。

**注釋**

①盥（ㄍㄨㄢˋ）洗：古代儀禮形式之一，用水使手及酒器潔淨，以示恭敬。　觶（ㄓˋ）：古代飲酒器。

②玄酒：當酒用的清水。

③羞：後作「饈」，指美味的食物。

④共：通「供」。

⑤介：賓客的副手。　僎(ㄓㄨㄢˋ)：主人的副手。

⑥三光：指房、心、尾三星宿。

⑦嚌（ㄐㄧˋ）：微嘗。

⑧豆：古代食器。

## 譯文

　　鄉飲酒禮的意義。主人親自到庠門外迎接賓客，進入庠門，賓主相互間連做三揖後再走到階前，相互謙讓三次後再登上台階，這表示對對方的尊重和謙讓。主人洗手、洗觶，而後舉觶向賓客敬酒，以表示潔淨。主人行拜禮感謝賓客到訪，客人行拜禮感謝主人為自己洗酒器，行完拜禮客人接受主人的敬酒，主人敬酒後行拜禮表示恭敬，客人飲完酒後行拜禮，表示感謝，這些禮都是為了表示恭敬。尊重、謙讓、清潔、恭敬是君子相交的原則。君子間相互尊重謙讓，相互間就不會失禮爭奪，清潔、恭敬就不會怠慢，不怠慢、不爭執就避免了相互間的打鬥爭吵，這是君子避免人為禍事的方法，所以聖人依據這種方法制定了鄉飲酒禮。行鄉飲酒時，鄉人、君子、士進行鄉飲酒禮時，酒樽放在房戶賓主之間，這表示賓主共同享用。酒樽內放著清水，以其質樸為貴。美味的食物從東房中端出，是主人供給客人享用的。在庭院東邊的屋簷下設有盥洗用的洗具，這本來是主人清洗的地方，但現在供客人使用，表示主人對客人的敬重。賓和主，象徵著天與地；介與撰，象徵著陰與陽；三位賓長，象徵著天上的日、月、星。（迎賓上堂時）賓主要相互謙讓三次，象徵月亮在月初後三天復明；四面坐著的賓客象徵著一年四季。天地間的嚴寒之氣開始於西南，而盛行於西北，這是天地間的尊嚴之氣，是天地間的道義之氣。天地間溫暖的氣息，開始於東北，而盛行於西南，這是天地間的盛德之氣，是天地間的仁義之氣。主人尊敬來賓，讓來賓坐在西北。身為主人，用盛德接待來賓，因此坐在東南。僎者坐在東北，以輔助主人。仁和義相交接，賓主各持其禮，俎和豆等食器的使用都有一定的數量，這叫作明白通達，明白通達確立後，而又能行之以敬就叫作禮，用禮來規範，讓長幼身體力行又叫作德。所謂的德，就是身體力行所得。因此說古代學習道義的人就是身心要有所得，因此聖人致力於自己道義的修養。賓客在席上拿起主人進獻的乾肉，行食前祭祀禮，用酒行食前祭祀禮，這是對主人敬重的禮節。拿取俎上牲的肺微嘗，這是嘗食的禮。嘗一嘗酒，這表示飲酒禮已成。嘗酒在席的末端，是說席的正中不能用來飲食，是用來行禮的，這表示重禮輕財。賓客飲用觶裡的酒是在西階上進行的，這是說賓的席上不能用來飲食，這表現了先禮後財的意思。先禮後財，百姓就會興起恭敬謙讓的風氣，而相互間不爭奪。在鄉飲酒禮上，六十歲以上的人坐，五十歲以下的人站著等

候差遣，這表示對長者的尊敬。六十歲以上的人三豆，七十歲以上的人四
豆，八十歲以上的人五豆，九十歲以上的人六豆，這是為了表明要奉養老
人。百姓懂得了尊敬、奉養老人，然後才能在家裡孝順父母、敬愛兄長。
百姓在家能孝順父母、敬愛兄長，出外能尊敬長者奉養老人，這樣以後才
能教化成功，教化成功後國家才能安定。君子所說的孝，並不是挨門挨
戶、天天見面去教導；而是各鄉在舉行鄉飲酒禮時把民眾召集起來，教導
他們鄉飲酒時的一些禮節，孝悌的德行就從中樹立起來了。

# ◎射　義

## ◆題解

本篇主要解釋射禮的意義。

## ▶原文

1.古者諸侯之射也，必先行燕禮；卿、大夫、士之射也，必先行鄉飲
酒之禮。故燕禮者，所以明君臣之義也；鄉飲酒之禮者，所以明長幼之序
也。故射者，進退周還必中禮[01]，內志正，外體直，然後持弓矢審固；持弓
矢審固，然後可以言中，此可以觀德行矣。其節，天子以《騶虞》為節；
諸侯以《狸首》為節；卿大夫以《採蘋》為節；士以《採繁》為節。《騶
虞》者，樂官備也，《狸首》者，樂會時也；《採蘋》者，樂循法也；
《採繁》者，樂不失職也。是故天子以備官為節；諸侯以時會天子為節；
卿大夫以循法為節；士以不失職為節。故明乎其節之志，以不失其事，則
功成而德立，德行立則無暴亂之禍矣。功成則國安。故曰射者所以觀盛
德也。是故古者天子以射選諸侯、卿、大夫、士。射者，男子之事也，因
而飾之以禮樂也。故事之盡禮樂，而可數為，以立德行者，莫若射，故聖

王務焉。是故古者天子之制，諸侯歲獻貢士於天子，天子試之於射宮[02]。其容體比於禮，其節比於樂，而中多者，得與於祭。其容體不比於禮，其節不比於樂，而中少者，不得與於祭。數與於祭而君有慶；數不與於祭而君有讓。數有慶而益地；數有讓而削地。故曰射者射為諸侯也。是以諸侯君臣盡志於射，以習禮樂。夫君臣習禮樂而以流亡者，未之有也。故《詩》曰：「曾孫侯氏，四正具舉[03]；大夫君子，凡以庶士，小大莫處，御於君所，以燕以射，則燕則譽。」言君臣相與盡志於射，以習禮樂，則安則譽也。是以天子制之，而諸侯務焉。此天子之所以養諸侯，而兵不用，諸侯自為正之具也。孔子射於矍相之圃[04]，蓋觀者如堵牆。射至於司馬，使子路執弓矢，出延射曰：「賁軍之將[05]，亡國之大夫，與為人後者不入，其餘皆入。」蓋去者半，入者半。又使公罔之裘、序點，揚觶而語，公罔之裘揚觶而語曰：「幼壯孝弟，耆耋好禮[06]，不從流俗，修身以俟死者，者不，在此位也。」蓋去者半，處者半。序點又揚觶而語曰：「好學不倦，好禮不變，旄期稱道不亂者[07]，者不，在此位也。」蓋僅有存者。射之為言者，繹也[08]，或曰，舍也。繹者，各繹己之志也。故心平體正，持弓矢審固；持弓矢審固，則射中矣。故曰為人父者，以為父鵠[09]；為人子者，以為子鵠；為人君者，以為君鵠；為人臣者，以為臣鵠。故射者各射己之鵠。故天子之大射謂之射侯；射侯者，射為諸侯也。射中則得為諸侯；射不中則不得為諸侯。

## 注釋

①還：通「旋」。

②射宮：天子行大射禮之處，亦為考試貢士之所。

③四正：古代貴族行射禮時舉正爵以獻賓客、國君、卿、大夫。

④矍（ㄐㄩㄝˊ）相：古地名，後借指學宮中習射的場所。

⑤賁軍：賁，通「僨」，指敗軍。

⑥耆（ㄑㄧˊ）耋（ㄉㄧㄝˊ）：老年。

⑦旄期：旄，通「耄」，八九十歲的老人。

⑧繹：陳述。

⑨鵠（ㄍㄨˇ）：箭靶的中心。泛指靶子。

## 譯文

古時候諸侯舉行射禮前，必先舉行燕禮；卿、大夫、士舉行射禮前，

必先舉行鄉飲酒禮。因此用燕禮來表明君臣間的大義；用鄉飲酒禮來表明
長幼次序。因此射箭的人進退、轉身都要符合禮的要求，內心正直，身體
才會端正，然後握弓持箭才能穩固；握弓持箭穩固了，才談得上能射中目
標，由此可以觀察一個人的德行。射禮在一定的音樂節奏下進行，天子舉
行射禮時以《騶虞》為節奏；諸侯以《狸首》為節奏；卿、大夫以《採
蘋》為節奏；諸侯以《採繁》為節奏。樂曲《騶虞》表示了百官齊備的歡
樂之情；樂曲《狸首》表示了按時朝會天子的歡樂之情；樂曲《採蘋》表
示了遵守法度的歡樂之情；樂曲《採繁》沒有怠忽職守的歡樂之情。因此
天子以表示百官齊備的樂曲作為射禮的節奏；諸侯以按時朝會天子的樂曲
作為射禮的節奏；士以不怠忽職守的樂曲作為射禮的節奏。所以能明白音
樂節奏的內在意義，而且能盡守各自的職責，那麼就能成就功業、樹立德
行，德行樹立起來就不會有暴亂的禍事發生了，功業成就了，國家也就安
定了。所以說射禮是用來觀看盛德的。因此古代的天子透過射禮考察諸
侯、卿、大夫、士（的德行和技藝）。射箭是男子必會的本領，並用禮樂
加以修飾。因此做一件事能充分表現禮樂，能多次去做，並且能樹立盛大
的德行，沒有比射禮更為合適的了，所以古代的聖王注重這種禮的實施。
因此古代天子的制度，諸侯每年貢獻士給天子，天子在射宮對貢獻的士進
行考核。那些儀容、體態符合禮，動作節奏與樂相合，射中次數多的士，
就可以參加祭祀了；那些儀容、體態不符合禮，動作節奏不能與樂相合，
射中次數少的士，就不能參加祭祀。諸侯貢獻的士能多次參加祭祀，那麼
諸侯就能受到嘉獎；貢獻的士屢次考核不能參加祭祀，貢獻士的諸侯就要
受到批評。多次獲得嘉獎的諸侯就能獲得封地，多次受到批評的諸侯就會
被削地。所以說射箭的人是為諸侯而射。因此諸侯國的國君與臣子都盡心
習射，用以熟悉禮樂。國君、臣子能盡心學習禮樂，卻遭受亡國、出逃在
外的事情，還從來沒有發生過。因此《詩經》中說：「身為王者後裔的諸
侯，舉行燕禮，舉正爵獻賓客、國君、卿、大夫後；大夫君子以及眾士，
大小官員都離開自己辦公的地方，到國君的處所陪侍，來燕飲，來比射，
既快樂，又榮譽。」這是說君臣共同致力於射禮，演習禮樂，既快樂，又
榮譽。因此天子制定了射禮，而諸侯致力於射禮。天子用此來管治諸侯，
無須動用武力，就會讓諸侯進行自我修正。孔子在矍相的一個菜園子裡舉
行射禮，觀看的人多得就像一堵堵的牆壁。舉行完鄉飲酒禮後，司正轉為
司馬，孔子讓學生子路拿著弓箭邀請參加比射的人，說：「敗軍的將領，

亡國的大夫，求做別人後嗣的人，一律不得參加射禮。其餘的人進來。」
大約走了一半，入場的有一半。孔子又讓公罔之裘、序點舉起酒杯講話，
公罔之裘舉起酒杯說：「幼壯年時能孝敬父母、友愛兄弟有，老年後依然
好禮，而且不受社會上不良風氣的影響，修身養性以至終年，有這樣德行
的人，就可以留下來參加射禮。」公罔之裘說完後，大概走了有一半人，
留下來一半人。序點接著又舉起酒杯說：「愛好學習且不知疲倦，好禮而
不改變，到八九十歲時候依然謹守道義，言行不亂，有這樣德行的人，就
可以留下來參加射禮。」序點說完後，就只有幾個人留下來了。射，是繹
的意思，或者是舍的意思。所謂的繹，就是各自陳述自己的志向，因此心
態平和身體端正，持弓拿箭也牢固；能牢固的持弓拿箭，就能射中了。
所以說身為父親，就把射中靶心當作做好父親的目標；身為兒子，就把射
中靶心當作做好兒子的目標；身為國君，就把射中靶心當作做好國君的目
標；身為臣子，就把射中靶心當作做好臣子的目標；因此射箭的人，都射
代表自己心中目標的靶心。因此天子的大射禮叫作射侯；所謂的射侯，就
是爭取做諸侯的意思。射中了靶心就有資格做諸侯；射不中靶心就沒有資
格做諸侯。

## ◎燕　義

### ▶題解

　　本篇主要闡述燕禮的意義，專門對《儀禮•燕禮》進行解釋。

### ▶原文

　　1.諸侯燕禮之義。君立阼階之東南，南鄉爾卿[01]，大夫皆少進，定位
也；君席阼階之上，居主位也；君獨升立席上，西面特立，莫敢適之義

也。設賓主，飲酒之禮也；使宰夫為獻主，臣莫敢與君亢禮也；不以公卿為賓，而以大夫為賓，為疑也，明嫌之義也；賓入中庭，君降一等而揖之，禮之也。君舉旅於賓②，及君所賜爵，皆降再拜稽首，升成拜，明臣禮也；君答拜之，禮無不答，明君上之禮也。臣下竭力盡能以立功於國，君必報之以爵祿，故臣下皆務竭力盡能以立功，是以國安而君寧。禮無不答，言上之不虛取於下也。上必明正道以道民，民道之而有功，然後取其什一，故上用足而下不匱也；是以上下和親而不相怨也。和寧，禮之用也；此君臣上下之大義也。故曰燕禮者，所以明君臣之義也。

**注釋**

①阼階(ㄗㄨㄛˋ、ㄐㄧㄝ)：東階，主人立此接待賓客。　鄉：通「向」。
②旅：即旅酬禮，眾親賓一起宴飲，相互敬酒。

**譯文**

諸侯舉行燕禮的意義。國君站在阼階的東南方，面朝南向卿、大夫做揖，卿、大夫都稍微向前走進，目的是為了確定卿、大夫在燕禮上的位置；君的席位在阼階上，這表示處於主人的位置；君獨自上堂站在席位上，面朝西獨自站立，表示沒有人的地位敢與國君相匹敵。設立賓主，是飲酒禮的要求；國君讓宰相代表自己作為獻酒的主人向群臣獻酒，表示臣子中沒有人敢與國君對等行禮；不用公卿做賓，而用大夫做賓，（因為公卿的地位本來就很高）生怕產生君臣無別的嫌疑，這樣做的目的在於辨嫌疑；賓客進入中庭，國君要走下一級台階向賓做揖，這是對賓的禮敬。國君舉酒杯向賓行旅酬禮，這時受國君賞酒的臣子，要走下堂，向國君伏地再拜稱謝，然後接受，這是表明臣對君應該有的禮節；君要回禮，因為別人向自己施禮時一定要回禮，同時也表明國君對臣子應有的禮數。臣子殫精竭慮的為國立功，目的是為了國家太平、國君安寧。國君要瞭解正道以求能正確的教導百姓，民眾服從教導，取得顯著成果後，國君再向百姓按十分之一的稅率徵稅，這樣國庫充足、百姓也不匱乏，所以君臣上下能和睦相親而不相互怨恨。和睦安寧，是運用禮的結果，這是君臣上下所應該明白的大義。因此說燕禮，是用來彰顯君臣大義的。

# ◎聘 義

## ◆題解

本篇主要闡述聘禮的意義，專門對《儀禮‧聘禮》進行解釋。

## ▲原文

1.聘、射之禮，至大禮也。質明而始行事①，日幾中而後禮成，非強有力者弗能行也。故強有力者，將以行禮也。酒清，人渴而不敢飲也；肉乾，人饑而不敢食也；日莫人倦②，齊莊正齊，而不敢解惰。以成禮節，以正君臣，以親父子，以和長幼。此眾人之所難，而君子行之，故謂之有行；有行之謂有義，有義之謂勇敢。故所貴於勇敢者，貴其能以立義也；所貴於立義者，貴其有行也；所貴於有行者，貴其行禮也。故所貴於勇敢者，貴其敢行禮義也。故勇敢強有力者，天下無事，則用之於禮義；天下有事，則用之於戰勝。用之於戰勝則無敵，用之於禮義則順治；外無敵，內順治，此之謂盛德。故聖王之貴勇敢強有力如此也。勇敢強有力而不用之於禮義戰勝，而用之於爭鬥，則謂之亂人。刑罰行於國，所誅者亂人也。如此則民順治而國安也。子貢問於孔子曰：「敢問君子貴玉而賤玟者何也③？為玉之寡而玟之多與？」孔子曰：「非為玟之多故賤之也、玉之寡故貴之也。夫昔者君子比德於玉焉：溫潤而澤，仁也；縝密以栗④，知也；廉而不劌⑤，義也；垂之如隊⑥，禮也；叩之其聲清越以長，其終詘然⑦，樂也；瑕不掩瑜、瑜不掩瑕，忠也；孚尹旁達⑧，信也；氣如白虹，天也；精神見於山川，地也；圭璋特達，德也。天下莫不貴者，道也。《詩》云：『言念君子，溫其如玉』，故君子貴之也。」

### 注釋

①質明：天剛亮的時候。

②莫：通「暮」。

③玟（ㄇㄧㄣˊ）：似玉的石頭。

④栗：堅實。

⑤廉：稜角。劌（ㄍㄨㄟˋ）：割，刺傷。

⑥隊：通「墜」。

⑦詘然：聲音戛然而止貌。

⑧孚尹（一ㄣˇ）：玉色晶瑩通明。

## 譯文

　　聘禮、射禮，是最大的禮。天剛亮的時候就開始行禮，到了正午以後才能行完所有的禮，如果不是身強體壯的人是不能行禮的。因此身強體壯的人是行禮的前提條件。雖然有清酒，但行禮過程中即便是口渴了也不敢喝；雖然有乾肉，但行禮過程中即便是餓了也不敢吃；到了傍晚時參加行禮的人都已疲倦，但神情都莊重整齊，不敢有絲毫的懶惰懈怠。用這種精神來完成禮節，端正君臣間的關係，密切父子間的親情，調和長幼間的關係。這是普通人無法做到的，而君子卻能實行，所以稱君子為有德行；有德行就有義，有義就稱為勇敢。因此勇敢者的可貴處就在於能行禮義。因此勇敢而強有力的人，天下沒大事的時候，就用於禮義方面；天下有事的時候，就用於戰爭克敵。用於戰爭克敵就會天下無敵，用於實行禮儀就可使百姓順從國君的治理；國家外無敵入侵，國內百姓順從治理，這可以說是盛德了。因此聖王重視勇敢和堅強有力的人。如果勇敢和堅強有力的人不用於戰爭或禮儀上，而用於門戶之爭，那麼就叫作亂人。天下施行刑罰，就是要懲治這些亂人。亂人受到懲治，百姓就會順從治理、國家就會實現安寧。子貢向孔子請教說：「請問為什麼君子都珍視玉而鄙棄那些似玉的石頭呢？是因為玉少而似玉的石頭多嗎？」孔子回答說：「並不是因為似玉的石頭多就鄙棄、也不是因為玉少就珍視。過去君子喜歡把德行比作玉：玉溫潤的色澤，像仁；質地縝密而堅實，像智；有稜角卻不刺人，像義；垂掛著如同掉下來一樣，像禮；輕輕敲打會發出清揚悠長的聲音，停止敲擊聲音會戛然而止，像樂；瑕疵的部分掩蓋不住美好的部分，美好的部分也遮蓋不住瑕疵，像忠；玉色晶瑩通明，像信；光澤如同白虹，像天；精氣顯露於山川，像地；朝聘時，都用玉做的圭璋作為信物，而不用幣帛，因為玉有美德。天下人都看重玉，像道。《詩經》中說：『想念那君子，那麼溫厚就像玉一樣』，因此君子都看重玉。」

國家圖書館出版品預行編目(CIP)資料

禮記全書 / 賈娟娟編譯. -- 初版. -- 臺北市
: 華志文化, 2018.07
　面；　公分. -- (諸子百家大講座 ; 16)
ISBN 978-986-96357-1-4(平裝)

1.禮記 2.研究考訂
531.27　　　　　　　　　107008642

系列／諸子百家大講座 16
書名／禮記全書
華志文化事業有限公司

編　　　譯　賈娟娟
執行編輯　楊雅婷
美術編輯　簡煜哲
封面設計　王志強
文字校對　陳欣欣
總　編　輯　黃志中
社　　　長　楊凱翔
出　版　者　華志文化事業有限公司
電子信箱　huachihbook@yahoo.com.tw
地　　　址　116 台北市文山區興隆路四段九十六巷三弄六號四樓
電　　　話　0937075060
總經銷商　旭昇圖書有限公司
地　　　址　235 新北市中和區中山路二段三五二號二樓
電　　　話　02-22451480　傳　真　02-22451479
郵政劃撥　戶名：旭昇圖書有限公司（帳號：12935041）
書　　　號　D016
出版日期　西元二〇一八年七月初版第一刷

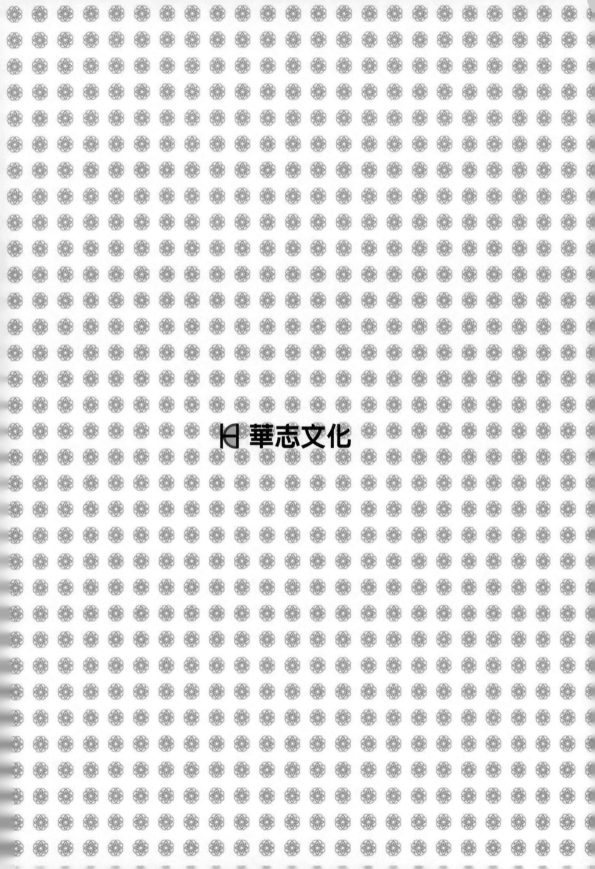
華志文化

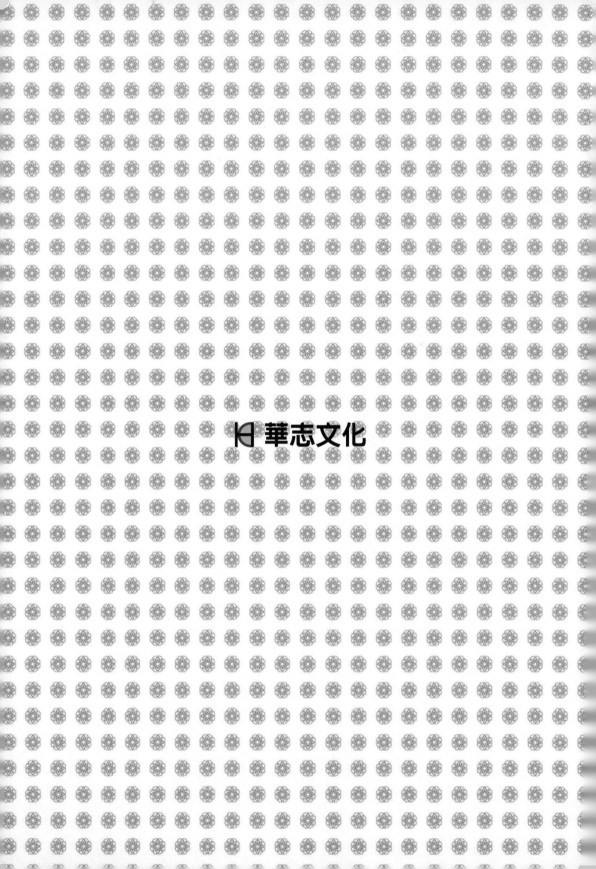